RÉVOLUTION FRANÇAISE

**

AUX ARMES, CITOYENS !
(1793-1799)

RÉVOLUTION FRANÇAISE

Tome I : *Le Peuple et le Roi*
(1774-1793)
Tome II : *Aux armes, citoyens !*
(1793-1799)

DU MÊME AUTEUR

voir en fin d'ouvrage

Max Gallo
de l'Académie française

RÉVOLUTION FRANÇAISE

**

Aux armes, citoyens !
(1793-1799)

XO ÉDITIONS

ISBN : 978-2-84563-350-6

PREMIÈRE PARTIE

21 janvier 1793 - 2 avril 1793

« La fièvre révolutionnaire est une terrible maladie »

« Nous avons maintenant deux sortes de Jacobins
et de patriotes qui se haïssent aussi cruellement
que les royalistes et les Jacobins originaux
La dernière espèce de Jacobins s'appelle Girondins
ou brissotins ou rolandistes...
La haine va toujours croissant entre les deux partis..
La fièvre révolutionnaire est une terrible maladie. »

Nicolas RUAULT, libraire
le 6 février 1793

1.

Louis Capet ci-devant Louis XVI, roi de France, est donc monté sur l'échafaud, le lundi 21 janvier 1793, peu avant dix heures vingt du matin.

Il a voulu parler au peuple, mais à cet instant, Santerre, l'ancien et riche brasseur du faubourg Saint-Antoine, devenu commandant général de la garde nationale, a, selon un témoin, « levé son épée et fait battre tous les tambours et sonner toutes les trompettes pour étouffer la voix de ce malheureux monarque. Aussitôt les bourreaux le saisissent, le lient à la fatale planche et font tomber sa tête que l'un d'eux montre trois fois au peuple. »

Il est dix heures vingt.

« Je n'ai pas la force de vous en dire davantage aujourd'hui... mais plus un événement tragique est douloureux, plus on veut en savoir les causes et les détails », poursuit ce témoin, le libraire Ruault, esprit « éclairé », garde national, Jacobin de la première heure.

« Je tiens ceux-ci d'un homme qui était posté à deux pas de cette fatale voiture et qui nous les a racontés hier soir les larmes aux yeux. Il nous disait que plus de la moitié de la troupe qui remplissait la place était attendrie, frémissait d'horreur lorsqu'elle vit le roi monter les mains liées, les cheveux coupés, sur l'échafaud. Si on lui eût laissé la liberté de parler, de se faire entendre de cette multitude, qui sait ce qui serait arrivé ? Un mouvement de générosité pouvait s'emparer de cette foule, elle pouvait saisir ce prince, l'arracher des mains de ses bourreaux et le porter de l'échafaud au trône. Il y aurait peut-être eu bataille sur la place... Mais il n'en a point été ainsi : sa destinée était de mourir de la mort des coupables en présence d'une foule immense d'hommes qui, il n'y a pas si longtemps encore, étaient ses sujets. »

En fait, pas un seul incident n'a troublé l'exécution du roi. La dispersion des dizaines de milliers d'hommes de troupe mobilisés dans tout Paris s'est effectuée dans l'ordre.

« Malgré les prédictions sinistres, lit-on dans les *Annales patriotiques*, Paris n'a jamais été plus tranquille. L'indifférence pourrait être le sentiment qui domine le plus... »

Et Lucile, l'« adorable petite blonde », l'épouse d'à peine vingt-deux ans de Camille Desmoulins, le journaliste et député à la Convention, ami de Danton, écrit : « C'est aujourd'hui qu'on a fait mourir Capet. Tout s'est passé avec une tranquillité parfaite. »

Dès le soir du lundi 21 janvier, la vie a repris. Les théâtres sont ouverts, les cafés remplis.

On parle davantage de l'assassinat du régicide Le Peletier de Saint-Fargeau, par un garde du corps du ci-devant roi, que de l'exécution du monarque, ce « tyran ». La Convention a décidé d'accorder à Le Peletier les honneurs du Panthéon.

Son corps nu, « huilé, verni », est exposé, puis transporté en grande pompe jusqu'au Panthéon, et suivi par les députés, des soldats et des gardes nationaux en armes. Et lorsque le cortège passe sur le Pont-Neuf, on tire trente coups de canon.

« Ce bruit porta l'épouvante dans le Temple. »

Là, dans cette prison, Marie-Antoinette qu'on n'appelle plus que la « veuve Capet », devenue une vieille femme méconnaissable, passe de la prostration à des convulsions, « Madame Élisabeth, la sœur du roi, est morte d'effroi, la petite princesse – Madame Royale – se roule par terre, le petit dauphin se cache entortillé dans les rideaux du lit de sa mère. On daigna les tirer de leur effroi. »

Mais l'enterrement de Le Peletier bouleverse les patriotes.

Lucile Desmoulins confie :

« J'ai vu ce malheureux Saint-Fargeau. Nous avons fondu toutes en larmes lorsque le corps est passé, nous lui avons jeté une couronne... Je ne pouvais rester seule et supporter les terribles pensées qui allaient m'assiéger. Je courus chez Danton, il fut attendri de me voir encore pâmée. »

Les Jacobins craignent que les « aristocrates », et ceux qu'ils soudoient ou entraînent, ne les assassinent et ne préparent un assaut contre les sans-culottes et la Convention.

Robespierre accuse le ministre de l'Intérieur, le Girondin Roland, d'avoir partie liée avec les aristocrates.

Et Roland démissionne, mais le procès des Girondins continue.

N'ont-ils pas, au cours du procès du roi, tenté d'en appeler au jugement du peuple, puis évoqué le sursis ?

Alors que cent pour cent des Montagnards ont voté la mort, et qu'il s'est trouvé trente-huit pour cent de députés de la Plaine pour voter avec eux, seuls quatorze pour cent des Girondins ont choisi d'être des régicides.

Aux yeux des plus déterminés des Jacobins, cette « prudence » des Girondins n'est qu'un calcul coupable et dangereux à l'heure des périls.

Car dès le 28 janvier, le comte de Provence, frère du roi en exil à Hamm, en Westphalie, a proclamé, dans une déclaration aux émigrés, le dauphin roi de France et de Navarre sous le nom de Louis XVII. Lui-même s'est institué régent, son frère cadet, le comte d'Artois, devenant lieutenant général du royaume.

Le programme du comte de Provence veut effacer la Révolution.

Il faut rétablir la monarchie sur les bases inaltérables de son antique constitution et la « religion de nos pères » dans la pureté de son culte et de sa discipline. Il faut redistribuer à leurs légitimes possesseurs les « biens nationaux », punir les crimes commis depuis 1789, et venger le sang de Louis XVI.

Ces paroles ne paraissent pas vaines.

Le jour de la mort de Louis XVI, la Cour d'Angleterre a pris le deuil. Autour d'elle, une *première coalition* s'est constituée avec l'Espagne, le Portugal, la Sardaigne, le royaume de Naples, la Hollande, les États allemands, l'Autriche, la Prusse, la Russie.

Face au député montagnard Barère, ancien avocat au parlement de Toulouse, qui du haut de la tribune de la Convention déclare : « Un ennemi de plus pour la France n'est qu'un triomphe de plus pour la liberté », Marat et Brissot – l'« Exagéré » et le Girondin pour une fois d'accord – mettent en garde contre les illusions.

« Comme je connais l'Angleterre, dit Marat, je ne puis me dispenser d'observer que c'est à tort que l'on croit ici que le peuple anglais est pour nous. »

Brissot ajoute que le cabinet anglais a par ses calomnies réussi à « dépopulariser notre révolution dans l'esprit des Anglais et à populariser la guerre ».

« Citoyens, continue Brissot, il ne faut pas vous dissimuler les dangers de cette nouvelle guerre ; c'est l'Europe entière, ou plutôt ce sont tous les tyrans de l'Europe que vous avez maintenant à combattre et sur terre et sur mer. »

Alors : « Il faut que la grande famille des Français ne soit plus qu'une armée, que la France ne soit plus qu'un camp où l'on ne parle que de la guerre, où tout tende à la guerre, où tous les travaux n'aient pour objet que la guerre. »

Mais la guerre exige la traque de l'ennemi et de ses complices, installe le règne du soupçon, la crainte – et la réalité – des conspirations, des trahisons. Et donc la mort qu'on donne et qu'on magnifie :

Mourir pour la patrie
Est le sort le plus beau
Le plus digne d'envie.

Danton s'écrie : « Ô Le Peletier, ta mort servira la République ! Je l'envie, ta mort ! »

Robespierre, dans un discours aux Jacobins, le 13 mars 1793, s'écrie, alors que la situation militaire devient difficile, que les contre-attaques autrichiennes obligent les armées de Dumouriez qui étaient entrées en Hollande à reculer en Belgique :

« Nous saurons mourir, nous mourrons tous ! »

Marat lui répond aussitôt :

« Non, nous ne mourrons point, nous donnerons la mort à nos ennemis et nous les écraserons. »

Et Danton exalte lui aussi l'unité :

« Maintenant que le tyran n'est plus, tournons toute notre énergie, toutes nos agitations vers la guerre… Citoyens, prenez les rênes d'une grande nation, élevez-vous à sa hauteur… »

C'est un « duel à mort » qui s'engage.

Le marquis de La Rouërie, qui avait échoué au mois d'août 1792 à soulever les départements de Bretagne et du Poitou, pour sauver le roi, meurt d'une « fièvre cérébrale » en apprenant l'exécution de Louis XVI. On saisit des papiers dans le château de La Guyomarais – Côtes-du-Nord – où le marquis s'était réfugié, et ses proches sont arrêtés.

Avec la mort de La Rouërie, il n'y a plus d'organisation royaliste ni dans l'Ouest ni dans le reste de la France.

Mais le danger est aux frontières.

Mercy-Argenteau, l'ancien ambassadeur autrichien, écrit :

« Ce ne sont ni une ni plusieurs batailles gagnées qui réduiront une nation, laquelle ne peut être gagnée qu'autant que l'on exterminera une grande portion de la partie active et la presque totalité de la partie dirigeante. Faire main basse sur les clubs, désarmer le peuple, détruire cette superbe capitale, foyer de tous les crimes, de toutes les horreurs, provoquer la famine et la misère, voilà les déplorables données de l'entreprise à remplir. »

Et le directeur général des Affaires étrangères de Vienne, le baron von Thugut, ajoute qu'il est « essentiel qu'il y ait des partis en France qui se combattent et s'affaiblissent mutuellement »…

Ils existent, et donnent libre cours à leur haine réciproque.

Pourtant Maximilien Robespierre, le 5 février, en appelle à la mesure :

« Ne perdons jamais de vue que nous sommes en spectacle à tous les peuples, que nous délibérons en présence de l'univers. Nous devons nous tenir en garde contre les écarts même du zèle le plus sincère. »

Mais lui-même, après cet éloge de la mesure, attaque avec violence les Girondins, et ceux-ci dans le journal de Brissot, *Le Patriote français*, lui répondent, se moquant de cet « Incorruptible », qu'ils décrivent, en quelques vers, arrivant au Paradis :

Suivi de ses dévots
De sa cour entouré
Le Dieu des sans-culottes
Robespierre est entré.
Je vous dénonce tous, cria l'orateur blême
Jésus ! Ce sont des intrigants :
Ils se prodiguent un encens
Qui n'est dû qu'à moi-même.

Maximilien n'oubliera pas ces blessures d'amour-propre, d'autant plus vives qu'elles aggravent les divergences politiques profondes qui séparent Montagnards, Girondins et Enragés.

Robespierre s'oppose à Brissot, à Roland, à Buzot, cet avocat d'Évreux élu par le tiers état et qui fut proche de Robespierre au temps des États généraux. Mais que 1789 paraît loin ! Buzot est tombé sous le charme de Manon Roland.

Lors du procès de Louis XVI, il a voté pour l'appel au peuple, et pour le sursis. Il est l'ennemi déclaré de Marat, dont il demande l'expulsion de la Convention : « Marat, cet homme impur ; dans nos départements on bénira le jour où vous aurez délivré l'espèce humaine d'un homme qui la déshonore... »

Ceux des citoyens qui ne sont pas enrôlés dans l'un ou l'autre camp regardent avec inquiétude, et même effroi, cette guerre qui déchire ceux qui jadis étaient unis

« Nous avons maintenant deux sortes de Jacobins et de patriotes qui se haïssent aussi cruellement que les royalistes et les Jacobins originaux », constate, amer et accablé, Ruault ce libraire qui précisément fut jacobin, dès les débuts du club.

« La dernière espèce de Jacobins s'appelle Girondins ou brissotins ou rolandistes. Mais la haine va toujours croissant entre les deux partis. »

À Paris, explique Ruault, « la faction des anciens Jacobins paraît la plus forte. Elle entraîne avec elle tout le menu peuple, pour ne pas dire la populace qui est aujourd'hui un mot proscrit et imprononçable publiquement. »

Dans chaque section, une « réserve soldée » – payée par la Commune – d'une centaine d'hommes, toujours les mêmes, fait la loi. Ils sont quatre ou cinq mille « tape-dur », dans la capitale. Plus d'un millier d'entre eux se retrouvent dans les tribunes de la Convention, et ponctuent les discours de leurs menaces, orientant les débats, pesant sur les votes des députés.

Un témoin anglais – Moore –, effaré et effrayé devant cette situation, conclut que l'égalité entre les départements n'existe pas.

Par la pression de l'émeute, Paris fait la loi à la Convention et à toute la France.

Le « peuple souverain » se réduit bien souvent à ces « milliers de tape-dur », dont on soupçonne qu'ils sont « dirigés secrètement par un petit nombre de démagogues »

Danton dénonce « un tas de bougre d'ignorants n'ayant pas le sens commun, et patriotes seulement quand ils sont soûls. Marat, ajoute-t-il, n'est qu'un aboyeur, Legendre n'est bon qu'à dépecer sa viande... »

Mais ces sans-culottes composent les comités de surveillance, qu'ont créés les sections et qui procèdent aux visites domiciliaires, interrogent les « suspects ». Et qui ne l'est pas ?

« Il est difficile, il est dangereux, à un patriote, à un républicain de bonne foi et qui a des principes sages et modérés de se montrer, de parler même en société », écrit le libraire Ruault.

Selon lui, la mort du roi a divisé les Parisiens.

« Si on la blâme devant des gens qui l'approuvent, ce sont des cris de fureur, des rages qui engendrent des haines entre amis et parents et vice versa. »

« Le même désordre est entre les patriotes : êtes-vous ancien jacobin, vous ne pouvez parler devant un Girondin sans que l'aigreur se manifeste tout à coup. »

Ruault est persuadé qu'un « tel état social ne peut durer longtemps ; un parti écrasera l'autre et mettra le reste à l'unisson ».

Il est fasciné par l'évolution de ces hommes qu'il a connus avant que la passion politique et la haine ne les entraînent.

Ainsi le baron allemand Jean-Baptiste Cloots, qui, jadis doux, honnête, généreux, se fait désormais appeler Anacharsis Cloots, a inventé le mot « septembriser ».

Il a qualifié les massacres de « scrutin épuratoire dans les prisons ».

Député à la Convention, il se présente comme l'« Orateur du genre humain ». Il est suivi par une véritable cour de parasites qui vivent de son immense fortune. « Il faut l'écouter et ne pas le contredire. Ce serait peine perdue d'entreprendre de le guérir de sa furie ; ils sont par centaines de cette force dans la Convention. »

Ce sont ces députés-là, dont Danton dit qu'« ils ne savent voter que par assis et levé, mais ils ont de la force et du nerf ».

Et Ruault ajoute : « Il faut marcher en silence avec eux, si l'on veut se lever et se coucher tranquille. »

« La fièvre révolutionnaire est une terrible maladie. »

Il suffit d'une représentation théâtrale pour qu'elle se manifeste.

On donne ainsi en janvier 1793 au théâtre du Vaudeville *La Chaste Suzanne.*

« Une douzaine de gens armés ont fait impérieusement la loi à sept ou huit cents spectateurs en les menaçant de leur brûler la cervelle s'ils osaient applaudir quelques allusions aux circonstances qui se rencontrent dans cette pièce. Le triomphe des tueurs a été complet. Les dociles spectateurs, malgré qu'ils eussent pour eux une majorité bien reconnue de cent contre un, ont prestement abandonné le champ de bataille à leurs maîtres », rapporte *La Feuille du matin*, du 26 janvier 1793.

Et cependant, trois jours plus tard, le peuple rassemblé se retrouve librement sur la place du Carrousel pour une cérémonie de plantation d'un arbre de la Liberté, en souvenir des patriotes qui, le 10 août, tombèrent en ce lieu en s'élançant à l'assaut du château des Tuileries.

« Un faisceau de piques représentant les quatre-vingt-quatre départements sous le couvert d'un seul bonnet, précédait le jeune chêne, lequel a été planté au son des airs de *Ça ira*, de la *Carmagnole* et autres chants patriotiques », raconte le *Bulletin national.*

Les sans-culottes brandissent les piques, l'« arme sainte ». Ils sont, disent-ils, « prêts à verser jusqu'à la dernière goutte de leur sang pour la patrie ».

Quand le sans-culotte se présente dans les assemblées de citoyens, peut-on lire dans un opuscule – *Qu'est-ce qu'un sans-culotte ?* – publié au printemps 1793, il n'est pas « poudré, musqué, botté, dans l'espoir d'être remarqué par toutes les citoyennes des tribunes, mais bien pour appuyer de toute sa force les bonnes motions et pulvériser celles qui viennent de la faction abominable des hommes d'État, du serpent Brissot, du coquin Barbaroux, du sucré Pétion ou du chien et de l'hypocrite Roland ».

Et ce sans-culotte qui « travaille de ses mains, sait labourer un champ, forger, scier, limer, couvrir un toit, faire des souliers », qui habite dans les étages supérieurs de la maison, est bon ami, bon père, bon fils, frère de tous les sans-culottes. Il est homme de conviction, de passion, et donc de haine pour ses adversaires.

Il est *montagnard.* Ils sont *girondins* et *aristocrates.*

Et la misère exacerbe les passions.

Des Enragés – Jacques Roux, Varlet –, devant la hausse des prix, la chute de l'assignat réclament le cours forcé de la monnaie, la taxation des subsistances, la réquisition des grains, le jugement des accapareurs.

À Lyon, quatre mille canuts demandent à la municipalité d'imposer un tarif de façon aux fabricants.

« Les forces et les biens de chacun sont à la disposition de la société », déclare le député Rabaut Saint-Étienne, pasteur, fils de pasteur et Girondin, qui a refusé de voter la mort du roi, mais se dresse contre les « accapareurs ».

Le 23 février 1793, la foule amassée à la Halle dès l'aube se précipite sur les voitures chargées de pain et les pillent. Le 24, ce sont les boulangeries qui sont prises d'assaut, et le lendemain les épiceries sont dévalisées à leur tour.

Le 24 encore, les blanchisseuses ont pillé sur les bords de la Seine les bateaux chargés de savon qui y étaient amarrés.

Et Marat, dans son *Journal de la République*, écrit le 25 février :

« Dans tout pays où les droits du peuple ne sont pas de vains titres consignés fastueusement dans une simple déclaration, le pillage de quelques magasins à la porte desquels on pendrait les accapareurs mettrait fin aux malversations. »

Ainsi, les divisions haineuses s'aggravent entre d'un côté les Girondins, qui veulent protéger les propriétés, de l'autre les Montagnards, qui soupçonnent et craignent que des « conspirateurs » ne créent des troubles pour susciter l'intervention de l'armée, le général Dumouriez venant rétablir l'ordre à Paris, et peut-être placer sur le trône un Orléans, Philippe Égalité.

C'est ce risque qui incite Robespierre à condamner les pillards qui envahissent les épiceries :

« Le peuple doit se lever non pour recueillir du sucre mais pour terrasser les brigands, dit-il… De chétives marchandises doivent-elles l'occuper ?… Nos adversaires veulent effrayer tout ce qui a quelque propriété… Le peuple de Paris sait foudroyer les tyrans mais il ne visite point les épiciers… »

Mais de l'autre côté il y a les *Enragés*, qui envahissent la Convention, exigent le châtiment des « ennemis », des « conspirateurs », des « accapareurs » qui affament le peuple.

Il y a l'abbé Roux, l'Enragé, qui déclare :

« Je pense que les épiciers n'ont fait que restituer au peuple ce qu'ils lui faisaient payer beaucoup trop cher depuis longtemps. »

Et qui, après les heures de pillage, ajoute :

« La journée eût été plus belle encore s'il y avait eu quelques têtes coupées. »

La situation, dans ces journées de la fin février 1793 et des dix premiers jours du mois de mars, est donc grave.

À l'intérieur du pays, les pillages, la crainte du complot.

Sur les frontières, les assauts des Autrichiens, les succès de la première coalition contre la France.

La République avait annexé Nice, Monaco, et Danton dans une envolée avait réclamé la réunion de la Belgique, soulevant l'enthousiasme de la Convention :

« Je dis que c'est en vain qu'on veut faire craindre de donner trop d'étendue à la République. Ses limites sont marquées par la nature. Nous les atteindrons toutes, des autres coins de l'horizon, du côté du Rhin, du côté de l'Océan, du côté des Alpes. Là doivent finir les bornes de notre République, et nulle puissance humaine ne pourra nous empêcher de les atteindre. »

Et, brandissant les poings, Danton a ajouté :

« On vous a menacés des rois, vous avez déclaré la guerre aux rois, vous leur avez jeté le gant et ce gant est la tête du tyran. »

Mais les réformes de l'armée, l'amalgame entre « Blancs » – bataillons de l'armée ci-devant royale – et « Bleus » – bataillons de volontaires –, la création de demi-brigades de trois mille trois cents hommes, mobiles, ne suffisent pas à forger l'instrument capable de s'opposer aux troupes de la coalition, dans une guerre longue, dévoreuse d'hommes.

Et d'autant plus si l'on veut que la République atteigne, comme l'a déclaré Danton, les « frontières naturelles ».

Alors il faut décréter, le 24 février 1793, une *levée de trois cent mille hommes*, et la Convention établit le nombre des volontaires que chaque département doit fournir selon l'importance de sa population et du nombre d'hommes « réquisitionnés » lors des précédentes levées.

Il faut faire vite, parce que, sur les frontières, l'armée de Dumouriez recule. Et l'on commence à soupçonner ce général, qu'on a vu à Paris, que l'on sait proche des Girondins, de Manon Roland, et que Danton paraît soutenir.

La peur du coup de force, du complot, soulève les sans-culottes, les Enragés, qui encerclent la Convention, envahissent les tribunes.

Et c'est dans ce climat que, dans la nuit du 10 au 11 mars 1793, les députés votent la création d'un tribunal criminel extraordinaire nommé bientôt « Tribunal révolutionnaire ».

On se souvient des massacres de Septembre, et Danton s'écrie :

« Le salut du peuple exige de grands moyens, des mesures terribles... Profitons des fautes de nos prédécesseurs. Faisons ce que n'a pas fait l'Assemblée législative. Soyons terribles, pour dispenser le peuple de l'être. »

Les « délégations » mandatées par les quarante-huit sections de Paris se succèdent à la tribune de la Convention.

Elles font toutes la leçon aux députés, s'inquiètent de la situation aux frontières, des victoires des Autrichiens, de la retraite des troupes de Dumouriez, et une fois encore, ces « sectionnaires » redoutent la trahison du général, reprenant ainsi les accusations de Marat.

« Nous venons sans crainte de vous déplaire jeter la lumière sur vos erreurs et vous montrer la vérité », lance un sans-culotte aux députés.

Puis, inspiré par l'abbé Jacques Roux, par Varlet, par les Enragés, l'orateur des sections répète :

« Citoyens législateurs, ce n'est pas assez d'avoir déclaré que nous sommes républicains français, il faut encore que le peuple soit heureux, il faut qu'il ait du pain, car où il n'y a pas de pain, il n'y a plus de loi, plus de liberté, plus de république. »

Danton intervient, veut éviter l'affrontement entre ceux qui possèdent et ceux qui sont démunis, tous patriotes, tous républicains !

« Que les propriétaires ne s'alarment pas, dit-il. La nation toujours juste respectera les propriétés. Respectez la misère et la misère respectera l'opulence ! Ne soyons jamais coupables envers le malheureux et le malheureux qui a plus d'âme que le riche ne sera jamais coupable ! »

La Convention l'acclame. Les députés votent l'abolition de la contrainte par corps.

Mais le soir, les femmes aux premiers rangs des manifestants envahissent les tribunes des Jacobins, stigmatisent cette « société pleine d'accapareurs », ovationnent les noms des Enragés, Jacques Roux, Varlet.

La hausse des denrées, la peur de l'étranger, de ces troupes autrichiennes qui ont réoccupé Aix-la-Chapelle et Liège, la crainte d'un complot aristocratique, se nouent pour accroître la tension.

On pille. On saccage les imprimeries des journaux girondins, dans la nuit du 9 au 10 mars, les Enragés tentent de former un comité d'insurrection.

Les citoyens patriotes et modérés s'indignent.

« Le défaut d'ordre a fait tout le mal, affirme le libraire Ruault. Comment quatre ou cinq mille femmes des faubourgs, quelques hommes, des petites filles, des petits garçons, auraient-ils pu forcer seize ou dix-huit cents boutiques à livrer la chandelle à douze sous, le sucre à vingt-cinq, le café à quinze, le savon à dix-huit, si la force publique les eût devancés d'une heure ou deux ?... La municipalité dit, pour s'excuser, que ce désordre a été fomenté par l'étranger. Je n'en crois rien du tout. Il n'est pas besoin de l'étranger pour ravager Paris... »

Et la voix de cet homme patriote, sage et cultivé, devient rageuse, menaçante, tant le besoin d'ordre et la peur de l'anarchie sont grands.

« Il y a dans Paris, cette grande ville, trop de gredins, trop de femmes mégères, de malheureux que la misère poursuit soit par leur faute, soit par la faute du gouvernement, si on ne les réprime point, si la municipalité les laisse faire : sinon on sera forcé de les tuer comme des voleurs de grands chemins, il n'y aura pas d'autres moyens d'assurer les propriétés. »

Au même moment, dans tout l'Ouest de la France, plus de cent paroisses, du Maine-et-Loire, de la Vendée à la Loire-Inférieure entrent en insurrection, apprenant que la Convention réclame des hommes en vertu de la levée de trois cent mille hommes qui doivent se porter aux frontières.

Les paysans s'arment, se dressent contre ces « bourgeois » des villes, ces « républicains » accapareurs, ces « sans-Dieu » qui ont persécuté les « vrais » prêtres et soutenu les abbés constitutionnels.

La violence se déchaîne. On frappe. On tue. On crucifie même. On massacre.

À Machecoul, dimanche 10 mars, c'est le carnage. Il y aura près de six cents tués. On extermine les patriotes de toute la région. Les prisonniers attachés à une longue corde et formant « chapelet » sont menés le long des douves du château, fusillés, achevés à coups de pique.

On voit surgir un Comité royal, qui dans une proclamation du 12 mars 1793 reconnaît Louis XVII comme souverain et refuse obéissance à la Convention.

Une « armée catholique et royale » se constitue, se donnant des chefs, tel ce Cathelineau, colporteur, père de cinq enfants, qui s'écrie à la nouvelle que dans les paroisses on s'en est pris aux « patriotes », aux prêtres assermentés, et qu'on refuse de « livrer » ses jeunes hommes :

« Maintenant il faut aller jusqu'au bout, si nous en restons là, notre pays va être écrasé par la République. »

On scande : « Vive Dieu ! Vive le roi ! »

On « enjoint aux habitants de Cholet de livrer leurs armes aux commandants de l'armée chrétienne forte de trente mille hommes, promettant dans ce cas seulement d'épargner les personnes et les propriétés », signé Stofflet, commandant, Barbotin, aumônier.

Les insurgés, dans le brouillard épais de ces premiers jours de mars, forment des masses noires et compactes, qui ne rencontrent que la résistance de quelques centaines de gardes nationaux, vite massacrés ou mis en fuite.

Et les paysans insurgés tirent les bourgeois républicains hors de leurs domiciles et les massacrent.

On chante une *Marseillaise* retournée :

Aux armes, Poitevins, formez vos bataillons !
Marchons ! Le sang des Bleus rougira nos sillons.

C'est la guerre dans ces départements, la guerre aux frontières. Les journaux « patriotes » appellent aux armes :

« Debout ! Toujours debout républicains ! Toujours armés, c'est le seul moyen de vivre libres ! Soyez fermes, vos ennemis seront vaincus », lit-on dans *Le Républicain.*

Il faut brandir « le poignard vengeur qui purge la patrie des monstres qui méditent son esclavage ».

À la tribune de la Convention, Maximilien Robespierre, malgré les interruptions des députés girondins, propose de « changer le système actuel de notre gouvernement ».

Mais il est obligé de se taire sous l'avalanche de protestations, de cris, d'injures, de moqueries, et c'est le soir, au club des Jacobins, qu'il s'exprime :

« J'ai été réduit à l'impuissance d'élever ma voix dans la Convention à cause de la faiblesse de mon organe, avoue-t-il, je n'ai pu faire retentir mes derniers accents sur les dangers qui menacent les patriotes. »

Les Jacobins l'acclament : Qu'il parle ! Qu'il parle !

« Il faut, dit Maximilien, que l'exécution des lois soit confiée à une commission si sûre que l'on ne puisse plus vous cacher ni le nom des traîtres ni la trame de la trahison. »

2.

La trahison, en ce mois de mars 1793, Robespierre n'est pas seul à la craindre, à la dénoncer.

Marat depuis longtemps déjà dévoile les « machinations infernales » qui menacent la Révolution.

Il n'épargne personne, voit naître à chaque instant des conspirations. Il lui suffit d'apprendre que Camille Desmoulins et un autre Montagnard, Chabot, ont été invités à dîner par des généraux, pour qu'il les avertisse, qu'« il ira à la tête de tous nos braves sans-culottes, relancer ces sybarites et de la belle manière » et donner une leçon à ces citoyens « bien connus pour avoir un estomac aristocratique ».

Il s'en prend au général Dumouriez, à son entourage d'officiers monarchistes. Dumouriez n'a-t-il pas à son état-major Louis-Philippe Égalité, ci-devant duc d'Orléans ?

Et n'est-ce pas ce Dumouriez qui dans une lettre à la Convention vient d'accuser les députés de vouloir mener en Belgique « une guerre criminelle » ? Il sermonne les représentants du peuple : « Vous ne souffrirez pas, écrit le général, que vos armées soient souillées par le crime et en deviennent les victimes. »

Les députés se rebiffent et Marat qu'on traitait de « monstre incendiaire » est tout à coup écouté, porté à la présidence des Jacobins, d'où il lance ses appels à l'action :

« Frères et amis, les maux de la République sont au comble. Et le moment est venu où le courage des républicains doit éclater. Que la nation se lève, que les députés s'expliquent et fassent justice de Brissot, de Vergniaud, du général Dumouriez, de tous les autres généraux conspirateurs et fonctionnaires publics traîtres à la nation... »

Il interpelle Danton :

« Je le somme de monter ici à la tribune, et de déchirer le voile des trahisons qui nous environnent... »

Et tout à coup, il tire brusquement de dessous sa houppelande un poignard long d'une coudée et l'agite devant les yeux des citoyens rassemblés au club des Jacobins :

« Voilà l'arme avec laquelle je jure d'exterminer les traîtres, s'écrie Marat. Voilà l'arme que je vous invite à fabriquer pour les citoyens qui ne sont point au fait des évolutions militaires. Je vous propose d'ouvrir une souscription et je vais moi-même vous donner l'exemple. »

L'assistance est fascinée par ce discours, ces gestes, cette énergie :

« Formez donc une armée centrale qui marchera contre les royalistes et les modérés, reprend Marat ; nommez le chef et vous aurez la victoire », lance-t-il en brandissant son poignard.

« Oui, oui, Marat, tu seras notre chef », crient les Jacobins en jetant en l'air chapeaux et bonnets phrygiens.

« Comptez sur ma surveillance, conclut Marat. Nous devons frapper de grands coups, je vous avertirai aussitôt qu'il en sera temps. »

Le 15 mars, Danton et le député Delacroix sont partis en Belgique pour rencontrer Dumouriez.

Les Montagnards suspectent Danton de conspirer avec le général. Ne l'a-t-il pas toujours défendu ?

Danton, partisan de l'occupation, voire de l'annexion, de la Belgique a poussé Dumouriez à l'offensive. « Nous aurons des hommes, des armes, des trésors de plus », a-t-il répété.

Et Delacroix a dit, cyniquement, aux soldats : « Vous êtes sur un pays ennemi, housardez et dédommagez-vous de votre perte... Pillez, nous partagerons et je vous soutiendrai dans la Convention. »

On a même accusé Delacroix d'avoir patronné à Liège une fabrique de faux assignats

Et ce sont ces Montagnards-là, qu'on envoie tenter de convaincre ou de « garrotter » le général Dumouriez ! Il leur suffit de quelques heures, pour comprendre que le général a choisi.

Il vient d'être battu – le 18 mars – par les troupes de Saxe-Cobourg, à Neerwinden puis à Louvain.

Il abandonne la Belgique, traite avec les Autrichiens, invite ses officiers, ses régiments, à marcher sur Paris, à en finir avec l'anarchie. Il veut s'opposer aux violences des Enragés : « C'est mon armée que j'emploierai... Plus de la moitié de la France veut un roi. »

Il reste à Danton et à Delacroix à regagner rapidement Paris, à apprendre que Dumouriez est passé à l'ennemi avec son état-major après avoir en vain essayé de convaincre ses troupes de le suivre soit à Paris, soit dans le camp autrichien.

Un jeune colonel, Davout, commandant les bataillons de volontaires de l'Yonne, a fait ouvrir le feu sur Dumouriez, et celui-ci, entouré de dragons autrichiens, entraînant avec lui bon nombre d'officiers, et surtout Louis-Philippe ci-devant duc de Chartres, n'a trouvé son salut qu'en galopant à bride abattue à travers champs !

À Paris, avant que cette trahison ne soit connue, c'est déjà le temps des suspects.

Les sans-culottes des comités de surveillance exigent des citoyens qu'ils produisent des « certificats de civisme, de garde montée, de quittance d'une fonction, de passeports visés... On a soumis l'entrée et la sortie de Paris à une très grande rigueur à cause de nombreux malveillants qui se sont glissés dans la ville et après lesquels on court de tous côtés. Si vous n'êtes pas en règle on vous prend pour un de ceux-là, et vous êtes arrêté comme malveillant, au moins comme *suspect.* »

On est traduit devant le Tribunal révolutionnaire, condamné le plus souvent. Les juges ne prononcent pas systématiquement la peine de mort. Mais la guillotine est en place. Au mois de mars 1793, on décapite une dizaine de condamnés à mort et les appels des Enragés de Marat à châtier les traîtres se multiplient. La peur s'insinue dans chaque conscience parce qu'on sait que la violence, la Terreur, apparaissent comme des recours face à une situation de plus en plus difficile. La mort rôde. Il faut vaincre et pour cela tuer ou mourir.

Ces jours-là de la fin mars 1793, on apprend que tout l'Ouest s'est soulevé. On s'y bat contre l'enrôlement des jeunes hommes, « pour le roi, pour Louis XVII » et « pour la vraie religion attaquée par les gueux de Paris ».

Aux premiers chefs, Cathelineau, Stofflet, issus du monde des « petites gens », paysans, artisans, s'ajoutent désormais des « aristocrates », en fait des hobereaux, comme Bonchamps, Lescure, d'Elbée, Charette, La Rochejaquelein.

Les paroisses se rallient, les petites villes tombent – Châtillon, Bressuire –, la Bretagne et la Normandie fermentent.

D'Elbée et Sapinaud qui commandent la « grande armée catholique et royale » en appellent à l'Angleterre et à l'Espagne, coalisées contre la République.

« Depuis un mois, écrivent-ils, nous sommes en état de contre-révolution, nos armées conduites par la Divinité et soutenues par nos valeureux habitants des campagnes ont déjà conquis le bas Anjou et le Poitou, où régnerait la tranquillité si nos villes capitales ne tenaient à un maudit esprit de révolution, que nous serions en état de réduire si nous avions de la poudre promptement. »

Cette situation lorsqu'elle est connue à Paris angoisse les députés, les patriotes, qui ont le sentiment d'être acculés, pris à la gorge, trahis.

Ils apprennent, avec retard, que le général Dumouriez en passant à l'ennemi, et comme gage de sa trahison, a livré aux Autrichiens les quatre commissaires de la Convention qui, accompagnés du général Beurnonville, qui fut ministre de la Guerre et son ami, venaient pour lui transmettre la convocation de la Convention à se présenter à la barre, devant elle. Dumouriez sait qu'il sera mis hors la loi, c'est-à-dire passible d'être aussitôt condamné à mort et exécuté.

La Convention s'indigne de la rébellion de l'Ouest, de la trahison de Dumouriez :

« La contre-révolution marche, s'écrie Barère, et nous ne marchons qu'après elle ; nous ne délibérons qu'après les événements. Il nous appartient de les prévoir, et de les prévenir. Vous ne devez plus discuter, vous devez agir… Laissez de côté les demi-mesures, déclarez-vous corps révolutionnaire. »

Les députés l'écoutent, réagissent en prenant l'offensive.

En quelques jours, à la fin mars, la Convention vote une série de décrets de mort pour ceux qui proposeraient la « loi agraire » – le partage des biens. Car il s'agit de rassurer les propriétaires menacés par les Enragés.

Mais morcellement et vente des biens d'émigrés.

Mais mise hors la loi et peine de mort contre tous ceux qui participeraient aux révoltes ou émeutes contre-révolutionnaires. Et création d'un *Comité de salut public*, surveillant les ministres, organe composé de neuf membres siégeant pour un mois puis renouvelés.

C'est le Comité de salut public qui dirigera en fait la République.

Et décision est même prise de lever l'immunité qui protégeait les députés. Ils pourront donc désormais être poursuivis.

Comité de salut public, Tribunal révolutionnaire, Comité révolutionnaire de surveillance dans les sections et les départements, envoi de « représentants en mission » : la République serre les poings.

Son arme est la surveillance des citoyens, et sa force la terreur.

Mais sa faiblesse, ce sont les divisions qui déchirent les « patriotes » : la haine est encore plus vive entre Montagnards et Girondins, ces derniers accusés d'avoir eu partie liée avec le général Dumouriez, le traître.

Et donc ils sont complices. Et Marat propose de nouveau qu'ils soient mis en accusation.

Danton, qui voudrait l'apaisement, est contraint de tenir le même langage que les Montagnards. Lui aussi a été proche de Dumouriez et a sans doute souhaité, comme le général, une monarchie constitutionnelle dont le souverain eût été un Orléans. Mais Philippe Égalité, ci-devant duc d'Orléans, a été arrêté à la suite de la défection de son fils Louis-Philippe, passé aux Autrichiens en compagnie de Dumouriez.

Alors Danton fait assaut d'éloquence pour détourner les soupçons qui pèsent sur lui.

« La guerre civile est allumée de toute part, dit-il. Et des passions misérables agitent nos représentants et cependant les contre-révolutionnaires tuent la liberté ! La statue de la liberté n'est pas fondue. Ce métal bouillonne ; si vous n'en surveillez le fourneau, vous serez tous brûlés ! Montrez-vous révolutionnaires ! Montrez-vous peuple et alors la liberté n'est plus en péril. Les nations qui veulent être grandes doivent, comme les héros, être élevées à l'école du malheur. »

Dans Paris, c'est l'inquiétude, et la révolte des plus pauvres qui couve.

Ils se rassemblent au Palais-Royal.

Ils murmurent : « Lorsque nous avions un roi, nous étions moins malheureux qu'à présent que nous en avons sept cent quarante-cinq. »

Ces députés à la Convention, ainsi mis en cause, se sentent menacés.

Les sans-culottes « exagérés » les attendent à la sortie de la salle du Manège, les interpellent depuis les tribunes de l'Assemblée ou celles du club des Jacobins.

L'un des Enragés que suivent ces sans-culottes, Varlet, fonde, à l'annonce de la trahison de Dumouriez, un Comité central révolutionnaire qui va siéger à l'Évêché. C'est une Commune illégale, mais qui est composée des délégués des sections.

L'autre chef des Enragés, l'abbé Jacques Roux, convoque dans une assemblée générale tous les comités de surveillance. Et il obtient l'adhésion de la Commune.

Ainsi la Convention risque-t-elle d'être dépossédée de ses pouvoirs.

Maximilien Robespierre, dont se moquent les Girondins, mais que le peuple appelle déjà *l'Incorruptible*, intervient souvent dans cette période tendue, incertaine, dangereuse, de la tribune du club des Jacobins, ou de celle de la Convention. « Il faut que le peuple sauve la Convention, dit-il, et la Convention sauvera le peuple... »

« Je dirai tout ce qu'il importe de connaître, poursuit-il, je ne dissimulerai aucune vérité. »

Et, implacable, il ajoute :

« Je déclare que la première mesure de salut public à prendre, c'est de décréter d'accusation tous ceux qui sont prévenus de complicité avec Dumouriez et notamment Brissot... Je ne veux que dire la vérité et quand les hommes que j'ai désignés auront assassiné la liberté et ses défenseurs, on dira qu'au moment où ils allaient exécuter leur complot liberticide je disais la vérité et que je démasquais les traîtres. »

On l'acclame. D'un geste, il arrête l'ovation. Sa voix devient plus aiguë, tranchante :

« Le moment est venu pour les patriotes, dit-il, de prendre dans toute son énergie cette haine vigoureuse et immortelle dont ils s'étaient montrés animés pour le nom des rois... »

Il s'interrompt, évoque « la punition d'un tyran », ce ci-devant roi de France, décapité.

« Cette punition sera-t-elle donc le seul hommage que nous ayons rendu à la liberté et à l'égalité ? »

Chaque auditeur se fige, devinant la gravité des propos qui vont suivre :

« Souffrirons-nous qu'un être non moins coupable, non moins accusé par la nation, et qu'on a ménagé jusqu'ici comme par un reste de superstition pour la royauté, souffrirons-nous qu'il attende tranquillement ici le fruit de ses crimes ? »

Maximilien Robespierre veut la tête de la ci-devant reine, Marie-Antoinette d'Autriche.

Il veut qu'elle soit traduite devant le Tribunal révolutionnaire, accusée d'avoir participé « aux attentats contre la liberté et la sûreté de l'État ».

L'auditoire frémit, applaudit, comprend qu'au moment où les troupes de la coalition, celles de Brunswick et de Saxe-Cobourg, reprennent Aix-la-Chapelle, Liège, encerclent vingt mille soldats français à Mayence, il faut faire couler de nouveau le sang royal entre les monarchies et la République pour empêcher toute négociation.

Et au même instant en effet, Fersen, toujours amoureux de la reine, fidèle et préoccupé du sort de la souveraine, écrit :

« Je ne serais pas étonné que les scélérats, se voyant battus partout, sans ressources, menacés de la famine et de la misère, missent le jeune roi et sa mère à Versailles et voulussent ensuite traiter avec eux et les puissances. »

Et Fersen écrit à Marie-Antoinette qu'elle aura besoin d'un « gueux », ce général Dumouriez. Cet homme est utile, explique Fersen, « il faut s'en servir et oublier le passé. Son intérêt est intimement lié au vôtre et au rétablissement de votre autorité comme régente. »

Mais il faut être loin de la France pour imaginer une telle issue. En fait, pour la première fois en cette fin du mois de mars 1793, la voix forte et écoutée de Robespierre a réclamé, par conviction et par habileté, pour « ranimer l'ardeur révolutionnaire », la tête de Marie-Antoinette.

Marat de son côté, à la tribune du club des Jacobins qu'il préside, demande la « destruction » de tous les députés qui ont proposé *l'appel* au peuple lors du procès de Louis XVI.

Or, les Girondins ont tous été des « appelants » !

Il faut choisir son camp.

Et Danton, qui a tenté jusqu'au bout de ne pas rompre avec les Girondins, sent que, pour se sauver lui-même, il doit, à nouveau, suivre Robespierre et Marat. Il monte à la tribune des Jacobins, le visage empourpré, les veines de son cou gonflées de sang et de violence. Sa voix puissante s'élève.

Il rappelle qu'il a dit, autrefois, en septembre 1792, au temps des massacres : « Eh, que m'importe ma réputation ! Que la France soit libre et que mon sang soit flétri ! Que m'importe d'être appelé buveur de sang ! Eh bien, buvons le sang des ennemis s'il le faut ! »

Et haussant encore la voix, plus menaçant, il lance :

« Eh bien, je crois qu'il n'est plus de trêve entre la Montagne, entre les patriotes qui ont voulu la mort du tyran et les lâches qui en voulant le sauver, nous ont calomniés, dans toute la France. »

La tension est à son comble.

Les rumeurs les plus contradictoires se répandent dans Paris. On dit que l'armée de Dumouriez marche sur la capitale.

« Ce matin, à huit heures, des rappels nombreux ont fait courir aux armes et jeté l'alarme dans tous les cœurs.

« Les uns disaient qu'une partie de la Convention poursuivie par la peur avait quitté son poste. Les autres débitaient que les hussards étaient en pleine insurrection. Chacun faisait sa nouvelle et il résultait de cette confusion une cruelle incertitude sur le véritable état des choses.

« Nous avons été sous les armes depuis dix heures jusqu'à ce moment, sept heures du soir, et nous ne savons autre chose de ce grand mouvement sinon qu'on visite partout pour découvrir les émigrés et des armes cachées dans les maisons suspectes.

« En effet, des commissaires accompagnés de nombreuses patrouilles se sont portés dans les maisons et sont encore occupés, dans le moment que nous écrivons, aux visites domiciliaires qui doivent cesser avec le jour.

« Les barrières sont fermées et les rues barricadées. On ne laisse passer aucun citoyen qui ne soit muni de sa carte.

« Ces extrêmes précautions suggérées sans doute par la nécessité ont paru rigoureuses et ne peuvent être justifiées que par le danger de la chose publique. *Salus populi suprema lux esto*. Soit. Mais combien d'honnêtes artisans, d'utiles commerçants, et nos femmes timides souffrent de ces grands mouvements révolutionnaires et désirent une Constitution qui en arrête le cours rapide et destructeur. »

Le *Bulletin national*, en publiant cet article le 29 mars 1793, exprime les sentiments de ceux qui, gardes nationaux, répondant à l'appel aux armes de leur section, sont des modérés qui veulent sauvegarder les propriétés, souhaitent un retour à l'ordre, non pas celui, ancien, de la monarchie, mais celui d'une République apaisée, où la loi l'emporte sur le désordre révolutionnaire.

Mais dans les sections, et à la Convention ou aux Jacobins, ces hommes-là n'osent pas prendre la parole, craignant d'être aussitôt suspects. Et, en ces jours où la République est prise dans l'étau des armées de la coalition et des insurgés vendéens, ces « modérés » se rapprochent des Montagnards, car ils veulent sauver la République.

Ils soutiennent la constitution, le 6 avril, du Comité de salut public, dont les premiers membres sont en majorité issus des bancs de la Plaine, et des hommes qui ne se sont ralliés à aucun camp. Les seuls Montagnards avérés sont Danton et Delacroix, et encore ce dernier n'est-il que depuis peu montagnard.

Mais les députés de la Plaine (Barère, Cambon) membres du Comité de salut public veulent eux aussi, comme les Montagnards, défendre la Révolution.

Lorsque Barère reçoit la lettre que lui adresse, à la fin du mois de mars, le député Jean Bon Saint-André, pasteur, élu du Lot, et qui vient de parcourir comme représentant en mission plusieurs départements, il en fait part aux autres membres du Comité de salut public, et tous partagent les remarques de Jean Bon Saint-André :

« Partout l'on est fatigué de la Révolution, écrit le député. Les riches la détestent, les pauvres manquent de pain et on les persuade que c'est à nous qu'ils doivent s'en prendre... Nous faisons bien tous nos efforts pour redonner aux âmes un peu de ressort, mais nous parlons à des cadavres... Le pauvre n'a pas de pain et les grains ne manquent pas mais ils sont resserrés. Il faut très impérieusement faire vivre le pauvre si vous voulez qu'il vous aide à achever la Révolution... Les troubles de la Vendée et des départements voisins sont inquiétants sans doute mais ils ne sont dangereux que parce que le saint enthousiasme de la liberté est étouffé dans tous les cœurs. »

3.

Mais, en ce printemps 1793, peut-on ressusciter ce « saint enthousiasme de la liberté, étouffé dans tous les cœurs », quand ceux qui, en 1789, se dressaient unis contre les manœuvres de la Cour, sont désormais des ennemis chaque jour plus déterminés ?

Ainsi, en avril, la rumeur court selon laquelle les Enragés, les sans-culottes qui les suivent et la Commune de Paris préparent une « journée révolutionnaire », contre la Convention, pour les fêtes de Pâques.

Au club des Jacobins, Robespierre le jeune – Augustin Robespierre –, après Marat, après son frère Maximilien, déclare : « La Convention n'est pas capable de gouverner. Il faut attaquer les meneurs de la Convention. Citoyens, ne venez point offrir vos bras et votre vie, mais demandez que le sang des scélérats coule ! Il faut que tous les bons citoyens se réunissent dans leurs sections... viennent à la barre de la Convention nous forcer de mettre en état d'arrestation des députés infidèles... »

Il s'agit des Girondins.

Et à la Convention, les menaces, les injures fusent :

« Nous saurons mourir mais nous ne mourrons pas seuls », crient les députés girondins.

Ils répondent de cette manière aux sans-culottes qui viennent de déposer une pétition à la barre de la Convention.

Et ces pétitionnaires, sous les acclamations des citoyens des tribunes, ont lancé aux députés :

« Entendez-nous ! Entendez-nous pour la première fois. La nation est lasse d'être continuellement en butte à des trahisons... Elle est lasse de voir parmi vous d'infidèles mandataires... Qui méritait plus l'échafaud que Roland ? »

Les mots tombent comme des couperets : « majorité corrompue », « ligue qui veut nous vendre à nos tyrans et qui embrasse toute la France ».

Les pétitionnaires en appellent aux Montagnards :

« Montagne de la Convention, c'est à vous que nous nous adressons. Il faut que la France soit anéantie ou que la République triomphe. »

Or, la République, assaillie, est en péril.

Les « Blancs » de la « grande armée catholique et royale », commandés par d'Elbée, avancent vers Fontenay, dispersent les « Bleus », et même si l'armée échoue à conquérir un port qui lui permettrait de recevoir l'aide de l'Angleterre, elle est une grave menace.

Ces paysans royalistes et catholiques défient la République, humilient les « volontaires », les libèrent après les avoir tondus, gardent certains d'entre eux en otages. Et n'hésitent pas à fusiller.

Dans le Sud, à Lyon, à Bordeaux, à Marseille, les « modérés » s'organisent, exécutent les sans-culottes radicaux, expulsent les représentants en mission.

À Rouen, le pain manque, provoquant des émeutes qu'il faut durement réprimer.

Et même à Paris, aux Champs-Élysées, des promeneurs s'attroupent, crient « Marat à la guillotine ! ».

Les citoyens aisés s'inquiètent pour leurs propriétés, quand ils entendent Camille Desmoulins déclarer :

« On vous a parlé de deux classes de citoyens, des messieurs et des sans-culottes ; prenez la bourse des premiers et armez les autres ! »

Et ces « autres », précisément, réclament et obtiennent la fixation d'un maximum pour les prix des denrées et d'abord du blé.

Dans une adresse à la Convention, l'assemblée générale des maires et des officiers municipaux de Paris et des communes de la banlieue déclare :

« Qu'on n'objecte pas le droit de propriété ! Le droit de propriété ne peut être le droit d'affamer ses concitoyens. Les fruits de la terre comme l'air appartiennent à tous les hommes... »

Les Girondins s'insurgent, tentent de rassembler les propriétaires.

Pétion, l'ancien maire de Paris, s'adresse aux Parisiens :

« Vos propriétés sont menacées, dit-il, Parisiens sortez enfin de votre léthargie et faites rentrer ces insectes vénéneux dans leurs repaires ! »

« Vous êtes des scélérats ! » crie Danton aux députés girondins.

« Nous avons des enfants qui vengeront notre mort, lui répond-on. À bas le dictateur ! »

Guadet, avocat à Bordeaux, député à la Législative puis à la Convention, l'un des chefs girondins, interpelle les Montagnards :

« Votre opinion est comme le croassement de quelques corbeaux... »

« Vil oiseau, tais-toi ! » lui lance Marat.

Violences verbales, propositions si tranchées que plus rien ne semble pouvoir rapprocher la Montagne de la Gironde.

« Cet esprit d'opposition dégénère en deux partis permanents, fougueux, haineux, qui se déclarent une guerre à mort, au moment où la patrie est attaquée au-dehors et déchirée au-dedans, c'est là ce qui désespère les vrais républicains », écrit le libraire Ruault.

Il sent bien que cet affrontement ira jusqu'au bout. Les Girondins le désirent, comme les Montagnards.

« Celui qui n'est pas pour le peuple, celui qui a des culottes dorées est l'ennemi-né de tous les sans-culottes ! dit Robespierre à la tribune des Jacobins. Il n'existe que deux partis, celui des hommes corrompus et celui des hommes vertueux. »

Et à ses yeux, comme à ceux de Camille Desmoulins, les Girondins sont corrompus, ont choisi de vivre dans l'opulence.

Desmoulins ajoute même dans un pamphlet publié le 19 mai 1793, et intitulé *Fragment de l'histoire secrète de la Révolution ou Histoire des brissotins*, que les Girondins sont au service des agents de Pitt, du duc d'Orléans, et de la Prusse.

Brissot serait l'âme de ce complot anglo-prussien.

Il faut donc épurer la Convention de ces reptiles, de ces esclaves, de ces intrigants, de ces tartuffes, de ces brigands, de ces corrompus, et de ce « pauvre Roland, combien le calice du cocuage semble amer au vieillard ! ».

Desmoulins ne fournit aucune preuve de ce qu'il avance, mais il attise la haine, et *Le Patriote français*, le journal de Brissot, relève le gant.

« Depuis trop longtemps, le républicanisme et l'anarchie sont en présence et n'ont fait pour ainsi dire qu'escarmoucher. Cet état pénible ne peut plus se prolonger : on nous présente un combat à mort, eh bien acceptons-le ! »

Les Montagnards, les Enragés souhaitent et préparent cet affrontement.

Il faut, disent-ils, « purger », « épurer », « organiser » le vomissement des brissotins hors de la Convention.

Le Montagnard Carrier, ancien procureur à Aurillac sous l'Ancien Régime, élu député à la Convention, ajoute : « Il faut que Brissot tâte de la guillotine. Il faut qu'il la danse. » La menace est explicite.

Et les Girondins se défendent.

S'ils réussissent à juguler les quelques milliers de sans-culottes parisiens, le pays les suivra, pensent-ils, et rejettera les Marat, les Robespierre, les Hébert, les Danton.

Guadet, l'élu de Bordeaux au talent d'orateur éblouissant, voltairien sarcastique, se moque de Maximilien qui invoque l'Être suprême, la Providence :

« J'avoue, dit Guadet, que ne voyant aucun sens à cette idée de Providence je n'aurais jamais pensé qu'un homme qui a travaillé avec tant de courage, pendant trois ans, à tirer le peuple de l'esclavage du despotisme peut concourir à le remettre ensuite dans l'esclavage de la superstition... »

Et Buzot, figure marquante du groupe des Girondins, n'hésite pas à proposer la fermeture du club des Jacobins :

« Voyez cette société, jadis célèbre, il n'y reste pas trente de ses vrais fondateurs. On n'y trouve que des hommes perdus de crimes et dettes. Lisez ses journaux, et voyez si tant qu'existera cet abominable repaire vous pouvez rester ici. »

Robespierre et les Jacobins n'oublieront pas ces attaques.

Il faut trancher. Le 12 avril, les Girondins accusent Marat d'appeler les citoyens à s'en prendre aux députés qu'il appelle « infidèles ».

Marat ?

C'est un « vil scélérat qui prêche le despotisme », lance Pétion.

Et quand Marat tente de répondre, les députés crient, tournés vers lui : « Taisez-vous, scélérat ! » Les Montagnards eux-mêmes le défendent sans aucune vigueur.

Seul Danton comprend qu'en décrétant Marat d'accusation, les Girondins commencent la bataille. S'ils l'emportent dans ce premier assaut, ils poursuivront demain tous les Montagnards. Or Marat, après un vote par appel nominal, est décrété d'accusation par 226 voix contre 92 et 46 abstentions !

Une forte majorité de la Convention suit donc la Gironde...

Marat, entouré de sans-culottes qui l'attendent à la sortie de la salle du Manège, échappe à l'arrestation, choisit la clandestinité, s'enfonçant dans « ses souterrains », tenant des assemblées ici et là, fustigeant les « perfides, les traîtres qui mènent la Convention ».

« Un peu de patience encore, ils succomberont sous le poids de l'exécration publique », assure-t-il.

Et il convainc.

Enfin Robespierre prend la parole en sa faveur :

« Ce n'est pas contre Marat seul qu'on veut porter le décret d'accusation, dit-il. C'est contre vous, vrais républicains, c'est contre vous qui avez déplu par la chaleur de vos âmes, c'est contre moi-même peut-être, malgré que je me sois constamment attaché à n'aigrir personne, à n'offenser personne. »

En quelques jours, la situation change.

Marat, jusqu'alors tenu à l'écart, devient le persécuté, le héros des sans-culottes, rassemblant autour de son nom les Montagnards, les Enragés, les membres de la Commune, les citoyens pauvres.

Lorsque, le mardi 23 avril, dans l'après-midi, Marat se présente à la prison de l'Abbaye, se constitue prisonnier, il sait qu'il ne risque plus rien. Il est accueilli par des officiers municipaux, des administrateurs de la Commune qui l'entourent, soupent avec lui, célèbrent son courage, le protègent d'éventuels assassins.

Et Marat pérore :

« Peuple, lance-t-il, c'est demain que ton incorruptible défenseur se présente au Tribunal révolutionnaire. Son innocence brillera. Tes ennemis seront confondus. Il sortira de cette lutte plus digne que toi. »

Le lendemain il va mener les débats devant le Tribunal, envahi par une petite foule de partisans, soutenu par l'accusateur public, Fouquier-Tinville, qui lui est favorable et qui laisse Marat prendre la parole, sans même se soucier de l'avis du président du Tribunal.

L'audience se transforme en assemblée sans-culotte.

« Citoyens, dit Marat, ce n'est pas un coupable qui paraît devant vous : c'est l'Ami du peuple, l'apôtre et le martyr de la liberté depuis si longtemps persécuté par les implacables ennemis de la patrie et poursuivi aujourd'hui par l'infâme faction des hommes d'État. »

Le procès de Marat devient un acte d'accusation contre les Girondins. Les jurés l'acquittent et l'honorent. On le coiffe d'une couronne ornée de rubans. Un cortège se forme pour le raccompagner à la Convention. On l'a fait asseoir sur un fauteuil qu'on soulève et que plusieurs personnes portent sur leurs épaules.

Combien sont-ils, ceux qui le suivent ? « Sept à huit cents pillards et brigands », écrit le journaliste girondin, député à la Convention, Gorsas. Ou bien cent mille, selon Marat ?

Tout au long du parcours, on l'acclame, on crie : « Vive la République ! Vive la liberté ! Vive Marat ! »

On force les portes de l'Assemblée. On s'installe sur les sièges des députés cependant que Marat, « couronné », prend place.

On scande « Vive l'Ami du peuple ! » et « À la guillotine les Girondins ! ».

Marat est entouré, embrassé par les femmes qui, entrées dans la salle de la Convention, se sont précipitées vers lui.

Il prend la parole :

« Je vous présente dans ce moment-ci un citoyen qui avait été inculpé, et qui vient d'être complètement justifié. Il vous offre un cœur pur. Il continuera de défendre avec toute l'énergie dont il est capable les droits de l'homme, la liberté, les droits du peuple. »

Les Girondins sont défaits.

Le Tribunal révolutionnaire, les officiers de la Commune, la garde nationale dont on a vu les bataillons escorter Marat, et ne pas interdire à la foule de submerger la Convention : tout leur échappe.

Le peuple des faubourgs, les pauvres, ne font aucune confiance à la Convention, là où les Girondins peuvent encore réunir une majorité, faire voter la constitution d'une *Commission des Douze* qui enquêtera sur les actes de la Commune.

Et cette Commission des Douze ordonne l'arrestation d'Hébert, l'éditeur et le rédacteur du *Père Duchesne*, le journal le plus enragé, le plus hostile aux Girondins mais le plus populaire.

On arrête aussi Varlet, et un autre Enragé, Dobsen, président de la section de la Cité, estimé des sans-culottes. On a oublié qu'Hébert est aussi substitut du procureur de la Commune de Paris, et que les Girondins ne disposent d'aucune force pour protéger la Convention.

Les bataillons de la garde nationale sont, en majorité, composés de sans-culottes « soldés », payés par la Commune, favorables à Hébert, à Varlet, aux Enragés, comme ils le sont à Marat.

Il ne reste aux Girondins que la force de la parole dans l'enceinte de la Convention.

Et encore !

Dans la nouvelle salle où la Convention s'est installée depuis le 10 mai, aux Tuileries, les députés sont entassés les uns sur les autres. Mais les tribunes peuvent contenir plus de quinze cents personnes, et elles sont si basses qu'on peut aisément descendre dans la salle se mêler aux députés.

Et les abords de l'Assemblée permettent à la foule de se réunir à proximité de la salle. Plus que jamais, les députés vont délibérer sous la pression des sans-culottes !

Quand le président de la Convention, le député girondin Isnard, reçoit une délégation de la Commune venue réclamer exiger – la libération d'Hébert, ses propos sont aussitôt répétés, et déclenchent la fureur de la foule.

Isnard s'est laissé emporter. Il a menacé Paris comme l'avait fait le Manifeste de Brunswick en 1792 !

« Écoutez ce que je vais vous dire, a crié Isnard, les yeux exorbités. Si jamais par une de ces insurrections qui se renouvellent depuis le 10 mars, et dont les magistrats de la Commune n'ont pas averti l'Assemblée, il arrivait qu'on portât atteinte à la représentation nationale, je vous déclare au nom de la France entière que Paris serait anéanti ! Puis la France entière tirerait vengeance de cet attentat, et bientôt on chercherait sur quelle rive de la Seine Paris a existé. »

Paroles d'émigré. Paroles de Prussien. Paroles de tyran et non paroles de représentant du peuple, de patriote, de républicain. Et dès le lendemain, 26 mai, Marat au club des Jacobins appelle à l'Insurrection.

Les sections de Paris sont en effervescence.

On s'arme.

Un Comité central révolutionnaire et insurrectionnel issu de la Commune se réunit dans les locaux de l'Évêché.

Il nomme Hanriot, « fils du peuple », ancien petit commis à l'octroi de Paris, qui le 12 juillet 1789 a mis le feu aux barrières, puis a combattu aux Tuileries le 10 août 1792, commandant provisoire de la garde nationale de Paris.

Hanriot est proche d'Hébert, de Robespierre, des Enragés, influent parmi les sans-culottes, qui aiment sa voix et son éloquence de tribun populaire.

Face à lui, où sont les troupes décidées à protéger la Convention ? Qui soutient les Girondins à Paris, alors qu'ils viennent de menacer de détruire la capitale ?

À Paris, rue des Bourdonnais, dans les derniers jours de mai 1793, une patrouille arrête un ouvrier ivre qui crie à tue-tête :

« Vive la République : la viande est à vingt sols ! Vive la République : la chandelle est à trente sols ! Vive la République : les souliers sont à quinze livres ! »

On l'entoure. On commente son arrestation. Chacun sait qu'avant la Révolution, la viande était à cinq sols, la chandelle à dix sols et les souliers à trois livres !

Aux citoyens du comité de section qui l'interrogent, l'ouvrier répond « qu'il ne disait que ce que tout le monde savait, et parce qu'il ne fallait rien cacher au peuple, et qu'il n'avait pour motifs que la vérité et la liberté ! ».

On le relâche, mais tels sont les sentiments du peuple !

Même quand il assiste, plus spectateur qu'acteur, aux assemblées ou aux cortèges, ou au pillage des épiceries !

« C'est la nation qui prend son café », lance un passant. « Au moins elle ne le prend pas sans sucre ! » ajoute un autre.

On rit. On regarde. On écoute, on acclame Marat – sans se mêler au cortège qui l'accompagne.

« Il a beau être crâne, furieux, fanatique, sanguinaire, la victoire qu'il a remportée l'a rendu encore plus cher à son ami le peuple des faubourgs »... constate un témoin, qui ajoute : « Ce peuple a besoin d'idolâtrer quelqu'un. Il n'a point l'âme fière d'un républicain. Il est le même qui criait naguère "Vive le roi !". Son idolâtrie n'a fait que changer d'objet. Il crie "Vive Marat !" ? Il a substitué une idole à une autre. »

Et le témoin poursuit :

« Et les Girondins ont fait la gaucherie d'envoyer Marat devant un tribunal tout composé de ses amis ! Marat et ses partisans se vengeront de cet affront. La porte du Tribunal révolutionnaire a été ouverte aux députés mêmes, par des députés ! Quelle inconséquence, quel oubli de bon sens, et de sa propre dignité ! Marat se fera un plaisir et un devoir d'y envoyer aussi quelque Girondin et qui ne sera pas jugé aussi favorablement qu'un Jacobin. »

Les haines entre « patriotes » sont si puissantes qu'on en oublie la menace extérieure, et la grande armée catholique et royale qui continue de se renforcer dans les départements de l'Ouest.

On ignore ces royalistes qui, commandés par un ancien député à la Constituante, Charrier, se rassemblent en Lozère, s'emparent de Marvejols et de Mende, et y massacrent les républicains.

On néglige ces Girondins et ces royalistes qui renforcent leur pouvoir à Lyon, après avoir fait emprisonner le Jacobin Chalier, ancien maire de la ville.

À Paris même, le *Bulletin national* rapporte que :

« On a trouvé aujourd'hui dans plusieurs endroits de la ville des cartes taillées en forme d'hirondelles et renfermant un papier bleu aux armes de la France et ces mots, écrits en jaune, "Vive le roi !". De quatre jeunes gens surpris sur le Pont-Neuf, criant "Vive le roi !", trois ont été arrêtés, le quatrième s'est jeté par-dessus le pont, dans la rivière. »

Ces « ennemis de la patrie », le Tribunal révolutionnaire les condamne à mort.

« Ils meurent avec un courage et une fermeté qui tiennent de l'enthousiasme, écrit le libraire Ruault. Ces criminels d'une nouvelle espèce vont à l'échafaud avec un héroïsme qui attendrit et qui fait peur. Ils se croient des martyrs. Les patriotes mourraient aussi s'ils étaient vaincus. Qui meurt pour son opinion doit être plaint, respecté et admiré. Mais il est triste, il est cruel, il est affreux, d'en venir à des extrémités aussi terribles. »

Mais ces jours de la fin mai 1793 ne sont pas voués à la compréhension de l'autre, à la compassion.

C'est la haine qui imprègne l'atmosphère de Paris.

« Le thermomètre de cette ville est au degré fixe de la terreur », écrit le Girondin Gorsas.

Les sans-culottes en armes, délégués des sections, envahissent les tribunes de la Convention, puis la salle qu'ont fuie les députés girondins comme ceux de la Plaine. Et les Montagnards restés seuls en séance ordonnent la libération de Varlet, de Dobsen, et la dissolution de la Commission des Douze. Mais le lendemain, 28 mai, les députés qui ne sont plus menacés rétablissent la Commission des Douze, par deux cent soixante-dix-neuf voix contre deux cent trente-huit.

La majorité est donc girondine, modérée.

Mais dans les sections on se rassemble, on s'arme, et dans la nuit du 30 au 31 mai, le tocsin sonne, les tambours battent la générale, le canon d'alarme tonne sur le Pont-Neuf. Dix-huit coups sont tirés, très espacés. Il est déjà entre onze heures et midi ce 31 mai.

Les députés siègent depuis six heures du matin.

La voix tonitruante d'Hanriot, qui commande les gardes nationaux, résonne.

« Quand il parle, rapporte un observateur de police, on entend des vociférations semblables à celles des hommes qui ont un scorbut, une voix sépulcrale sort de sa bouche et, quand il a parlé, sa figure ne reprend son assiette ordinaire qu'après des vibrations dans les traits, il donne de l'œil par trois fois et sa figure se met en équilibre. »

« Je demande que le commandant général soit mandé à la barre et que nous jurions de mourir tous à notre poste », dit le Girondin Vergniaud.

« Le canon a tonné, répond Danton sous les applaudissements des députés montagnards et des citoyens des tribunes. Paris a encore bien mérité de la patrie… Il faut donner justice au peuple. »

« Quel peuple ? » crient les députés girondins.

« Quel peuple, dites-vous ? Ce peuple est immense, ce peuple est la sentinelle avancée de la République », réplique Danton.

Mais la journée s'étire sans qu'une décision soit prise. Les pétitionnaires se succèdent, réclament un décret d'accusation contre vingt-deux députés girondins, la création d'une armée révolutionnaire des sans-culottes dans toutes les villes, et la mise en place d'ateliers d'armes ! Le pain à trois sous la livre, la création d'ateliers-asiles pour les vieillards et les infirmes, un emprunt forcé de un milliard sur les riches, l'épuration du Comité de salut public...

C'est la confusion qui règne dans la salle de la Convention. Les sans-culottes siègent parmi les députés, les Girondins sont partis. Robespierre parle longuement :

« Concluez donc », lui lance Vergniaud.

« Oui, je vais conclure, et contre vous, répond Maximilien. Ma conclusion c'est le décret d'accusation contre tous les complices de Dumouriez et contre tous ceux qui ont été désignés par les pétitionnaires. »

Mais on ne vote pas. L'Assemblée décide qu'elle ira « fraterniser » avec les citoyens des sections en une promenade civique autour des Tuileries !

Il est dix heures du soir. On illumine au Palais-Royal. On boit. On chante.

« Quel imposant spectacle offre Paris, ce soir-là, écrivent *Les Révolutions de Paris*. Quelle leçon pour sept cents législateurs toujours divisés... C'est une espèce de fête nationale. »

En fait, le Comité central révolutionnaire et insurrectionnel, associé à la Convention, a échoué.

Et Marat le sait qui invite à recommencer, à aller jusqu'au bout :

« Levez-vous donc, peuple souverain ! s'écrie-t-il. Présentez-vous à la Convention, présentez votre *Adresse* et ne désemparez pas de la barre que vous n'ayez une réponse définitive ! »

Il est sept heures du matin ce dimanche 1er juin 1793. Des sans-culottes placardent la proclamation qui appelle à une nouvelle insurrection :

« Citoyens, restez debout ! Les dangers de la patrie vous en font une loi suprême. »

On se rassemble. Des bataillons de volontaires qui devaient partir pour la Vendée sont retenus à Paris. Il faut punir les traîtres ici, avant de s'en aller écraser la grande armée catholique et royale.

Aux Jacobins, les orateurs se succèdent à la tribune, devant un auditoire résolu qui crie : « Les Girondins à la guillotine ! »

« L'agonie des aristocrates commence... la Commune est debout, le peuple se porte à la Convention, vous devez vous y rendre. »

Déjà Hanriot rassemble les bataillons autour des Tuileries. On dit que plus de quatre-vingt mille sectionnaires contrôlent toutes les issues. Ils ne sont en fait que quinze mille mais cela suffit puisque soixante canons sont braqués sur la Convention.

Le tocsin sonne, à l'aube du lundi 2 juin.

Marat lui-même s'est, dit-on, glissé dans le beffroi de l'Hôtel de Ville et de sa propre main a tiré sur les cordes des cloches.

On envoie des sans-culottes occuper les sièges des journaux girondins, interdire leur parution et arrêter les journalistes.

Les députés sont en séance.

Parmi eux, des Girondins courageux, qui sont entrés à la Convention, en franchissant les barrages, en devinant dans le regard des soldats qu'ils pénètrent dans une souricière Et l'un d'eux, Gensonné, avocat bordelais, qui avec Guadet et Vergniaud incarne le groupe des Girondins, murmure :

« Je ne me fais aucune illusion sur le sort qui m'attend, mais je le subirai sans m'avilir : mes commettants m'ont envoyé ici ; je dois mourir au poste qu'ils m'ont assigné. »

À deux heures, les sectionnaires, les pétitionnaires entrent dans la salle de la Convention.

L'un de leurs délégués déclare qu'il dénonce, au nom du peuple, les « factieux de la Convention ».

Il faut à l'instant, exige le « peuple », que l'on décrète d'accusation les vingt-deux députés girondins corrompus, traîtres à la patrie.

De la foule des sans-culottes, quelqu'un lance : « Ils sont vingt-neuf. » Et il ne faut pas oublier la femme, Manon Roland.

On menace : « Le peuple est las, sauvez-le ou il va se sauver lui-même. »

Pourtant les députés refusent de s'incliner, renvoient l'Adresse au Comité de salut public.

Alors les cris s'élèvent.

« Le peuple se sauvera lui-même ! Aux armes ! Aux armes ! »

Les troupes se mettent en rang, dans un grand bruit de pas et de crosses.

Les députés hésitent. Certains Girondins fuient. Un député lance :

« Sauvez le peuple de lui-même ; sauvez vos collègues, décrétez les arrestations provisoires... »

Barère propose que les députés dénoncés décident eux-mêmes de se suspendre volontairement.

« Je le déclare, dit Isnard, si mon sang était nécessaire pour sauver la patrie, sans bourreau, je porterais ma tête sur l'échafaud, et moi-même je ferais filer le fer fatal. »

La foule devient menaçante.

Les soldats mettent en joue les députés qui essaient de quitter la Convention.

Les sentinelles malmènent Boissy d'Anglas, député, médecin protestant de l'Ardèche et membre de la Plaine.

Les soldats le repoussent dans la salle, les vêtements déchirés.

À cinq heures du soir, les députés tentent de sortir solennellement, comme un corps constitué.

Ils sont trois cents, guidés par Hérault de Séchelles, magistrat de grande allure.

Hanriot à cheval lui fait face, méprisant et vulgaire.

« Que veut le peuple ? commence Hérault. La Convention ne veut que son bonheur. »

« Le peuple, dit Hanriot, ne s'est pas levé pour entendre des phrases. Il veut qu'on lui livre vingt-deux coupables. »

« Qu'on nous les livre tous ! » crient les députés.

« Canonniers à vos pièces », hurle Hanriot.

Les députés refluent. Les soldats les refoulent, crient :

« Vive la Montagne ! À la guillotine les Girondins ! »

« Je vous somme, au nom du peuple, dit Marat qui se trouve à la tête d'un groupe de volontaires, de retourner à votre poste que vous avez lâchement déserté. »

Les députés hésitent, mais obéissent, rentrent dans les Tuileries, retrouvent leurs sièges, écoutent un discours de Couthon, qui leur demande de décréter l'arrestation, chez eux, des députés girondins.

« Donnez donc son verre de sang à Couthon, il a soif », lance un Girondin.

Il est neuf heures du soir. Le décret d'arrestation nomme vingt-neuf députés girondins.

Tous ceux-là, Lanjuinais, Rabaut, Vergniaud, Guadet, Isnard, Barbaroux, Pétion, Brissot, Gorsas, ont, depuis mai 1789, participé à toutes les actions révolutionnaires, fondant des clubs, s'opposant à la Cour lors des États généraux, préparant la journée du 10 août, montant à l'assaut des Tuileries.

Ils ont fait la Révolution.

Et ils ne tombent pas après une nouvelle journée révolutionnaire. Ils sont victimes du premier coup d'État mis en œuvre par des hommes en armes, dont les chefs politiques prétendent représenter le peuple.

Ce n'est pas seulement la Révolution qui continue, elle a franchi un nouveau degré et son cours vient de s'incurver.

« La force a fait le premier rejet. La réflexion ne fera point le second », écrit un patriote qui, fidèle aux principes républicains, s'inquiète de l'avenir.

Mais d'autres Enragés exultent, et laissent éclater leur joie.

« Tant va la cruche à l'eau qu'à la fin elle se brise », dit Hébert qui accable les vaincus du 2 juin.

« Je l'avais bien prédit : Girondins, brissotins, rolandins, buzotins, pétionistes, que votre règne ne serait pas de longue durée, que vous finiriez par vous brûler à la chandelle comme le papillon... »

Hébert assure, sans fournir de preuves, que « les Girondins ont les poches bien garnies de guinées du roi d'Angleterre ».

Brissot n'est qu'un renard qui s'est acheté un bel hôtel à Londres, Barbaroux un corsaire, dictateur des marchands de sucre de Marseille. Pétion le corrompu devra déguerpir de ce joli palais que lui avait attribué Roland. Guadet n'est qu'un vil aigrefin, Vergniaud un tartuffe, Buzot le « maître des filous, un traître, gibier de guillotine, avec une âme de boue », Gensonné un prédicateur de la contre-révolution, Rabaut un inquisiteur, Isnard un prophète maudit qui voulait détruire Paris...

« Voilà, foutre, le langage du peuple ! Il est juste, bon, généreux, patient ; mais quand le sac est trop plein il faut qu'il crève... »

DEUXIÈME PARTIE

Juin 1793 - Novembre 1793

« Un peuple immense, sans pain, sans vêtements »

« Les riches seuls, depuis quatre ans,
ont profité des avantages de la Révolution...
Il est temps que le combat à mort que l'égoïste livre
à la classe la plus laborieuse de la société finisse.
Députés de la Montagne, que n'êtes-vous montés
depuis le troisième jusqu'au neuvième étage
des maisons de cette ville révolutionnaire,
vous auriez été attendris par les larmes
et les gémissements d'un peuple immense,
sans pain et sans vêtements, réduit à cet état de détresse
et de malheur parce que les lois ont été cruelles
à l'égard du pauvre,
parce qu'elles n'ont été faites que par les riches
et pour les riches. Ô rage, ô honte du XVIIIe siècle ! »

Jacques ROUX, à la Convention nationale,
présente la pétition des Cordeliers
le 25 juin 1793

4.

Ils sont vingt-neuf, mais on les appelle les « trente ».

Ce sont les députés girondins décrétés d'arrestation. Mais douze, dont Brissot et Buzot, comme aussi Roland sont en fuite. Les dix-sept autres sont « arrêtés », et gardés par un gendarme à leur domicile. Et huit vont s'évader, dont Barbaroux, Guadet, Pétion.

Manon Roland est, elle, emprisonnée.

Tous espèrent que les départements vont se rebeller, et les députés qui se sont enfuis s'emploient à les soulever.

Les Girondins qui n'ont pas été décrétés d'arrestation organisent la protestation : soixante-quinze députés signent une pétition demandant l'annulation du décret. Et Vergniaud écrit à ses concitoyens de Bordeaux, déjà hostiles aux Montagnards :

« Hommes de la Gironde, levez-vous ! Vengez la liberté en exterminant les tyrans ! »

On ne compte qu'une trentaine de départements pour approuver le décret d'arrestation du 2 juin.

La cinquantaine d'autres ne comprennent pas ce qui vient de se produire à Paris, cette division entre patriotes, cette « chasse » aux Girondins.

On proteste, on se rebiffe, on « distingue Paris de ses tyrans et de la horde de brigands qui l'assiègent ».

On dénonce « une fraction liberticide coalisée avec les autorités constituées de Paris. Cette fraction ne dissimule plus ses desseins et nous traîne à la servitude à travers le sang. Et le crime même dans le temps de révolution est toujours crime. »

Cette *Adresse* de l'assemblée générale de l'Aude, on l'approuve à Bordeaux, à Nîmes, à Marseille, en Normandie.

À Caen, les Girondins décident de créer une armée qui devra marcher sur Paris. Ils en confient le commandement au général de Wimpffen, qui a participé à la guerre d'Indépendance des États-Unis, a siégé à la Constituante et a défendu Thionville contre les Prussiens en 1792, mais qui est monarchiste. Il prend comme chef d'état-major Puisaye, qui fut en 1787 lieutenant-colonel et en 1789 élu de la noblesse aux États généraux. Il est proche des Vendéens.

Et ainsi cette résistance girondine, cette insurrection « fédéraliste » animée par des patriotes, va se voir dénoncée comme l'alliée, la pourvoyeuse des Vendéens, au moment même où la grande armée catholique et royale s'empare de Saumur et d'Angers, et attaque Nantes !

Jours difficiles.

L'ennemi est aux frontières. Et dès lors, ceux des patriotes que les Enragés, les sans-culottes, et même les Jacobins inquiètent, refusent de suivre les Girondins, les accusant de favoriser l'ennemi, les « émigrés », et l'armée des coalisés.

« Nous sommes chez nous, et nous avons la fièvre chaude de la liberté qui fait braver tous les dangers et nous défendons tout ce que nous avons de plus cher : nos foyers, nos femmes, nos enfants et surtout la liberté qui est un mot magique, qui nous ferait remuer l'univers. »

Et ce patriote, pourtant modéré, poursuit :

« Si la Convention était sage, si l'union y régnait, s'il n'y avait des milliers de fanatiques en rébellion dans le Poitou, l'Anjou, la Bretagne, nous ne ferions que rire des ennemis du dehors, nous n'aurions pas la plus légère inquiétude sur le sort de la République. »

Le 18 juin, s'appuyant sur cette opinion, la Convention décrète que :

« Le peuple français ne fait point la paix avec un ennemi qui occupe son territoire. »

Un député girondin, Mercier, lance, avec une pointe de sarcasme dans le ton :

« Avez-vous fait un traité avec la victoire ? »

Et c'est Basire, un conventionnel proche de Danton, qui lui répond :

« Nous en avons fait un avec la mort ! »

Et Jacques Roux, l'Enragé, ajoute que le seul moyen de consolider la Révolution, c'est « d'écraser les aristocrates et les modérés dans la fureur de la guerre. »

À entendre ces mots, à découvrir cet amalgame entre modérés et aristocrates, l'inquiétude, l'angoisse saisissent un grand nombre de citoyens.

Les premières mesures prises par la Convention « épurée » sont en faveur des « petits » paysans, auxquels on offre la possibilité d'acquérir par petits lots les biens nationaux, ou bien des parcelles de « communaux », et d'accéder ainsi à la propriété. Dans la Constitution de l'an I de la République qui s'élabore, on proclame que « le but de la société est le bonheur commun ». On affirme le droit au travail, à l'assistance, à l'instruction.

En même temps on proclame le « droit de propriété » et la « liberté de travail, de culture, de commerce, d'industrie ».

Mais est-ce autre chose que des mots ?

Et il y a cet article 35, si général dans les termes qu'il peut permettre toutes les interprétations :

« Quand le gouvernement viole les droits du peuple, l'insurrection est pour le peuple et pour chaque portion du peuple le plus sacré et le plus indispensable des devoirs. »

Qui définira les « droits du peuple », la « portion du peuple » ?

Sera-ce Jacques Roux l'Enragé, qui déclare qu'il ne faut mettre sous les yeux du peuple que les dangers de la patrie ? Et qu'il faut « sonner dans toute la France le tocsin de l'insurrection » ?

Robespierre, aux Jacobins, d'un ton méprisant s'en prend à Jacques Roux, « un intrigant, un homme ignare, un mauvais sujet, un faux patriote ».

Et l'Incorruptible distille le poison.

« Croyez-vous, dit-il, que tel prêtre, qui de concert avec les Autrichiens dénonce les meilleurs patriotes, puisse avoir des vues bien pures, des intentions bien légitimes ? »

Voilà le soupçon de la trahison inoculé.

Il faut bâillonner ce Jacques Roux, dont la parole est écoutée par le peuple, il faut faire taire cet Enragé qui s'en prend aux Montagnards, à Danton, à Robespierre, qui ose dire :

« Les riches seuls depuis quatre ans ont profité des avantages de la Révolution… Il est temps que le combat à mort que l'égoïste livre à la classe la plus laborieuse de la société finisse. »

Roux martèle les mots à la tribune de la Convention.

Il parle au nom des Cordeliers, auxquels se sont jointes les sections de Bonne-Nouvelle et des Gravilliers. C'est une sorte de Manifeste des Enragés qu'il présente, interpellant les députés de la Montagne :

« Députés de la Montagne, que n'êtes-vous montés depuis le troisième jusqu'au neuvième étage des maisons de cette ville révolutionnaire, vous auriez été attendris par les larmes et les gémissements d'un peuple immense, sans pain et sans vêtements, réduit à cet état de détresse et de malheur parce que les lois ont été cruelles à l'égard du pauvre, parce qu'elles n'ont été faites que par les riches et pour les riches. Ô rage, ô honte du XVIIIe siècle ! »

Les députés se lèvent, le conspuent.

Robespierre reste figé mais son visage est plus pâle que d'habitude, ses lèvres plus pincées encore.

Il n'accepte pas cette remise en cause.

C'est Maximilien Robespierre et lui seul qui doit parler au nom du peuple et dans l'intérêt du peuple.

N'a-t-il pas dit, dès le 6 juin :

« Les dangers intérieurs viennent des bourgeois, pour vaincre les bourgeois, il faut rallier le peuple » ?

Les bourgeois, ce sont les Girondins.

« Il faut que l'insurrection actuelle continue, poursuit Maximilien, jusqu'à ce que les mesures nécessaires pour sauver la République aient été prises… Il faut procurer des armes aux sans-culottes, les colérer, les éclairer : il faut exalter l'enthousiasme républicain, par tous les moyens possibles. »

Mais chez de nombreux citoyens, qui ne sont pas enrôlés dans l'un ou l'autre parti, qui ne suivent ni les Cordeliers, ni les Enragés, ni les Girondins, ni les Jacobins, qui tentent seulement de comprendre ce qui survient dans cette Révolution qu'ils ont approuvée, dont ils furent souvent les acteurs, l'enthousiasme s'épuise, même si la volonté de défendre ce qui a été acquis depuis 1789 demeure.

« Je suis inquiet, tout patriote que je suis, de ce qui se passe chez les Jacobins où je ne suis pas allé, écrit Ruault.

« On a fait un scrutin épuratoire depuis plus de quinze jours et je n'ai point reçu ma lettre de rappel, sans laquelle aucun membre ne peut entrer dans cette société. D'où je conclus que j'ai été rejeté au scrutin, comme imprimeur du froid et réservé journal *Moniteur.*

« Il est vrai que je ne suis pas jacobin à la manière de Marat, de Robespierre et de Danton.

« Je le suis comme tout bon républicain qui voudrait voir la paix et le bonheur bien établis dans sa patrie et très désolé d'y voir au contraire régner le trouble et la misère.

« Mais rejeté ou non de cette société qui devient plus terrible de jour en jour, je resterai toujours attaché aux principes républicains. »

Ruault ne se doute pas, lorsqu'il écrit cette lettre, le 11 juin 1793, que Marat, Robespierre, Danton, ces hommes qu'il ne veut pas suivre et qu'il craint, sont, malgré les citoyens qui les soutiennent et applaudissent leurs discours, eux-mêmes saisis par l'inquiétude, une sorte d'hésitation, et même la tentation du retrait.

Marat est malade, le corps dévoré par cette maladie de peau qui l'oblige, en ce printemps 1793, déjà chaud, à tenter de retrouver un peu d'apaisement en passant des heures dans son bain.

Il y lit. Il y écrit.

Il manque d'argent. Son *Publiciste de la République française*, ce journal qu'il tente de diffuser, ne se vend pas, et donc ne se lit guère.

« Les dégoûts que j'éprouve sont à leur comble, écrit Marat. Permettez que je respire un instant. C'est trop d'avoir à combattre la scélératesse des ennemis de la liberté et l'aveuglement de ses amis… »

Il survit, grâce au dévouement de Simone Évrard, une ouvrière à laquelle il a, en janvier 1792, promis le mariage sans donner suite à ce projet.

On continue cependant à l'insulter et cette avalanche d'injures l'affecte.

Il lit dans le *Journal français* :

« Comme ces chiffonniers qui fouillent sans cesse dans les tas d'ordures, les Parisiens ont judicieusement fouillé dans la lie la plus fétide de la nation pour en extraire un Dieu et ce Dieu c'est Marat. Juste ciel ! Quelles idoles, quel culte et quels adorateurs !

« Ô ma patrie, étais-tu donc réservée à ce comble d'opprobre et d'ignominie… Quel titre peut avoir Marat à leur amour, lui que la nature a condamné à la plus déplorable nullité ?… Il en a de très réels : depuis quatre ans il n'a jamais ouvert la bouche que pour dire : pille ou tue. Jugez s'il doit être adoré ! »

Marat est épuisé, irrité, accablé.

Il prend la décision de « suspension volontaire » de sa charge de député.

« Impatient d'ouvrir les yeux de la nation abusée sur mon compte par tant de libellistes à gages ; ne voulant plus être regardé comme une pomme de discorde et prêt à tout sacrifier au retour de la paix, je renonce à l'exercice de ces fonctions de député jusqu'après le jugement des députés [girondins] accusés. »

Mais cette lettre adressée à la Convention n'a que peu d'écho.

« Depuis trop longtemps la Convention s'occupe des individus, dit le député Basire. Il faut enfin parler des choses. »

On vote la Constitution de l'an I, qui sera soumise au peuple, et le 27 juin, pour saluer son adoption par les députés, on tire le canon, on organise une fête civique au Champ-de-Mars.

Mais elle n'a pas grand retentissement.

« On dit tout haut, rapporte un bulletin de police, que la Convention promet beaucoup mais n'agit pas. »

Et pourtant, elle adopte une série de mesures qui devraient séduire les sans-culottes, les plus pauvres.

Ainsi, les enfants naturels, si nombreux, exclus jusqu'alors, sont admis à la succession.

Ainsi, les riches sont contraints de contribuer à un emprunt forcé de un milliard.

Ainsi, on affirme le principe des « secours publics » aux citoyens démunis.

Mais malgré cela, l'insatisfaction, le scepticisme, la passivité demeurent.

Et Marat reconnaît avec amertume que peu de choses ont changé depuis quatre ans, par le « défaut d'énergie et de vertu des patriotes qui siègent dans l'Assemblée ».

Et il est d'autant plus affecté qu'il reçoit de plus en plus souvent des lettres de menaces.

Il ne craint pas la mort, mais la haine dont ces missives témoignent le blesse.

« Ton châtiment se prépare », dit l'une.

« Apprends, dit une autre, que tu ne commettras plus impunément les crimes qui t'ont renommé… l'orage ne doit pas tarder à éclater… Et tu expireras justement dans les tourments dus au plus scélérat des hommes. »

Marat s'ébroue. Simone Évrard tente de l'apaiser, en passant sur sa peau irritée des serviettes humides. Mais les démangeaisons ne cessent pas, et la lecture des journaux, des lettres reçues, avive l'amertume de Marat. Et sa peau brûle.

Il a le sentiment d'être le meilleur, le plus lucide de ceux vers qui le peuple se tourne.

Que valent les autres ?

Danton est un corrompu, à la fortune récente, acquise sans doute en puisant dans les coffres des ministères et peut-être dans ceux de la Cour et des puissances coalisées !

Et ce Danton se vautre dans la jouissance.

Il y a quelques mois, en février 1793, son épouse Gabrielle Charpentier est décédée après avoir accouché d'un quatrième enfant !

Ah ! la belle douleur que celle de Danton dont on savait qu'il trompait quotidiennement Gabrielle !

Il rentre de Belgique où il complotait avec Dumouriez.

On l'entoure, on essaie de le consoler.

« Je t'aime plus que jamais et jusqu'à la mort, dès ce moment je suis toi-même », lui écrit Robespierre.

Et Collot d'Herbois, au club des Jacobins, assure que Gabrielle Charpentier est morte d'avoir lu les infamies écrites par les Girondins contre Danton.

« Les Girondins ont fait périr une citoyenne que nous regrettons, que nous pleurons tous. »

Et Danton fait exhumer le corps de Gabrielle pour que l'on pratique un moulage de son visage... Et il fera exposer le buste de la morte au salon des Arts...

Impudeur !

Entre-temps, il a épousé sa voisine, Louise Gély, une jeune fille de seize ans ! Le contrat de mariage est signé le 12 juin, et c'est Danton qui verse la dot, comme s'il avait acheté sa jeune vierge. Un prêtre réfractaire célébrera le mariage. Et Danton, que brûle ce renouveau de jeunesse, quitte les assemblées, dès qu'il le peut, pour retrouver Louise Gély. Il s'engloutit dans les plaisirs, les agapes, les longs séjours dans sa propriété de Sèvres, qu'il a choisi de nommer « Fontaine d'amour ».

D'où lui viennent les fonds qu'il dilapide ?

Danton se défend en serrant la gorge des Girondins qui l'accusent.

Il les attaque avec d'autant plus de vigueur que, dans les départements, les Girondins suscitent l'insurrection « fédéraliste » contre Paris et la Convention.

Alors Danton, accusé, menacé, rugit.

« Il y avait de la crinière dans sa perruque. Il avait la petite vérole sur la face, une ride de colère entre les sourcils, les plis de la bonté au coin de la bouche, les lèvres épaisses, les dents grandes, un poing de portefaix, l'œil éclatant. »

Il s'en prend à Brissot, aux députés girondins en fuite qui, en Normandie, rassemblent une armée.

« Ce Brissot, ce coryphée de la secte impie qui va être étouffée, tonne Danton, ce Brissot qui vantait son courage et son indigence en m'accusant d'être couvert d'or, n'est plus qu'un misérable qui ne peut échapper au glaive des lois... »

Sans les canons du 31 mai et du 2 juin, sans l'insurrection, les conspirateurs triomphaient !

« Je l'ai appelée, moi, cette insurrection lorsque j'ai dit que s'il y avait dans cette Convention cent hommes qui me ressemblent nous résisterions à l'oppression, nous fonderions la liberté sur des bases inébranlables. »

Et les Montagnards, en écoutant Danton, oublient qu'ils ont eux-mêmes porté contre le tribun les accusations de corruption, et qu'ils en ont fait souvent un « suspect », voire un agent du ci-devant duc d'Orléans, grand comploteur, grand distributeur de fonds secrets.

À la tribune des Jacobins, on applaudit Danton.

« Tu as sauvé hier la République dans la Convention », lui lance le député Bourdon de l'Oise, ancien procureur au Parlement de Paris, qui a usurpé son siège à la Convention en utilisant une homonymie.

Ce Bourdon de l'Oise, laudateur de Danton ce soir-là, joint selon Robespierre « la perfidie à la fureur ».

Mais en ce mois de juin 1793, Robespierre n'a pas la voix assez forte pour se faire entendre.

Lui aussi, comme Marat et Danton, hésite.

Tous trois pressentent que la Révolution, en décrétant l'arrestation des députés girondins qui furent leurs « frères » en 1789, vient de franchir une étape.

Et Marat, Danton, Robespierre marquent, durant quelques semaines, le pas.

« Robespierre, note Marat le 19 juin, est si peu fait pour être un chef de parti qu'il évite tout groupe où il y a du tumulte et qu'il pâlit à la vue d'un sabre. »

Et Maximilien, qui a la vanité d'un écorché vif, toujours prêt à soupçonner ceux qui le critiquent, se raidit, hautain, méprisant, passant de l'accusation à la confession, et du désir de vaincre à celui de se retirer.

Le 12 juin, il parle devant les Jacobins médusés, atterrés.

« Je n'ai plus la vigueur nécessaire pour combattre l'aristocratie », commence-t-il.

Après un moment de stupeur les Jacobins protestent, mais d'un mouvement de tête Maximilien impose le silence, reprend :

« Épuisé par quatre années de travaux pénibles et infructueux... »

Les Jacobins se récrient.

« Infructueux ? »

Depuis la réunion des États généraux en mai 1789, rien n'aurait-il donc changé ?

Robespierre parle comme Jacques Roux et Marat !

« Je sens, poursuit Maximilien, que mes facultés physiques et morales ne sont point au niveau d'une grande révolution et je déclare que je donnerai ma démission. »

La voix de l'Incorruptible s'est affaiblie, le discours devenant un aveu.

Mais quand les Jacobins, debout, crient qu'ils n'acceptent pas que Robespierre quitte la place, qu'ils lui donneront par leur soutien, leur énergie, la force de continuer son combat indispensable à la patrie, Robespierre se redresse :

« Nous avons, dit-il, deux écueils à redouter, le découragement et la présomption. »

On sait que son moment de faiblesse est déjà oublié, qu'il n'a peut-être été qu'une mise en scène pour s'assurer de la fidélité des Jacobins, les entraîner dans le combat contre les aristocrates, les Vendéens, les Girondins et aussi ces Enragés qui détournent le peuple des justes causes, et ce prêtre, Jacques Roux, « cet homme qui ose répéter les injures prétendues patriotiques ».

Jacques Roux, dit Robespierre, n'est comme Brissot qu'un agent de Pitt et de Cobourg, un allié, un stipendié de l'Angleterre, des princes allemands et des émigrés.

Il faut faire confiance, ajoute Maximilien, aux « vieux athlètes de la liberté », les Montagnards. Et, accompagné d'Hébert et de Collot d'Herbois, il se rend le 30 juin 1793 au club des

Cordeliers, et il obtient que Jacques Roux en soit exclu, et Varlet, suspendu !

« Il faut une volonté une », dit Robespierre. C'est à lui de la forger.

Déjà, il fait entrer au Comité de salut public Couthon et Saint-Just, ses proches, et lui-même envisage de s'y présenter.

Car le Comité de salut public doit être le cœur de l'action de la Convention, l'expression de la volonté révolutionnaire, le glaive de la patrie.

Et les patriotes modérés, réservés, inquiets, souhaitent que l'on défende la nation.

« Je suis désolé de notre situation intérieure, écrit Ruault. On dit que les Girondins veulent se rassembler au centre de la France, à Bourges, et y créer une autre Convention ! Ce serait le comble de nos malheurs s'ils en venaient à bout…

« Faudrait-il donc que la France se déchire et périsse parce que trente individus qui ont voulu la bouleverser ont changé de place, ont été mis dehors de l'Assemblée des représentants du peuple ?

« Les journées du 31 mai et du 2 juin mettent en état de révolte ou d'insurrection des villes, des départements mal instruits du fond des choses. Elles ne sont pas légales, on le sait ! Mais y a-t-il quelque action légale en révolution ? »

Si les départements l'emportaient, « la France deviendrait la curée de cinq ou six princes étrangers ».

Aucun patriote ne peut l'accepter.

Et pour cela il faut – et c'est un modéré qui parle – « mettre fin à tant de débats insensés et furieux… et l'on ne parlera pas plus de Girondins que s'ils n'eussent jamais existé ».

Ces propos tombent comme le couperet de la guillotine. De mars à septembre 1793, le Tribunal révolutionnaire prononce de cinq à quinze condamnations à mort chaque mois.

5.

Les députés girondins en fuite, en ces premiers jours de juillet 1793, une jeune femme de vingt-cinq ans, Charlotte Corday, ne peut les ignorer.

Elle habite Caen depuis le printemps 1791. Elle est issue d'une famille de petite noblesse, et elle est l'arrière-petite-fille de Corneille. Elle s'est passionnée, peut-être à cause de cette ascendance, pour l'histoire de la Grèce et de Rome. Elle a aussi lu Jean-Jacques Rousseau et l'abbé Raynal. Elle a été séduite par leurs théories républicaines :

« J'étais républicaine bien avant la Révolution », confie-t-elle à ces députés girondins décrétés d'arrestation et qui se sont réfugiés à Caen.

Barbaroux, le Marseillais, Louvet, écrivain, auteur célèbre du roman des *Amours du chevalier de Faublas*, élu à la Convention par le département du Loiret, Pétion, l'ancien maire de Paris, sont de jeunes hommes éloquents, qui ont été des acteurs de premier plan des journées révolutionnaires.

Barbaroux a conduit les fédérés marseillais à l'assaut des Tuileries le 10 août 1792 ! Pétion a côtoyé les membres de la famille royale dans la berline qui les ramenait à Paris après leur tentative de fuite, et ses fonctions de maire en ont fait un personnage capital dans le déroulement des événements.

Charlotte Corday les écoute.

Ses deux frères ont émigré, et font partie de l'armée de Condé. Mais elle ne s'est dressée contre la Révolution qu'après les mesures prises contre les prêtres réfractaires.

Elle a été horrifiée par les massacres de Septembre, dont à ses yeux Marat a été l'un des instigateurs.

Cet homme est un monstre, juge-t-elle. Il ne respecte ni la vie, ni les lois. Il n'aspire à être qu'un despote sanguinaire. Et les 31 mai et 2 juin 1793, il a trahi la Constitution, bafoué la justice et piétiné l'espoir révolutionnaire, en faisant décréter l'arrestation des députés girondins.

Charlotte Corday les côtoie. Elle les admire pour leur courage, leur héroïsme.

Le 7 juillet, à Caen, Cours la Reine, elle est sur l'estrade devant laquelle défilent les volontaires qui constituent l'armée fédéraliste qui marchera sur Paris. Elle s'enthousiasme.

Elle n'aime pas le sourire ironique de Pétion, et de Barbaroux, quand elle déclare qu'elle veut combattre afin d'empêcher les monstres de massacrer des citoyens innocents.

Elle murmure qu'elle peut tuer un homme pour en sauver cent mille.

Cet homme, dont elle ne prononce pas le nom, car elle veut que son projet reste secret, c'est Marat le sanguinaire.

Le 9 juillet, elle se rend à Paris.

« Je comptais en partant de Caen, sacrifier Marat sur la cime de la montagne de la Convention nationale », dit-elle dans la lettre qu'elle adressera à Barbaroux.

Mais elle ne se confiera qu'une fois l'acte accompli.

À Paris, elle se présente au député Lauze du Perret, avec une lettre d'introduction de Barbaroux.

Le député lui apprend que Marat, malade, ne sort plus de chez lui. Et c'est tout le plan qu'elle avait conçu à Caen, d'un assassinat dans l'enceinte de la Convention, qui s'effondre

Elle s'était préparée, après avoir « immolé » Marat, à « devenir à l'instant la victime de la fureur du peuple. » Que va-t-elle faire ? Elle est désemparée.

Le samedi 13 juillet, elle quitte tôt, entre six heures et six heures et demie, la petite pension où elle est descendue, et se dirige vers le Palais-Royal.

L'air est déjà brûlant.

En cette deuxième semaine de juillet, la chaleur est accablante. Dès le matin, la température dépasse trente degrés. On étouffe. Les établissements de bains sont pris d'assaut. On boit tant, qu'il arrive que la bière manque. Plusieurs théâtres même ont décidé de faire relâche à cause de la chaleur.

Et Charlotte Corday, qui d'un pas lent a parcouru dix fois les jardins du Palais-Royal, a le corps couvert de sueur.

Mais après cette longue marche de plus d'une heure et demie, elle n'hésite plus.

Dans l'une des petites rues voisines du Palais-Royal, elle achète un couteau.

Puis elle prend un fiacre et se fait conduire au 30 de la rue des Cordeliers où demeure Marat.

Ce même samedi 13 juillet, des nouvelles contradictoires parviennent à Paris.

Au Comité de salut public, on s'est d'abord félicité de la défaite de l'armée fédéraliste formée à Caen. Les volontaires commandés par le général de Wimpffen se sont dispersés après avoir été battus.

De même à Nantes, les Vendéens ont été repoussés et leur chef Cathelineau a été mortellement blessé. Charette et d'Elbée ont pris le commandement de l'armée catholique et royale.

À Valence, à Toulouse, à Montauban, les sociétés populaires, les sans-culottes, se sont réunis et ont proclamé leur adhésion à la Convention, refusant de se joindre aux girondins fédéralistes de Bordeaux, de Nîmes, de Marseille. Les départements du sud de la France ne formeront donc pas un bloc opposé à Paris et à la Convention.

Mais le Comité de salut public ne peut se réjouir longtemps.

Les critiques des Enragés et de Marat l'accablent.

Elles visent Danton, ce « turbot farci », dit Verdier, un Montagnard qui fustige les « endormeurs » du « Comité de perte publique », comme Marat qualifie le Comité de salut public.

Et « l'Ami du peuple » s'en prend à Danton qui « réunit les talents et l'énergie d'un chef de parti, mais dont les inclinations naturelles l'emportent si loin de toute domination qu'il préfère une chaise percée à un trône »...

Et Danton est exclu du Comité de salut public à l'occasion du renouvellement de ses membres.

Ils sont douze.

Parmi eux, il y aura Robespierre, Carnot, Jean Bon Saint-André, Billaud-Varenne, Collot d'Herbois, Barère, et naturellement Couthon et Saint-Just.

Ils apprennent que Valenciennes ne peut plus résister longtemps aux troupes anglo-autrichiennes du duc d'York, et que la garnison de Mayence, assiégée, négocie sa reddition. Elle serait autorisée à capituler avec les honneurs de la guerre, en s'engageant à ne plus combattre hors du territoire français. Et les membres du Comité de salut public acceptent ces conditions, décident qu'elle sera envoyée dans l'Ouest contre les Vendéens.

Plus grave encore est la situation à Toulon.

La ville est « un nid de royalistes », de Girondins, de modérantistes, d'aristocrates. Et ils viennent de s'emparer du pouvoir, de chasser les Jacobins, d'emprisonner les patriotes.

Ils ont ouvert le port et la rade aux flottes anglaise et espagnole qui croisaient au large.

Les agents du Comité de salut public assurent que le comte de Provence veut gagner Toulon et faire de cette ville placée sous la protection des navires de la coalition la première parcelle du royaume de Louis XVII conquise.

Dans un rapport, Couthon annonce d'ailleurs qu'un complot dont le général Dillon – qui fut proche de La Fayette, combattit à Valmy et dans les Ardennes, et fut longtemps protégé par son ami Camille Desmoulins – serait l'âme vise à faire évader de la prison du Temple le « fils de Louis Capet », ce Louis XVII qui est l'espoir des aristocrates.

La décision est prise, le samedi 13 juillet, de « mettre en sûreté le fils de feu Louis Capet ».

Les gardes municipaux entrent dans la chambre où Marie-Antoinette et la sœur de Louis XVI, Élisabeth, se reposent en compagnie du dauphin et de sa sœur Madame Royale.

Ils annoncent qu'ils ont reçu mission de s'assurer du fils de Louis Capet.

Marie-Antoinette se précipite, hurle, couvre de son corps le dauphin, qui sanglote, hurle à son tour.

La reine se défend, se débat, ne cesse de résister que lorsqu'on menace de tuer son fils et sa fille.

Elle cède alors, et avec Élisabeth elle habille le dauphin, qui pleure et qu'on entraîne.

L'enfant parti, Marie-Antoinette n'est plus qu'une ombre désespérée, maigre silhouette brisée, serrée dans les vêtements noirs du deuil.

C'est ce même samedi 13 juillet 1793, que Charlotte Corday se présente au domicile de Marat, 30, rue des Cordeliers.

Elle monte une première fois rapidement jusqu'à l'appartement du publiciste. Mais elle n'est pas reçue.

On la voit redescendre du même pas leste, puis, après quelques minutes, elle revient, monte de nouveau, et s'éloigne après avoir essuyé un nouveau refus.

Elle rentre à sa pension, rédige une lettre pour Marat :

« Je viens de Caen. Votre amour pour la patrie doit vous faire désirer de connaître les complots qu'on y médite. J'attends votre réponse. »

Elle fait expédier la lettre aussitôt.

Puis elle erre dans la chaleur torride de cet après-midi de juillet.

Les heures passent.

Elle prend tout à coup conscience qu'elle n'a pas donné son adresse et que Marat ne pourra donc lui répondre.

Et une troisième fois, elle se rend chez Marat.

Elle dépose une nouvelle lettre dans les mains de Simone Évrard qui le matin l'avait rabrouée, assurant qu'elle ne serait jamais reçue par Marat.

Charlotte insiste. Elle s'emporte, parle fort à Simone Évrard pour que Marat entende.

« Je suis persécutée, pour la cause de la liberté, dit-elle. Je suis malheureuse. Il suffit que je le sois pour avoir droit à la protection du citoyen Marat, l'ami du peuple. »

« Il est désagréable de n'être pas introduite », ajoute-t-elle.

Elle répète qu'elle a écrit, envoyé une lettre dans la matinée, qu'elle a des révélations à faire, des complots à dévoiler.

Marat la reçoit enfin.

Il est dans son bain. Elle s'assied près de la baignoire. Elle dicte à Marat des noms de conspirateurs. Et après quelques minutes – peut-être dix – elle poignarde Marat d'un coup dans la poitrine.

Grande douleur au sujet de la mort de Marat assassiné à coups de couteau par une garce du Calvados, titre *Le Père Duchesne.*

La « garce » ne sera pas lapidée comme elle l'avait imaginé.

« J'ai souffert des cris de quelques femmes », dit seulement Charlotte Corday.

On la conduit à la prison de l'Abbaye. Et elle est interrogée alors que l'on prépare les funérailles de Marat.

Le corps de l'« Ami du peuple » est embaumé les dimanche 14 juillet et lundi 15 au matin, puis exposé, torse nu, sur un lit élevé dans l'église des Cordeliers.

Cependant, devant le Tribunal révolutionnaire, Charlotte Corday répond aux questions de Fouquier-Tinville.

« Comment avez-vous pu regarder Marat comme un monstre, lui qui ne vous a laissé introduire chez lui que par un geste d'humanité, parce que vous lui aviez écrit que vous étiez persécutée ?

« Que m'importe qu'il se montre humain envers moi si c'est un monstre envers les autres », répond Charlotte Corday.

Dans la rue des Cordeliers, la foule s'est rassemblée. Des canons sont en batterie. Les femmes crient qu'il faudrait dévorer les « membres de la scélérate qui a ravi au peuple son meilleur ami ».

On a écrit sur la porte de la maison de Marat :

Peuple, Marat est mort. L'amant de la patrie
Ton ami, ton soutien, l'espoir de l'affligé
Est tombé sous les coups d'une horde flétrie.
Pleure, mais souviens-toi qu'il doit être vengé.

Les funérailles sont fixées au mardi 16 juillet. David est l'ordonnateur des cérémonies.

Mais seulement quatre-vingts députés suivent la dépouille de Marat qui est enterré dans le jardin des Cordeliers « au milieu du plan d'arbres. Sa fosse est maçonnée tout autour. Son cercueil de plomb est posé sur trois pierres et une autre par-dessus ; à côté est un pot à beurre où sont ses entrailles, de l'autre côté du petit baril où sont ses poumons. Tout cela est embaumé. Son cœur est encore suspendu à la voûte de l'église des Cordeliers. »

Puis le cercueil sera recouvert de terre et plus tard on élèvera un obélisque en face de la Convention.

Il portera l'inscription : « *Aux Mânes de Marat, l'Ami du Peuple. Du fond de son noir souterrain il fit trembler les traîtres. Une main perfide le ravit à l'amour du peuple.* »

Mais maigre cortège pour accompagner Marat.

« L'excessive chaleur », note un journal, a sans doute empêché le rassemblement considérable qu'on présumait. On tire le canon place du Théâtre-Français, puis après son inhumation. Mais la place et les rues sont déjà vides.

Une heure après minuit, la cérémonie commencée à dix heures et demie est terminée.

« Le lendemain mercredi 17 juillet un violent orage éclata. Une pluie torrentielle s'abattit sur la capitale. À six heures du soir, Charlotte Corday eut la tête tranchée. »

La veille, à Lyon, le Jacobin Chalier, qui fut maire de la ville, est guillotiné par les royalistes et les Girondins qui ont pris le pouvoir.

Et la crainte d'être assassiné, la peur de la victoire des aristocrates, et des vengeances qui s'ensuivront saisissent les conventionnels. Et d'abord les régicides.

Au club des Cordeliers où le cœur de Marat a été exposé, on le prie :

Cœur de Jésus ! Cœur de Marat !
Ayez pitié de nous
Recueillez-vous sans-culottes et applaudissez !
Marat est heureux ! Marat est mort pour la patrie.

On veut qu'il soit accueilli au Panthéon.

Robespierre s'y oppose.

« Ce n'est point aujourd'hui qu'il faut donner au peuple le spectacle d'une pompe funèbre. »

On sent Maximilien jaloux, comme si le souvenir de Marat l'enveloppait d'ombre.

« Les honneurs du poignard me sont aussi réservés », dit-il. La priorité n'a été déterminée que par le hasard. Et il ajoute même : « Ma chute s'avance à grands pas. »

C'est l'aveu de la tension et de l'angoisse qui règnent en cette fin juillet 1793, quand la nation est assaillie de toute part, d'Angers à Valenciennes, par les Vendéens et les Anglo-Autrichiens, de Lyon à Toulon, par les aristocrates, les royalistes, les Girondins, les flottes anglaise et espagnole.

C'est en chevauchant vers Avignon, qu'un jeune capitaine-commandant de vingt-quatre ans, Napoléon Bonaparte, voit de la route qui traverse le département du Var les navires anglais et espagnols bombarder les forts de Toulon, tenus encore par les républicains.

L'officier d'artillerie Bonaparte est en garnison à Nice. Il va prendre livraison pour son armée – celle du général Carteaux – de munitions et de pièces d'artillerie, en Avignon.

Bonaparte s'impatiente. Il demande en vain à être affecté à l'armée du Rhin.

Il vient d'apprendre que la garnison de Mayence s'est rendue.

Dans l'attente d'une réponse, il veut mettre au point ses idées. Il les résume pour lui-même d'une phrase : « S'il faut être d'un parti autant être de celui qui triomphe, mieux vaut être mangeur que mangé. »

Puis la plume l'entraîne, il écrit, vite, une vingtaine de pages, qu'il intitule : *Le Souper de Beaucaire, dialogue entre un militaire de l'armée de Carteaux, un Marseillais, un Nîmois et un fabricant de Montpellier*...

« Ne sentez-vous pas que c'est un combat à mort que celui des patriotes et des despotes ? » dit le militaire à ses commensaux.

Et Bonaparte qui lui prête sa voix poursuit :

« Le centre d'unité est la Convention, c'est le vrai souverain, surtout lorsque le peuple se trouve partagé. »

6.

En cette fin juillet 1793, alors que le capitaine d'artillerie Napoléon Bonaparte écrit comme pourrait le faire un Jacobin, un Montagnard, que la Convention doit être « le vrai souverain » de la nation, c'est Danton qui préside l'Assemblée.

Il ne fait plus partie du Comité de salut public – « Comité de perte publique », disent les Enragés, reprenant les termes de Marat – mais il a été élu le 25 juillet, et pour une durée de quinze jours, à la présidence de la Convention.

Il gesticule, il tonitrue, il soulève l'enthousiasme des députés, il dénonce l'Angleterre, dont une lettre saisie vient de relever les intentions et les procédés.

Le Premier Ministre Pitt veut détruire la Révolution, mais pas seulement par les victoires militaires. Si l'armée du duc d'York marche vers Dunkerque, si la flotte de l'amiral Hood croise dans la rade de Toulon, il compte sur l'action souterraine, la dépréciation des assignats, l'incendie des récoltes, les assassinats de patriotes, l'accaparement des denrées afin de créer la disette, d'entretenir la peur et de susciter la révolte, en soudoyant des patriotes d'un jour, ces Enragés qui « veulent perdre dans le peuple ses plus anciens amis », commente Robespierre.

« C'est une guerre d'assassins », s'écrie Couthon en brandissant à la tribune de la Convention la lettre anglaise.

Danton rugit, se levant de son fauteuil de président :

« Soyons terribles, faisons la guerre en lions ! » lance-t-il.

Et Maximilien, membre depuis quelques jours du Comité de salut public, dénonce de sa voix aiguë « deux hommes salariés par les ennemis du peuple... Le premier est un prêtre qui a voulu faire assassiner les marchands, les boutiquiers parce que, disait-il, ils vendaient trop cher. »

C'est Jacques Roux, dont Robespierre obtiendra qu'il soit emprisonné, le 22 août.

L'autre, Théophile Leclerc, « ci-devant, fils d'un noble », « est un jeune homme qui prouve que la corruption peut entrer dans un jeune cœur. Il a des apparences séduisantes, un talent séducteur, mais lui et Jacques Roux sont deux intrigants, deux émissaires de Coblence ou de Pitt. »

Et Leclerc l'Enragé sera lui aussi arrêté.

Point d'hésitation. Danton répète : « Guerre de lions, contre guerre d'assassins. »

Et Robespierre l'approuve, le défend contre ceux qui, comme Hébert, comme les Enragés, l'accusent de corruption, reprenant les termes mêmes des attaques que les Girondins avaient lancées contre le tribun.

Mais les députés girondins sont réduits au silence.

Ils sont désormais cinquante-cinq – et non plus trente ! – à être proscrits, décrétés hors la loi.

Dans les départements, à Bordeaux, à Marseille, à Toulon, les royalistes ont pris la tête de la résistance, compromettant définitivement les Girondins.

Et la Convention fait tomber le couperet du décret qui punit de mort les accapareurs, les traîtres, les hors-la-loi, les étrangers non régulièrement enregistrés. On confisque les biens des suspects, on annonce même que pour le premier anniversaire, le 10 août 1793, de la chute des Tuileries et de la royauté, les symboles de la monarchie et de la féodalité seront détruits. Et il en est décidé ainsi pour les archives ou les tombeaux des rois à Saint-Denis !

On ferme les barrières de Paris.

Le 2 août, on cerne les théâtres, et on rafle plusieurs centaines de jeunes gens, arrêtés comme aristocrates.

Danton, de sa forte voix, incite à la répression.

Il a écarté d'un roulement des épaules et d'un mouvement de tête les accusations de corruption.

« Ce n'est pas être un homme public que de craindre la calomnie », dit-il.

Il rappelle qu'en 1792, il a fait « marcher la nation vers les frontières ».

« Je me dis : qu'on me calomnie ! Je le prévois ! Il ne m'importe ! Dût mon nom être flétri, je sauverai la liberté ! »

Lui aussi, comme Bonaparte, cet officier inconnu qui vient d'écrire *Le Souper de Beaucaire*, il est pour la concentration des pouvoirs, et il propose la création d'un gouvernement provisoire, qui soutiendrait l'« énergie nationale » et qui serait en fait le Comité de salut public, doté de cinquante millions.

« Une immense prodigalité pour la cause de la liberté est un placement à usure », affirme-t-il.

Il sait que, dès qu'il a prononcé ces mots, les soupçons de corruption se sont de nouveau levés.

Il les écarte, annonçant qu'il ne fera partie d'aucun Comité : « J'en jure pour la liberté de ma patrie. »

Il incite à la vigilance, à la terreur.

« Nous avons dans la France une foule de traîtres à découvrir et à déjouer... Pas d'amnistie à aucun traître ! L'homme juste ne fait point de grâce au méchant ! Je demande donc qu'on mette en état d'arrestation tous les hommes vraiment suspects. »

Peine de mort contre les soldats qui déserteraient et soutien à la proposition de *levée en masse*, déposée devant la Convention, votée le 23 août, qui est une véritable « réquisition » de tous les hommes de dix-huit à vingt-cinq ans, afin de constituer, par l'*amalgame* de ces recrues et des bataillons de volontaires, une armée de près de sept cent mille hommes.

Mais c'est toute la nation qu'il faut « soulever ».

C'est Barère, rapporteur du Comité de salut public, qui, suscitant l'enthousiasme de la Convention, dresse le plan de cette mobilisation patriotique, qui accompagne les mesures de répression évoquées par Danton et votées par la Convention :

« Les Français sont en réquisition permanente pour le service des armées, expose Barère. Les jeunes gens iront au combat. Les hommes mariés forgeront les armes et transporteront les subsistances. Les femmes feront des tentes, des habits, et serviront dans les hôpitaux. Les enfants mettront le vieux linge en charpie. Les vieillards se feront transporter sur les places publiques pour exciter le courage des guerriers, prêcher la haine des rois et l'unité de la République. La levée sera générale. Les citoyens non mariés ou veufs de dix-huit à vingt-cinq ans marcheront les premiers. Le bataillon qui sera organisé dans chaque district sera réuni sous une bannière portant cette inscription : *Le peuple français debout contre les tyrans.* »

Et Danton en ce mois d'août 1793, où chaque patriote sent que le sort de la nation et de la République est en question, a ajouté :

« L'enfant du peuple sera élevé aux dépens du superflu des hommes à fortunes scandaleuses… Quand vous semez dans le vaste champ de la République, vous ne devez pas compter le prix de la semence ! Après le pain, l'éducation est le premier besoin du peuple ! Mon fils ne m'appartient pas, il est à la République. »

Ce don de soi et des siens à la patrie, on le chante en reprenant le refrain :

Mourir pour la patrie
Est le sort le plus beau
Le plus digne d'envie.

On l'exalte, en rapportant le sacrifice du jeune Avignonnais Joseph Agricol Viala, commandant d'une petite garde municipale, *Espérance de la patrie*, tué sur les bords de la Durance en tranchant, sous le feu des royalistes, les câbles du bac qui aurait permis à ces aristocrates, à ces Girondins – les uns valent les autres, dit-on ! – de franchir le fleuve, alors qu'ils contrôlent les villages du Var, Toulon, et jusqu'au 25 août Marseille. L'armée du général Carteaux réussissant à reprendre la ville, ce jour-là. Et les représentants en mission, Barras et Fréron, entrent alors dans la cité phocéenne et commencent… à la « terroriser », à la piller, à la rançonner, Barras exigeant que chaque famille aisée donne deux chemises, pour subvenir aux besoins des troupes.

La terreur s'installe partout, sans encore être proclamée.

Elle naît de l'angoisse que suscite la situation dramatique de la nation.

La famine est de nouveau menaçante.

Les Enragés dénoncent les « accapareurs, les gros marchands, les propriétaires, les agioteurs, la horde barbare des égoïstes et des fripons ».

Il faut traquer les suspects :

« Je t'exhorte à scruter les fortunes individuelles, dit Jacques Roux. Ceux qui se sont enrichis depuis la Révolution, à une époque où tous les bons citoyens ont fait tant de sacrifices, où ils se sont ruinés, ceux-ci sont à coup sûr des égoïstes, des fripons, des contre-révolutionnaires. »

Et ces dénonciations visent Danton. N'a-t-il pas amassé une fortune qui lui a permis de « doter » sa nouvelle épouse, Louise Gély, de près de quatorze millions ?

Et n'est-il pas, lui, le corrompu, l'un de ces comploteurs qui, à toutes les étapes de la Révolution, avec le ci-devant duc d'Orléans, avec Dumouriez, et maintenant avec le général Dillon ont essayé d'entraver le cours du fleuve révolutionnaire ? Et ne cherche-t-il pas, dans cet été 1793, à faire évader Marie-Antoinette, à lui éviter de comparaître devant le Tribunal révolutionnaire, où Robespierre puis Barère souhaitent la voir juger ?

« C'est le sommeil des républicains qui enhardit le complot des royalistes », dit Barère à la tribune de la Convention.

C'est notre « trop long oubli des crimes de l'Autrichienne qui leur donne l'espérance de rebâtir le trône royal parmi nous » !

La Convention applaudit, décide aussitôt de traduire la veuve Capet devant le Tribunal révolutionnaire.

On la réveille dans la nuit du 2 août. On lui annonce qu'elle sera transférée à la prison de la Conciergerie, et séparée de sa belle-sœur Élisabeth et de sa fille, Marie-Thérèse – Madame Royale.

Elle n'est plus qu'une vieille femme, une mère accablée qui ne voit plus son fils. Elle sait seulement qu'il a été confié au cordonnier Simon.

À la Conciergerie, on la fouille, on l'enferme dans une cellule, et deux gendarmes, placés dans la même pièce derrière un paravent, sont chargés de la surveiller en permanence.

Elle semble indifférente, comme si elle n'appartenait déjà plus à ce monde, paraissant ne pas se rendre compte que le concierge de la prison organise, pour un bon prix, des « visites » de citoyens qui veulent voir la veuve Capet ci-devant reine de France. Et cependant, on craint cette femme brisée. On sait que les Vendéens espèrent qu'un jour le petit Capet sera sacré Louis XVII.

Il faut leur montrer en châtiant Marie-Antoinette, en traitant le fils Capet comme un citoyen ordinaire, que tout espoir de restauration est illusoire.

Fersen peut bien se lamenter, écrire qu'il « ne vit plus depuis l'incarcération de Marie-Antoinette à la Conciergerie » ou bien que « mon plus grand bonheur serait de mourir pour elle et pour la sauver, je me reproche jusqu'à l'air que je respire quand je pense qu'elle est enfermée dans une affreuse prison », la ci-devant reine sera jugée.

Quant aux Vendéens, qu'ils n'espèrent rien, pour eux et leur province, déclare Barère.

« Les forêts seront abattues, les repaires des bandits seront détruits, les récoltes seront coupées pour être portées sur les derrières de l'armée et les bestiaux seront saisis. Les femmes, les enfants et les vieillards seront conduits dans l'intérieur. Il sera pourvu à leur subsistance et à leur sûreté avec tous les égards dus à l'humanité. »

Mais où sont les égards dans cette guerre civile impitoyable ?

« Le signe de la Croix de Jésus-Christ et l'étendard royal l'emportent de toute part sur les drapeaux sanglants de l'anarchie », proclame l'abbé Bernier qui accompagne comme des dizaines d'autres prêtres la grande armée catholique et royale.

Les combattants ont cousu un sacré-cœur en laine rouge sur leurs habits. Leurs chapeaux sont ornés de cocardes blanches, vertes, rouges, de feuillages, de plumes.

Ils portent le chapelet suspendu à leur cou, à la boutonnière, en sautoir.

Leurs armes sont leurs instruments de travail transformés pour la guerre. Les faux sont emmanchées à l'envers. Les fourches, les couteaux de sabotier, les haches sont aiguisés. Piques, bâtons ferrés, triques garnies de clous s'ajoutent aux armes saisies sur les Bleus !

L'armée des Vendéens est redoutable.

Ils connaissent chaque haie. Ils s'égaillent puis s'élancent à l'assaut, surprenant les Bleus, les massacrant, les dépouillant.

Et les troupes de la Convention n'osent plus sortir des villes. On se prélasse à Saumur. On traîne ses grands sabres, ses longues moustaches dans les rues. Les commissaires du pouvoir exécutif prêchent l'anarchie et le partage des terres, les meurtres et l'assassinat, raconte un officier républicain.

« Je voyais des histrions transformés en généraux, des joueurs de gobelets, des escamoteurs traînant après eux les catins les plus dégoûtantes… et ces insectes corrupteurs et corrompus avaient encore l'insolence de se dire républicains ! »

Le conventionnel Philippeaux, proche de Danton, dans son rapport au Comité de salut public, écrit :

« Les Vendéens nous font une guerre de sans-culottes et nous en faisons une de sybarites. Tout le faste de l'Ancien Régime est dans nos bataillons. Chaque général est une espèce de satrape. Les soldats sont encouragés au pillage, aux excès de tous genres. La plupart des généraux, loin de réprimer ces attentats, en donnent l'exemple et quiconque a une place lucrative dans l'armée veut la perpétuer pour maintenir sa puissance. »

Mais entre représentants en mission, c'est la guerre.

Choudieu, lui aussi député de la Convention, proche de Robespierre, dénonce Philippeaux :

« Je demande que la conduite de Philippeaux soit examinée et j'offre de prouver que, s'il n'est pas fou, il est au moins suspect. »

En fait, la Convention est incapable de vaincre.

On espère que les quinze mille hommes de la garnison de Mayence qui vont arriver en Vendée, et que commande un jeune officier valeureux, Kléber, pourront écraser les Vendéens.

Mais leurs premiers combats sont décevants. Ils sont défaits sous le nombre.

Et les « brigands » se moquent de cette « armée de fayence ». Mais les Vendéens victorieux, comme après chaque bataille, regagnent leurs villages, et cultivent leurs champs, attendant la prochaine bataille.

Pour le Comité de salut public, la Vendée est une tumeur qu'il faut extirper à tout prix.

Et la première condition, c'est l'unité du pouvoir et de la nation. Et la fête qui célèbre le premier anniversaire du 10 août 1792 doit marquer cette résolution.

Elle se déroule dans le calme, mais sans passion révolutionnaire.

Au milieu des ruines de la Bastille s'élève la fontaine de la Régénération qui se compose d'une statue colossale en plâtre, assise, représentant la nation qui presse de ses mains sa poitrine d'où coulent deux jets.

Les commissaires envoyés par tous les départements puisent tour à tour dans le bassin avec une coupe d'agate.

Et on célèbre « l'Incorruptible Robespierre, fondateur de la République ».

Maximilien, élu président de la Convention, silencieux, hiératique, répond que, membre du Comité de salut public, « contre son inclination », il y a vu « d'un côté des membres patriotes, de l'autre des traîtres. Depuis que j'ai vu de plus près le gouvernement, j'ai pu m'apercevoir des crimes qui s'y commettent tous les jours. »

Mais aux Jacobins, Danton et Hébert contestent la politique du Comité de salut public.

Danton s'enflamme à la tribune.

Il y a eu le 14 juillet 1789, dit-il, puis la deuxième révolution, celle du 10 août 1792.

« Il faut une troisième révolution ! »

On l'acclame.

Quelqu'un dont la voix domine le brouhaha crie :

« Ce que Marat disait était excellent ! Mais on ne l'écoutait pas ! Faut-il donc être mort pour avoir raison ? Qu'on place *la Terreur à l'ordre du jour* ! »

7.

En cette première semaine du mois de septembre 1793, le nom et l'exemple de Marat sont sur les lèvres et dans les têtes des ouvriers du bâtiment, et des fabriques d'armes, qui se rassemblent faubourg Saint-Antoine.

Les chaleurs d'un été torride étouffent encore Paris sous une brume moite et fétide.

Un sans-culotte, bonnet rouge enfoncé jusqu'aux sourcils, sabre au côté, est debout sur une borne.

Il agite un exemplaire du *Père Duchesne*, comme s'il s'agissait d'un drapeau rouge annonçant l'émeute, la fusillade et le massacre.

Il tonne. Il dénonce les accapareurs, les agioteurs, les gens suspects, les égoïstes, les hommes qui se sont enrichis depuis la Révolution, les pillards de la République, quels que soient leurs masques.

Et pendant que ceux-là s'engraissent et complotent, les citoyens, les patriotes ont faim.

Car les boulangers qui manquent de grain ne cuisent plus que deux fournées par jour !

Il faut exiger le maximum des prix, se rendre à l'Hôtel de Ville, à la Convention, imposer cette mesure.

Et Chaumette, le procureur de la Commune, est prêt à soutenir les vœux des sans-culottes.

« Eh, moi aussi j'ai été pauvre, a-t-il répondu à une députation, et par conséquent je sais ce que c'est que les pauvres.

C'est ici la guerre ouverte contre les pauvres ! Ils veulent nous écraser, eh bien il faut les prévenir, il faut les écraser nous-mêmes, nous avons la force en main ! »

On applaudit la déclaration de Chaumette.

On écoute le sans-culotte lire l'article d'Hébert. On l'interrompt souvent pour l'approuver.

« Marat ! Je profiterai de tes leçons. Oui, foutre, ombre chérie, je te jure de braver toujours les poignards et le poison et de suivre toujours ton exemple. Guerre éternelle aux conspirateurs, aux intrigants, aux fripons ! Voilà ma devise, foutre !

« Tiens ta parole, m'a dit le fantôme de Marat ! Oui, foutre, je la maintiendrai, nous la maintiendrons ! »

Il vocifère, sort son sabre, gesticule, fend l'air de grands coups de lame, vocifère encore.

« Pour les accapareurs, sangsues impitoyables, engraissées de la substance du peuple, point de quartier, point de retard et de suite à la guillotine ! »

« À la guillotine », reprend la foule.

« Pour les agioteurs : la guillotine.

« Pour les gens suspects, l'heure du lever du peuple est celle de la mort : à la guillotine !

« Pour les égoïstes : voici le chemin des frontières et de la défense de la patrie, ou celui de la place de la Révolution où vous attend la guillotine !

« Et pour les fripons, la guillotine. »

« La guillotine ! La guillotine ! » scande la foule.

À la Convention, au club des Jacobins, on ne veut pas, on ne peut pas rompre avec le peuple des sans-culottes.

On sait qu'il se prépare pour le 5 septembre, avec Chaumette et Jacques Roux, qui a été libéré de prison, avec Hébert et l'Enragé Leclerc, un grand rassemblement devant la Convention.

Et comment l'Assemblée pourrait-elle résister à ces sans-culottes qui vont se présenter et l'investir en armes ?

Robespierre à la tribune des Jacobins leur a déjà donné raison :

« Le peuple réclame vengeance, elle est légitime. Et la loi ne doit point la lui refuser ! »

Et Barère à la Convention a rappelé la situation de la patrie.

« Jamais l'armée n'a été en plus fâcheux état de désorganisation. »

Ce sont les mots mêmes de jeunes officiers sortis du rang, patriotes, tels que Jourdan et Soult, Berthier, Bonaparte ou Carnot, membre du Comité de salut public.

Et Barère poursuit :

« La République n'est plus qu'une grande ville assiégée... Ce n'est pas assez d'avoir des hommes... Des armes, des armes et des subsistances ! C'est le cri du besoin ! Des armes, des manufactures de fusils et de canons, voilà ce qu'il nous faut pendant dix ans ! »

Le 5 septembre, la foule envahit la Convention. Les députations des sections se succèdent à la tribune, menacent ceux qui tardent à frapper avec le couperet de la loi, interrogent brutalement les députés :

« A-t-on livré aux tribunaux révolutionnaires les ministres perfides, les agents du pouvoir exécutif qui n'ont pas étouffé, dès le principe, le noyau de contre-révolution dans les départements de l'Ouest et du Midi ? »

« A-t-on puni les traîtres ? Non ! »

« Et nous sommes trahis partout, foutre ! »

On dit qu'un complot se trame pour faire évader la veuve Capet. On a trouvé sur elle un billet, qu'un visiteur avait glissé dans un œillet et auquel elle a répondu, en perçant à l'aide d'une aiguille un morceau de papier, en écrivant ainsi qu'elle ne perdait pas espoir !

« Et les traîtres restent impunis, foutre ! Pas un conspirateur n'a mis "la tête à la fenêtre" [dans la lunette de la guillotine], n'a été raccourci. On n'a jugé jusqu'à présent que les valets et les maîtres se sont échappés ! » On compte mille cinq cent quatre-vingt-dix-sept détenus dans les prisons de Paris, et ces aristocrates corrompent leurs gardiens, paient en numéraire le pain et les chapons, le vin et leur libération !

« À la fenêtre leur tête !

« Une misérable cuisinière s'est avisée de crier : "Vive le Roi !" Le lendemain elle a été raccourcie, c'est bien fait, elle le méritait, foutre ! Mais pourquoi, citoyens jugeurs, n'expédiez-vous pas aussi promptement les grands scélérats ? Pourquoi cet infâme Brissot, le plus cruel ennemi de la patrie, celui qui nous a mis aux prises avec toute l'Europe, qui a causé la mort de plus d'un million d'hommes, qui avait la patte graissée par tous les brigands couronnés pour mettre la France à feu et à sang, pourquoi foutre, ce monstre vit-il encore ? »

On réclame la mort pour la veuve Capet, pour les députés girondins proscrits, pour le général Custine, accusé de trahison, pour Barnave, le Feuillant, pour le ci-devant Philippe Égalité, duc d'Orléans.

On veut que « la Sainte Guillotine aille grand train tous les jours ». Et Hébert, qui conduit les sans-culottes, répète, commande :

« Législateurs, placez la Terreur à l'ordre du jour ! »

Et à la fin de cette journée du 5 septembre 1793, Barère, au nom du Comité de salut public, monte à la tribune de la Convention et déclare, reprenant mot à mot les exigences des sans-culottes et les propos d'Hébert :

« Plaçons la Terreur à l'ordre du jour, c'est ainsi que disparaîtront en un instant et les royalistes et les modérés, et la tourbe contre-révolutionnaire qui vous agite.

« Les royalistes veulent du sang ? Eh bien ils auront celui des conspirateurs, des Brissot, des Marie-Antoinette. »

Et un proche d'Hébert, Vincent, l'un des principaux orateurs du club des Cordeliers, chef de bureau au ministère de la Guerre, ajoute à la liste des traîtres qui mettront « la tête à la fenêtre » le nom de Danton.

« Cet homme sans cesse nous vante son patriotisme mais nous ne serons jamais dupes de sa conduite. »

Qui n'est pas suspect aux yeux des sans-culottes conduits par les Enragés et les « hébertistes » ?

Et ils ne se contentent pas de ces mesures que la Convention, cédant à leur pression, à leur présence, à leurs cris, à leurs menaces, vient de leur accorder : la rétribution, à raison de trois francs par jour, des membres des Comités révolutionnaires, et l'épuration de ces Comités afin qu'ils arrêtent sans délai les suspects ; la création d'une armée révolutionnaire de six mille hommes et douze cents canonniers ou cavaliers pour « assurer les subsistances de Paris, et épouvanter l'ennemi intérieur » qui pourrait être tenté de faire un coup de force sur la ville.

Et la Convention décrète le *maximum général* des salaires et des prix des denrées.

Car la disette n'a pas cessé de serrer les plus pauvres à la gorge.

« L'affluence aux portes des boulangeries est toujours la même. Elles sont assiégées nuit et jour. Tout s'y est néanmoins passé aujourd'hui un peu plus paisiblement qu'hier à quelques coups de poing près donnés par-ci par-là et fidèlement rendus. On y a même volé quelques pendants d'oreilles, mais enfin personne n'a été ni tué, ni estropié et chacun a eu du pain tant bon que mauvais... »

Mais cela ne suffit pas aux « sectionnaires » enragés. Il faut, exigent-ils, frapper les suspects.

Ils s'indignent. Pendant ces quatre mois de l'été 1793, de juin à septembre, le Tribunal révolutionnaire n'a jugé que deux cent deux accusés, dont cent trente-neuf ont été acquittés ! Il faut remplir les prisons si l'on veut mettre « les têtes à la fenêtre » de la Sainte Guillotine. Elle ne doit pas rester ses bras de bois vides, comme un arbre sans fruit planté place de la Révolution.

Enfin, capitulant devant les revendications des sans-culottes, le 17 septembre, la Convention vote la *loi des suspects.*

Maintenant que le couperet de cette loi est tombé, plus aucun citoyen n'est en « sûreté ».

Chacun le sait, le sent, le voit. On peut sur un soupçon, une dénonciation, devenir un suspect, car la loi est si générale dans ses termes que l'envieux, le jaloux, le voisin mécontent, peut vous faire basculer dans la catégorie des « gens réputés suspects ».

Ce sont, dit la loi, « ceux qui soit par leur conduite, soit par leurs relations, soit par leurs propos ou par leurs écrits se sont montrés partisans de la tyrannie, du fédéralisme et ennemis de la liberté ».

Ce sont « ceux qui n'auraient pas justifié de l'acquit de leurs devoirs civiques ou obtenu leurs certificats de civisme ».

Ce sont « ceux des ci-devant nobles, ensemble les maris, femmes, pères, mères, fils ou filles, frères ou sœurs et agents d'émigrés qui n'ont pas constamment manifesté leur attachement à la Révolution ».

Ce sont « tous les émigrés à dater du 1er juillet 1789 »...

Et ce sont les comités de surveillance qui « sont chargés de dresser, chacun dans son arrondissement, la liste des gens suspects, de décerner contre eux les mandats d'arrêt et de faire apposer les scellés sur leurs papiers ».

Où sont les juges, les tribunaux impartiaux ?

Il faut devenir gris, invisible, se faire oublier, et cela ne suffit pas. Il faut manifester son adhésion à cette loi, à tout ce que les comités de surveillance décident.

Et puisque le 21 septembre la Convention a décidé que toutes les femmes devront porter la cocarde tricolore, il faudra l'arborer.

« Hier et avant-hier il y a eu quelques démêlés au sujet de l'arrêté qui ordonne aux femmes de porter la cocarde. Dans quelques quartiers celles qui n'y avaient pas encore obéi ont été honnies, décoiffées, fouettées, etc. Les citoyennes s'empressent de se décorer de ce signe sacré de liberté, et nous ne doutons pas que l'ingénieuse élégance de nos petites maîtresses n'en fasse bientôt un objet de coquetterie. »

Des rixes se produisent entre femmes.

« Les femmes des sociétés révolutionnaires voulaient forcer toutes les femmes de Paris à porter des bonnets rouges, après cela, des habits de laine. Les femmes de la Halle s'y sont opposées et il y a eu des batteries sérieuses entre elles... Les femmes de la Halle ont demandé que tous les clubs de femmes soient supprimés... Le mercredi 30 octobre, l'Assemblée a décrété et il est défendu aux femmes de s'assembler en sociétés populaires sous quelque dénomination que ce soit. Ainsi voilà les clubs de femmes supprimés. »

Les députés ont décidé. Et ils vont débattre de cette affaire de cocarde.

L'un dit que toute femme qui ne la porte pas doit être traitée en contre-révolutionnaire, et donc en suspecte.

L'autre fait remarquer qu'une femme peut avoir perdu sa cocarde ou oublié d'en mettre une, « ce n'est pas là un crime ! ». Mais il y a des femmes royalistes, « cette branche de contre-révolutionnaires peut beaucoup sur l'opinion ». Il faut « l'atteindre ».

Alors on vote : la première fois qu'une femme sera trouvée sans cocarde, elle sera punie de huit jours de clôture ; la seconde fois, regardée comme suspecte et enfermée jusqu'à la paix.

Ainsi la peur de devenir suspect taraude la plupart des citoyens. On tente de devancer les soupçons en se montrant plus patriote encore que les sectionnaires.

Les artistes de l'Opéra s'en vont quérir le commissaire de police, « indignés de ce qu'il existe encore dans leurs archives des objets ayant trait à la royauté et au régime féodal. Ils ont brûlé en face de la salle de l'Opéra une immense quantité de papiers, parmi lesquels étaient les règlements de ce spectacle intitulé : "Académie royale de musique" »...

Et sur la place de Grève, quelques jours plus tard, on a brûlé la garde-robe de Louis Capet, consistant en un chapeau, plusieurs habits, redingotes, vestes et culottes de diverses étoffes. Les chemises ont été conservées : on a seulement ôté la marque.

Et c'est avec une détermination sombre, qu'on allume ici et là des brasiers pour y brûler des archives qui rappellent que durant des siècles la France fut un royaume.

Et on brise les statues des rois.

On va chercher au plus profond de la terre et de la mémoire, afin de les extirper, de les détruire, les reliques des souverains.

On se rend à l'abbaye de Saint-Denis, et dans les églises, « sous prétexte d'avoir du plomb pour les armées, écrit le libraire Ruault, on a exhumé tous les cadavres déposés dans les caveaux des églises. Mais c'était pour qu'il ne reste rien de noble en France, pas même la poussière de ces morts.

« On a creusé à Saint-Denis une grande fosse dans laquelle on a jeté pêle-mêle tous les ossements des rois, des princes, des princesses, etc., depuis le roi Dagobert et Mathilde sa femme qui vivaient au VIIe siècle, jusqu'à Louis XV et les enfants du comte d'Artois. Le procès-verbal de la municipalité de Saint-Denis en fait foi... »

Ruault a refusé de le publier dans *Le Moniteur*.

Il est à la fois accablé et terrorisé.

« La Révolution trouble la paix des morts et les poursuit jusqu'au fond de leurs tombeaux... Elle porte avec elle ce triste intérêt de la destruction absolue de ce qui a existé de plus grand en France pendant onze siècles.

« Tous ces monuments de la grandeur et de la vanité humaine ont été détruits, brûlés dans la chaux...

« Quel triste temps que celui où les vivants et les morts sont également persécutés pour des votes et des opinions. »

Et les premiers succès remportés, contre les Anglais à Hondschoote le 8 septembre par le général Houchard, la capitulation de Bordeaux, où les représentants en mission Tallien et Ysabeau organisent la terreur contre les aristocrates et les fédéralistes girondins, et le siège de Lyon, la grande ville contre-révolutionnaire dont la chute ne saurait tarder, semblent montrer que la répression, la dureté impitoyable paient.

Le Comité de salut public, chaque jour, grâce au télégraphe optique de Claude Chappe qui relie les grandes villes de France à Paris, peut établir un état de la situation d'un bout de la nation à l'autre.

En Vendée, l'armée de Mayence commandée par le jeune général Kléber et le général Marceau engage le combat contre les Vendéens et défait à Cholet la grande armée catholique et royale.

Elle n'est pas détruite. Elle passe la Loire à Saint-Florent dans l'espoir de gagner la côte vers Granville, de faire sa jonction avec – on l'espère, on le rêve – des corps de débarquement anglais et émigrés.

Barère à la tribune de la Convention répète :

« La Vendée, et encore la Vendée ! Voilà le chancre politique qui dévore le cœur de la République ! C'est là qu'il faut frapper. »

Ils sont quarante mille Vendéens, accompagnés d'autant de femmes et d'enfants, à tenter d'échapper, dans « cette virée de Galerne » aux Bleus.

Dans la foule se trouvent quatre ou cinq mille prisonniers républicains qu'on commence à massacrer, puis qu'on épargne par peur des représailles.

L'armée catholique et royale marche donc vers le nord, commandée désormais par La Rochejaquelein.

Et le représentant en mission, Carrier, arrive à Nantes, pour épurer ce pays chouan.

Le garrot s'est donc un peu desserré autour du cou de la nation. Le général Jourdan et le représentant en mission Carnot ont remporté le 16 octobre la victoire de Wattignies, sur les Autrichiens qui lèvent le siège à Maubeuge.

Reste Toulon, livrée aux Anglais et aux Espagnols.

Le jeune capitaine Napoléon Bonaparte vient d'être désigné par les représentants en mission Saliceti et Gasparin, pour prendre le commandement de l'artillerie dans l'armée du général Carteaux qui assiège le grand port.

Il faut arracher cette tumeur comme on a commencé d'éradiquer le chancre vendéen.

Et il faut pour y parvenir montrer qu'on est impitoyable.

On va juger les députés girondins, arrêtés le 2 juin. Mais cela ne suffit pas. Le 3 octobre, Billaud-Varenne, au nom du Comité de salut public, monte à la tribune.

« La Convention nationale, dit-il, vient de donner un grand exemple de sévérité aux traîtres qui méditent la ruine de leur pays. Mais il lui reste encore un décret important à prendre. »

Il s'interrompt et, dans le silence pesant qui s'est établi, il poursuit, détachant chaque mot :

« Une femme, la honte de l'humanité et de son sexe, la veuve Capet, doit expier enfin ses forfaits sur l'échafaud. »

Billaud-Varenne énonce déjà le verdict avant que le procès ait commencé.

Il explique que des rumeurs assurent que Marie-Antoinette a été blanchie par le Tribunal révolutionnaire.

« Comme si une femme qui a fait couler le sang de plusieurs milliers de Français pouvait être absoute par un jury français ! Je demande que le Tribunal révolutionnaire se prononce cette semaine sur son sort ! »

Et comment, alors qu'on exhume les ossements des rois pour les réduire en cendres, pourrait-on accepter que survive, fût-ce emprisonnée, « la louve autrichienne » ?

Marie-Antoinette n'est plus qu'une femme malade, sujette à des hémorragies répétées, enfermée dans l'ancienne infirmerie de la Conciergerie dont on a obturé toutes les issues.

L'accusateur Fouquier-Tinville, le substitut du procureur Hébert, le président du Tribunal Herman interrogent le dauphin.

Son gardien le cordonnier Simon l'a surpris à se masturber. Et l'enfant accuse sa mère, sa tante Élisabeth, de lui avoir enseigné ces pratiques. Il couchait entre elles, dit-il.

« Il nous a fait entendre qu'une fois sa mère le fit approcher d'elle, qu'il en résulta une copulation et un gonflement à l'un de ses testicules pour lequel il porte un bandage et que sa mère lui a recommandé de ne jamais en parler... Que cet acte a été répété plusieurs fois de suite. »

À l'audience, la reine est assistée d'un avocat nommé d'office, maître Chauveau-Lagarde.

C'est Hébert qui l'accuse d'inceste, en rappelant la déposition du dauphin.

Marie-Antoinette ne répond pas mais un des jurés insiste pour qu'elle s'explique.

« Si je n'ai pas répondu, dit-elle, c'est que la nature se refuse à répondre à une pareille inculpation faite à une mère. J'en appelle à toutes celles qui sont ici. »

La voix de cette femme aux cheveux blancs, aux traits affaissés, mais au port de tête droit, est digne. Et l'émotion, la compassion, la honte saisissent le public avide qui se presse dans la salle.

L'on suspend les débats.

En fait, le verdict a été rendu avant même que le procès s'ouvre. Marie-Antoinette est accusée d'avoir été « l'instigatrice de la plupart des crimes dont s'est rendu coupable ce dernier tyran de France, Louis Capet ».

Elle est condamnée à mort.

Elle rentre à la Conciergerie, vers quatre heures trente du matin ce mercredi 16 octobre 1793.

Elle n'a que le temps d'écrire une lettre à sa belle-sœur, Élisabeth.

« Je viens d'être condamnée non pas à une mort honteuse, elle ne l'est que pour les criminels, mais à aller rejoindre votre frère, comme lui – innocente.

« Je suis calme comme on l'est quand la conscience ne reproche rien, j'ai un profond regret d'abandonner mes pauvres enfants, vous savez que je n'existais que pour eux... »

On ne la laissera même pas se changer de linge sans témoin. Le bourreau, Samson, lui attachera les mains derrière le dos et coupera ses cheveux, puis, liée à lui par une longue corde, il la fera monter dans une charrette.

Elle se tient droite, tête un peu levée, mèches en désordre s'échappant de son bonnet.

Elle refuse de parler au prêtre constitutionnel qui l'accompagne. Et elle ne se confessera pas.

La foule immense contenue par trente mille soldats crie : « Vive la République ! À bas la tyrannie ! Mort à l'Autrichienne ! »

En montant à l'échafaud, d'un brusque mouvement de tête, Marie-Antoinette fait tomber son bonnet.

Et Samson montrera sa tête ensanglantée au peuple ce 16 octobre 1793, à midi et quart.

La foule crie : « À bas ! À bas ! », « Vive la République ! ».

« Cette sottise prolongée a tout troublé », note le journaliste Goffroy, qui se prétend lui aussi héritier de Marat et de son *Ami du peuple*.

D'autres journaux reviennent sur le procès, les accusations d'inceste.

« Les regards de l'Autrichienne étaient arrogants et non pas tranquilles. Elle a répondu d'un ton dramatique et a fait même une interpellation aux mères de famille. Elle a rougi d'abord à ces reproches d'inceste, mais l'on voyait facilement sur son visage que la cause de cette rougeur était en effet non pas de la pudeur ou de l'innocence mais du désagrément d'être découverte. »

« Ses flatteurs n'en ont même pas été dupés. »

Alors qu'elle meure !

« Seuls quelques esprits faibles parurent douloureusement affectés de l'exécution de la veuve Capet, en ne la considérant que sous le titre de mère et de femme malheureuse, lit-on dans *Les Révolutions de Paris*. Mais comme reine de France, tout le monde s'accordait à convenir de la justice du trop doux châtiment qu'elle subissait. »

Et Hébert, qui a assisté à l'exécution, au pied de l'échafaud, exulte, exprime les sentiments de ces sans-culottes, de ces patriotes enragés, que la passion révolutionnaire emporte.

« J'ai vu tomber dans le sac la tête de Veto femelle, écrit Hébert dans *Le Père Duchesne*.

« Je voudrais, foutre, pouvoir vous exprimer la satisfaction des sans-culottes quand l'archi-tigresse a traversé Paris dans la voiture à trente-six portières. Ses beaux chevaux blancs si bien empanachés, si bien enharnachés ne la conduisaient pas, mais deux rossinantes étaient attelées au vis-à-vis de maître Samson et elles paraissaient si satisfaites de contribuer à la délivrance de la République qu'elles semblaient avoir envie de galoper pour arriver au plus tôt au lieu fatal.

« La garce au surplus a été audacieuse et insolente jusqu'au bout.

« Cependant les jambes lui ont manqué au moment de faire la bascule pour jouer à la main chaude, dans la crainte sans doute, de trouver après sa mort un supplice plus terrible que celui qu'elle allait subir.

« Sa tête maudite fut enfin séparée de son col de grue et l'air retentissait des cris de “Vive la République !”. »

« Qu'elle ait été seule dans ses derniers moments, sans consolation, sans personne à qui parler, à qui donner ses dernières volontés, cela fait horreur, écrit quelques jours plus tard le comte de Fersen. Les monstres d'enfer ! Non ! Sans la vengeance, jamais mon cœur ne sera content. »

La douleur de Fersen est d'autant plus grande qu'il sait bien que parmi les rois et les princes, les émigrés et les royalistes restés en France, personne n'a tout tenté pour sauver la reine. Danton lui y a songé, mais très vite, il a mesuré les risques immenses qu'il courrait.

Les hébertistes le rangent parmi les « pourris » de la Convention.

On découvre que certains de ses proches ont, l'un – Robert – vendu du « rhum accaparé », et l'autre – Perrin – trafiqué dans les fournitures de guerre.

On accuse l'entourage de Danton d'être composé non seulement de corrompus mais d'« endormeurs ». En somme, les dantonistes sont de nouveaux Girondins.

Et Vincent, l'hébertiste, ne cesse de répéter ses attaques contre Danton, accusé de s'être abouché avec « Dumouriez dans l'affaire de la Belgique ». Et Danton comprend que cette accusation peut conduire à l'échafaud.

Le général Houchard, vainqueur à Hondschoote, a été arrêté, jugé, condamné à mort, parce qu'il n'a pas su exploiter sa victoire et que dès lors on le soupçonne sans preuve d'avoir ouvert des pourparlers avec l'ennemi.

On va juger Philippe Égalité et Danton fut proche du ci-devant duc d'Orléans.

Alors, Danton préfère quitter Paris. Il prétend qu'il est malade et se retire dans sa propriété d'Arcis-sur-Aube.

Danton est sans illusion.

« En conduisant Marie-Antoinette à l'échafaud, dit-il, on a détruit l'espoir de traiter avec les puissances étrangères. »

Mais le plus grave, le plus dangereux n'est pas dans cette exécution, mais dans le procès qui s'ouvre, contre les députés girondins, devant le Tribunal révolutionnaire.

Ils sont vingt et un, qui comparaissent à compter du 24 octobre.

Robespierre a fait écarter un décret qui renvoyait devant les juges soixante-treize députés qui avaient protesté contre les manifestations des journées des 31 mai et 2 juin. Générosité de sa part ? Ou bien habileté ? Maximilien veut que les « chefs de la faction » soient condamnés à mort, et ce sera d'autant plus aisé qu'ils seront isolés, promis à la guillotine puisque la Convention a décidé de raccourcir la durée des débats en les limitant à trois jours.

Danton, à Arcis-sur-Aube, est sombre.

« Des factieux, les girondins ? s'interroge-t-il. Est-ce que nous ne sommes pas tous des factieux ? Nous méritons tous la mort autant que les Girondins ! Nous subirons tous les uns après les autres le même sort qu'eux ! »

Pour Robespierre au contraire, Brissot, Vergniaud, Guadet, Gensonné, Carra, Valazé, et ceux qui sont encore en fuite, Pétion, Roland, Barbaroux, Condorcet, constituent « la faction la plus hypocrite dont l'histoire ait jamais fourni l'exemple ».

Et il n'oublie pas Manon Roland.

Mais le plus fanatique des accusateurs est Hébert, qui laisse éclater sa joie de voir comparaître les Girondins ce jeudi 24 octobre devant le Tribunal révolutionnaire, dont on sait bien qu'il les condamnera à mort.

« Voilà foutre le sort qui vous était réservé, lâches, déserteurs de la sans-culotterie qui avez préféré de barboter dans le marais et vous couvrir de boue plutôt que de gravir la Sainte Montagne où la gloire vous tendait les bras. Vous avez voulu péter plus haut que le cul, vous avez voulu faire fortune et vous n'avez pas réfléchi que la guillotine était au bout de la route que vous preniez pour y arriver.

« Te voilà enfin sur la sellette, infâme Brissot...

« Eh, vite donc, Maître Samson, graisse tes poulies, et dispose-toi à faire la bascule à cette bande de scélérats que cinq cents millions de diables ont vomis sur la terre et qui auraient dû être étouffés dans leur berceau, foutre. »

Les jeux sont faits.

Hébert, substitut du procureur de la Commune de Paris, désigne Brissot comme le chef de la « faction du tyran et vendu à la Cour », coupable « d'avoir voulu en allumant la guerre universelle anéantir la liberté en livrant la France aux despotes ».

« C'est par vos manœuvres lâches et méprisables, coquins, que les patriotes de Marseille, de Bordeaux, de Lyon, de Toulon ont été égorgés ! C'est vous qui avez allumé la guerre civile de la Vendée...

« La France entière vous accable ! Vous n'échapperez pas au supplice que vous avez mérité. »

Le verdict tombe le mercredi 30 octobre vers onze heures du soir.

L'un d'eux, Valazé, se poignarde au cœur devant le tribunal.

Les autres crient :

« Nous sommes innocents ! Peuple on vous trompe ! »

Vergniaud qui portait sur lui une fiole de poison a renoncé à l'utiliser pour mourir aux côtés de ses amis. Tous chantent :

Contre nous de la tyrannie
L'étendard sanglant est levé.

On les entraîne. On les enferme. C'est leur dernière nuit.

« Ils se réunirent tous dans une seule chambre pour souper. Ils se firent servir un très bon repas de tout ce qu'on put rassembler à cette heure-là dans le quartier du Palais, en rôtis, pâtisseries, vins délicats et liqueurs. Ils élurent un président qui leur proposa de mourir à l'instant même. “Je me sens assez de courage pour vous tuer tous, moi le dernier et nous éviterons ainsi l'échafaud et la mort publique."

« Cette proposition fut reçue diversement par la bande des condamnés qui se mirent à boire et à manger.

« Au milieu du repas on agita longtemps la question de l'existence de Dieu et l'immortalité de l'âme. Dix-sept sur vingt et un reconnurent l'une et l'autre et se refusèrent à mourir de la main du président. »

Grande foule le jeudi 31 octobre 1793, place de la Révolution, lorsque les Girondins arrivent vers une heure. Aux vingt et un députés on a adjoint douze autres condamnés.

Les Girondins crient : « Vive la République ! Plutôt la mort que l'esclavage ! »

Et la foule répond : « Vive la République ! À bas les traîtres ! »

Il fallut trente-huit minutes au bourreau Samson pour exécuter les trente-trois condamnés.

Hébert est une nouvelle fois au pied de l'échafaud.

Chacun a pu constater l'attitude courageuse des Girondins.

Hébert écrit dans *Le Père Duchesne* :

« Plusieurs ont fait contre mauvaise fortune bon cœur et quelques-uns se chatouillaient pour rire, mais foutre, ce n'était que du bout des lèvres... À chaque tête qui roulait dans le sac tous les chapeaux étaient levés en l'air et la place retentissait des cris de "Vive la République !".

« Ainsi finirent les brissotins, ainsi passeront tous les traîtres. »

8.

C'est un automne et un hiver cruels.

Il a suffi de quelques semaines pour que la loi des suspects remplisse les prisons.

Le nombre des détenus, à Paris, est multiplié par quatre entre septembre et décembre 1793. Et les têtes roulent dans le sac.

Guillotiné, Philippe Égalité, ci-devant duc d'Orléans. Il monte dignement à l'échafaud.

Guillotinée, Manon Roland. Elle ne tremble pas, elle murmure, avec une sorte de détachement : « Liberté, que de crimes on commet en ton nom. »

Son mari, le ministre Roland, se suicide en apprenant que sa femme a été « raccourcie ».

Buzot et Pétion, craignant d'être pris, mettent fin à leurs jours, par la corde ou le poison.

Barbaroux, caché dans la région de Bordeaux, se tire une balle de pistolet au moment où il va être arrêté. Suicide manqué, mâchoire fracassée. On le porte moribond jusqu'à l'échafaud. Et on lui tranche la tête.

Le lucide Barnave, emprisonné à Grenoble depuis le 15 août 1792, refuse durant des mois en échange de sa liberté d'admettre sa culpabilité. Danton le protège. Mais en novembre 1793, on le transfère à Paris. Il répète : « Leur demander justice ce serait reconnaître la justice de leurs actes antérieurs. Et ils ont fait périr le roi. Non, j'aime mieux souffrir et périr que de perdre une nuance de mon caractère moral et politique. »

Et sa tête apparaît dans la sinistre « fenêtre ».

Bailly, l'ancien maire de Paris, est guillotiné sur le Champ-de-Mars afin que son sang venge les patriotes abattus en ce lieu le 17 juillet 1791. Bailly avait ordonné d'ouvrir le feu sur ces pétitionnaires qui réclamaient la déchéance du roi, qu'on venait de ramener de Varennes.

Et d'un bout à l'autre de la France, dans les villes rebelles reconquises, on dresse la Sainte Guillotine.

Tallien et Ysabeau en mission à Bordeaux débaptisent le département de la Gironde devenu celui du Bec-d'Ambès et font actionner la machine du docteur Guillotin. Et le premier décapité est le maire de Bordeaux.

Fouché et Collot d'Herbois, à Lyon, constituent une commission militaire, qui condamne à mort mille six cent soixante-sept « aristocrates », « fédéralistes », « traîtres, suspects ».

Et Carrier, à Nantes, entasse dans les barcasses les condamnés, qu'il noiera dans la Loire.

Saint-Just l'a dit, de sa voix haletante, le 10 octobre : « Le gouvernement provisoire de la France est révolutionnaire jusqu'à la paix. »

Pas question donc d'appliquer la Constitution de l'an I. « Dans les circonstances où se trouve la République, explique Saint-Just, elle deviendrait la garantie des attentats contre la liberté parce qu'elle manquerait de la violence nécessaire pour les réprimer. »

Et il faut pourchasser, tuer.

Saint-Just, représentant en mission à Strasbourg, rejette la proposition du général autrichien Wurmser qui propose d'ouvrir des négociations.

« La République ne reçoit de ses ennemis et ne leur envoie que du plomb », dit Saint-Just.

En compagnie de Lebas, un conventionnel proche de Robespierre, Saint-Just réquisitionne, arrête, impose.

« Le pauvre peuple gémissait à Strasbourg sous le joug des riches, l'aristocratie et l'opulence avaient fait son malheur », écrit Lebas.

Saint-Just exige.

« Dix mille hommes sont nu-pieds dans l'armée, déclare-t-il à la municipalité. Il faut que vous déchaussiez tous les aristocrates de Strasbourg dans le jour et que demain, à dix heures du matin, les dix mille paires de souliers soient en marche pour le quartier général. »

Saint-Just est membre du Comité de salut public et c'est le Comité de salut public qui gouverne la nation. Et Maximilien Robespierre qui gouverne le Comité de salut public. Dès sept heures du matin il est à son poste, aux Tuileries, dans le pavillon de Flore devenu Palais-Égalité.

Il lit des dépêches, surtout celles des armées.

Vers dix heures, dans une petite salle tapissée de vert, autour d'une vaste table se tient une réunion du Comité sans président, sans procès-verbal.

« Il faut que le Comité ne délibère jamais en présence d'aucun étranger », a exigé Maximilien.

C'est par sa seule logique implacable, son autorité, qu'il obtient l'assentiment des autres membres du Comité.

À treize heures, Robespierre se rend à la Convention où l'on discute l'ordre du jour.

Vers vingt heures, la séance reprend au Comité de salut public et va durer jusqu'à une ou deux heures du matin.

Puis Maximilien prépare ses discours, note sur un carnet les décisions qu'il faut prendre.

Il traverse ces journées toujours poudré, guindé, maître de lui, pâle et amaigri.

Exalté aussi par l'ampleur de la tâche.

« Qui de nous ne sent pas s'agrandir toutes ses facultés, dit-il.

« Qui de nous ne croit pas s'élever au-dessus de l'humanité même en songeant que ce n'est pas pour un peuple que nous combattons mais pour l'univers, non pour les hommes qui vivent aujourd'hui mais pour tous ceux qui existeront. »

Il mène donc le combat du Bien contre le Mal.

« A-t-on réfléchi à notre position ? Onze armées à diriger, le poids de l'Europe entière à porter ; partout des traîtres à démasquer, des émissaires soudoyés par l'or des puissances étrangères, des administrations infidèles à surveiller, à poursuivre, tous les tyrans à combattre. »

Les adversaires, les ennemis, ne peuvent être que « des scélérats couverts de honte et de mépris ».

« Celui qui cherche à avilir, à diviser, à paralyser la Convention est un ennemi de la patrie... Qu'il agisse par sottise ou par perversité ; il est du parti des tyrans qui nous font la guerre. »

Et point de pitié pour lui.

« Il faut que les monstres soient démasqués, exterminés, ou que je périsse », clame Maximilien.

Il a le sentiment que les suspects grouillent et conspirent autour de lui, contre la nation et la République.

Il y a ces étrangers suspects qui vivent en France, accourus de toute l'Europe.

« Ce sont les étrangers si patriotes qui sont les artisans de tous nos maux... Tous ont été les agents du despotisme. Il n'en faut épargner aucun. »

Et souvent ces étrangers font profession d'athéisme, veulent « déchristianiser » la France. Et dans un entrelacs d'intrigues, les mêmes hommes – Cloots, Proli : des étrangers – sont athées, corrompus et corrupteurs, compromis dans les scandales financiers où l'on retrouve aussi des proches de Danton – Chabot, Basire.

On découvre que la Compagnie des Indes verse cinq cent mille livres aux députés pour échapper au fisc.

Et les dénonciations des uns par les autres, et vice-versa, arrivent à Robespierre, « l'Incorruptible », et Fabre d'Églantine lui-même, ami de Danton, évoque un « complot de l'étranger ».

Sur quelles nuques va s'abattre le couperet de la guillotine ? Quelles têtes vont se « mettre à la fenêtre » ?

Robespierre, poudré et impassible, lunettes relevées sur son front, observe, note, soupçonne tous ceux qui, Enragés, hébertistes, corrompus, affaiblissent à ses yeux l'unité de fer de la Convention, du Comité de salut public, s'écartent de la ligne tracée par ce Comité qu'un seul mot résume : « vaincre ».

Vaincre les ennemis de la Révolution, de la nation, de la République. Vaincre à tout prix.

Il y a ceux, comme Hébert dans *Le Père Duchesne*, qui ne cessent de tonner contre les « sangsues du peuple ».

Et il est vrai que, dans le froid humide de l'automne et de l'hiver 1793, le peuple est épuisé, morne, affamé.

Des queues interminables se forment aux portes des boutiques encore closes.

« Comment, tonnerre de Dieu, nous ne mettrons pas à la raison les riches, ces égoïstes infâmes, ces accapareurs, tous ces scélérats qui affament le peuple ! écrit Hébert. C'est un parti pris de nous faire périr de froid et de faim...

« Affameurs du peuple, craignez son désespoir !

« Il faut en finir foutre ! Ventre affamé n'a point d'oreilles ! » tempête Hébert.

« La misère est à son comble ! Nos subsistances sont entre les mains des contre-révolutionnaires. Dans tous les départements les sans-culottes languissent. Eh bien, foutre, que les sans-culottes se lèvent, qu'ils s'emparent de tous les propriétaires, des gros fermiers accapareurs, qu'ils les menacent de leur faire perdre à eux-mêmes le goût du pain, si la disette continue.

« Bientôt, foutre, le blé abondera dans les marchés et nous vivrons. »

Que veulent ces hébertistes, ces Enragés ?

Imposer leurs méthodes ? Leurs solutions ?

« Le bonnet rouge en tête, la pique en main, le poignard au côté, lit-on sur un placard apposé sur les murs de Paris, jurez sur l'autel de la patrie de ne vous reposer que lorsqu'elle aura triomphé de tous ses ennemis.

« Prouvez par les faits que ce n'est plus la terreur qui est à l'ordre du jour, mais le glaive vengeur des lois, et la guillotine consacrée par la justice céleste. »

Mais ce sont les mêmes qui, comme Fouché à Nevers, font inscrire sur la porte du cimetière : « La mort est un sommeil éternel. »

Ce sont les mêmes qui, athées, rejettent l'idée de l'Être suprême, en présence duquel a été proclamée la Déclaration des droits de l'homme.

Robespierre s'insurge.

« Tout meurt, dit-il, les héros de l'humanité et les fripons qui l'oppriment, mais à des conditions différentes. »

Il n'approuve pas cette déchristianisation, qui balaie la nation.

On a déposé le corps de Descartes au Panthéon. Soit ! C'est le règne de la raison.

Mais le conventionnel Gilbert Romme a fait adopter un calendrier révolutionnaire.

L'année, qui commence le 22 septembre – jour anniversaire de la proclamation de la République –, est divisée en douze mois de trente jours, plus cinq ou six jours complémentaires, et chaque mois se compose de trois décades de dix jours.

Et les noms des mois, proposés par Fabre d'Églantine, évoqueront les saisons : vendémiaire, brumaire, frimaire pour l'automne. Pour l'hiver nivôse, pluviôse, ventôse. Pour le printemps germinal, floréal, prairial. Pour l'été messidor, thermidor, fructidor.

Robespierre écrit sur son carnet : « ajournement indéfini du décret sur le calendrier ».

Il craint que ces déchristianisateurs ne soient des « fripons stipendiés ».

Leurs mesures extrêmes – le conventionnel Rühl brise la Sainte Ampoule dans la cathédrale de Reims ; les presbytères sont donnés aux écoles et aux pauvres ; on change le nom des villes : Saint-Malo devient Port-Malo ; on ferme les églises, on ne salarie plus les prêtres constitutionnels – peuvent choquer le peuple.

Marie-Joseph Chénier, auteur dramatique, député à la Convention, à qui l'on doit *Le Chant du départ*, aussi souvent entonné que *La Marseillaise*, propose de substituer au catholicisme la religion de la patrie.

Et la Convention approuve, décide que le buste de Marat sera placé dans la salle des séances, comme celui du plus glorieux des « martyrs de la liberté ».

Le 10 novembre 1793, est célébrée la fête de la Liberté et de la Raison à Notre-Dame. Une femme vêtue de tricolore, assise sur l'autel, symbolise la liberté, et Notre-Dame se nommera désormais le *Temple de la Raison.*

Robespierre s'inquiète :

« Le fanatisme est un animal féroce et capricieux, dit Maximilien. Il fuyait devant la raison. Poursuivez-le avec de grands cris, il retournera sur ses pas. »

Et Maximilien affirme son déisme :

« L'athéisme est aristocratique, lance-t-il. L'idée d'un grand Être qui veille sur l'innocence et qui punit le crime triomphant est toute populaire. »

Et d'ailleurs « nous n'avons plus d'autre fanatisme à craindre que celui des hommes immoraux, soudoyés par les cours étrangères ».

Mais le mouvement de déchristianisation s'amplifie en dépit de Robespierre.

Chaumette et Cloots, le riche étranger, patriote, député à la Convention, mais suspect d'être l'un des corrupteurs, animateur de ce « complot de l'étranger », s'en vont trouver l'évêque constitutionnel de Paris, Gobel, afin qu'il abjure devant la Convention « tout ce qu'il a professé hautement durant quarante années ».

« Le bonhomme a mis bas sa crosse, sa mitre, sa chape… Il a été couvert d'applaudissements par cette assemblée qui l'a affublé du bonnet rouge. Aussitôt tous les députés prêtres ont couru à l'envi à la tribune, faire la même abjuration. »

L'abbé Grégoire seul a résisté, refusant et d'abjurer et de se coiffer du bonnet rouge.

« Le peuple de Paris s'est jeté sur les églises, les a spoliées, dégradées en peu de jours. »

« J'ai vu passer dans la rue Dauphine les dépouilles de l'abbaye de Saint-Germain, écrit Ruault, le libraire voltairien, tout à coup scandalisé et effrayé par ce qu'il voit.

« Cérémonie burlesque : cent gredins marchaient en procession de carnaval, couverts de chapes, de chasubles, de dalmatiques, d'étoles. Au milieu de la rue marchaient deux douzaines d'ânes couverts de chapes mortuaires, portant dans des paniers les chasses, les croix, les calices, les ciboires d'or et d'argent et tout cela accompagné de gestes ridicules, de jurons, de maudissons, de propos de halles.

« Nous avons vu ce que jamais on n'avait vu sur terre : la religion détruite par la populace et par ses prêtres mêmes.

« Cette maladie s'est étendue à dix heures à la ronde de Paris. Les communes, des bourgs, des villages et des villes, se sont empressées d'apporter à la Convention les dépouilles de leurs églises, on les a toutes déposées dans l'Hôtel du Domaine national, rue Vivienne et des Petits-Champs ; il en est encombré.

« On ne doute pas que cette rage de destruction ne fasse le tour de France et qu'il n'y reste une seule église sur pied si elle dure quelque temps encore.

« Robespierre lui-même en a été effrayé. Il a fait un rapport contre cette manie qui ferait de la France un peuple de fous, d'athées, un peuple ingouvernable... »

« Quelle singulière nation, conclut Ruault. Elle donne dans toutes les extrémités ! Elle adorait ses rois, elle a tué le dernier. Elle se courbait avec plaisir sous le joug du catholicisme, elle vient de le renverser de fond en comble. Elle ne connaît point de mesure mitoyenne... Quelle sera la fin de tout ceci ? Elle ne peut être que très misérable.

« Adieu mon cher ami, je me bande les yeux pour ne pas en voir davantage... »

Et l'inquiétude et le désarroi de l'éditeur de Voltaire Ruault rencontrent ceux de Jacques Roux, ci-devant abbé, figure de proue des Enragés, qui a souvent goûté de la prison, et plus souvent encore dénoncé les fripons, les agioteurs, les aristocrates, les riches, ces Girondins et ces Montagnards qui n'osent regarder la misère en face.

Et Roux, depuis sa prison, s'élève contre les abus de cette « loi terrible » qui fait de chaque citoyen un « suspect ».

« Je suis tenté de demander si nous habitons des contrées barbares ou si nous vivons dans ces siècles avilis où l'on déclarait criminel de lèse-nation un homme qui avait raconté *un songe*, un autre pour avoir vendu *un verre d'eau chaude* ; celui-ci pour *s'être déshabillé* devant une statue, celui-là pour être allé à la garde-robe avec *une bague* sur laquelle était empreinte la tête d'un Empereur. »

Il va plus loin encore :

« C'est ressusciter le fanatisme que d'imputer à un homme les crimes de sa naissance. C'est le comble de la cruauté de faire incarcérer comme suspects de la République ceux qui ont eu le malheur de déplaire à un commissaire de section, à un espion de police, à un garçon de bureau, à un secrétaire de la trésorerie, à un huissier de la Convention nationale, à un guichetier, au président d'une société populaire, et à la catin d'un homme en place.

« Il y a plus d'innocents incarcérés que de coupables... Si l'on ne met fin à ces emprisonnements qui souillent l'histoire de la Révolution et dont on ne trouve pas d'exemples dans les annales des peuples les moins civilisés, la guerre civile ne tardera point à s'enflammer. »

Danton lit le texte de Jacques Roux. Le tribun vit toujours retiré dans sa propriété d'Arcis-sur-Aube, se livrant aux plaisirs et aux jouissances de la campagne et de l'amour, achetant des terres, arrondissant son bien. Mais il craint pour lui et pour la nation la guerre civile.

Ses proches – Chabot, Basire – sont décrétés d'arrestation, dans l'affaire de corruption de la Compagnie des Indes. Et, tortueusement, le Comité de salut public confie l'instruction de l'affaire à... Fabre d'Églantine, qui a dénoncé le *complot de l'étranger*, mais qui est aussi un ami de Danton.

Un courrier venu de Paris avertit Danton de cette manœuvre machiavélique. Il incite le tribun à rentrer, à affronter Robespierre qui est dans l'ombre de cette machination.

« En veut-il à ma vie ? Il n'oserait pas, dit Danton.

« Vous êtes trop confiant, revenez à Paris, le temps presse.

« Va dire à Robespierre que je serai assez tôt à Paris, pour l'écraser lui et les siens. »

Le 19 novembre, Danton est à Paris, après cinq semaines de séjour à la campagne alors que chaque heure a compté dans la marche et l'orientation de la Révolution.

Il rencontre Hébert.

Il flaire la situation, s'élève contre les « mascarades » antireligieuses, manière de faire un pas vers Robespierre, alors même que la Convention décrète qu'à compter du 24 novembre, les noms des mois seront ceux du calendrier républicain.

Et que l'on décide que les cendres du héros corrompu, Mirabeau, seront chassées du Panthéon.

Au club des Jacobins, on procède à une nouvelle épuration. Laverdy, un ancien contrôleur général des Finances, est guillotiné. Comme le journaliste girondin Girey-Dupré.

Danton confie à Garat, avocat, qui en 1792 a remplacé Danton au ministère de la Justice, puis Roland en 1793 au ministère de l'Intérieur, qui a été arrêté comme Girondin mais rapidement libéré, qu'il veut lancer une grande campagne pour l'*Indulgence*.

Danton partage le sentiment de Jacques Roux sur la loi des suspects :

« Je sais que dans les circonstances actuelles on est forcé de recourir à des mesures violentes, mais on ne saurait trop se mettre contre la malveillance… Rien n'est plus dangereux que de laisser à l'arbitraire d'un coquin parvenu, d'un commissaire vindicatif, l'application d'une loi aussi terrible. »

Danton hausse la voix, il veut imposer l'indulgence.

« Je demande l'économie du sang des hommes », dit-il.

TROISIÈME PARTIE

1er décembre 1793 - 30 mars 1794
11 frimaire - 10 germinal an II
« Dirige-t-on une tempête ? »

« Pourquoi la clémence serait-elle devenue
un crime dans la République ? »

Camille DESMOULINS
30 frimaire an II (20 décembre 1793)

« On veut modérer le mouvement révolutionnaire.
Eh, dirige-t-on une tempête ? Eh bien !
La Révolution en est une. On ne peut,
on ne doit point en arrêter les élans. »

COLLOT d'HERBOIS
membre du Comité de salut public
3 nivôse an II (23 décembre 1793)

« Le gouvernement révolutionnaire doit voguer entre deux
écueils, la faiblesse et la témérité, le modérantisme et l'excès ;
le modérantisme qui est à la modération
ce que l'impuissance est à la chasteté et l'excès
qui ressemble à l'énergie comme l'hydropisie à la santé. »

Maximilien ROBESPIERRE
5 nivôse an II (25 décembre 1793)

9.

« Le sang des hommes », en ces premiers jours de décembre 1793, malgré le vœu de Danton, il ruisselle sur le sol de la France.

En Vendée, les paysans de la grande armée catholique et royale échouent devant Angers, mais continuent de se battre, en entonnant sur l'air de *La Marseillaise* :

Allons les armées catholiques
Le jour de gloire est arrivé
Contre nous de la République
L'étendard sanglant est levé.

Le paysan vendéen ne craint pas de mourir. Il répond au soldat bleu qui crie « Rends-moi tes armes » : « Rends-moi mon Dieu. »

Il récite avec ses prêtres :

Cette mort dont on nous menace
Sera le terme de nos maux
Quand nous verrons Dieu face à face
Sa main bénira nos travaux.

Un représentant en mission constate :

« C'est de leur part un vrai fanatisme, tel qu'au IVe siècle. On en exécute tous les jours et tous les jours ils meurent en chantant des cantiques et en faisant leur profession de foi. L'instrument de supplice n'a que l'effet de jeter une sorte d'odieux sur le pouvoir qui l'emploie. »

Pourchassés par les Bleus recrus de fatigue, les Vendéens se réfugient dans la ville du Mans. Ils sont quarante mille, bientôt surpris ce 12 décembre par les armées républicaines commandées par Westermann, Marceau, Kléber. Ils résistent durant quatorze heures sous une pluie glaciale. On s'égorge. On s'éventre. On se fusille à bout portant dans les ruelles ensanglantées.

« On ne voit partout que des cadavres, des fusils, des caissons renversés ou démontés, écrit un officier bleu. Parmi les cadavres, beaucoup de femmes nues que les soldats ont dépouillées et qu'ils ont tuées après les avoir violées. »

Les survivants se dirigent vers Laval, harcelés, massacrés au cours de cet « hallali courant ».

Ce qui survit encore, après une dizaine de jours de fuite et de combats, est massacré à Savenay, près de Saint-Nazaire, fait prisonnier et fusillé. Les chefs, Stofflet, Charette, La Rochejaquelein sont passés sur la rive gauche de la Loire.

Et les commissions militaires « bleues » parcourent le pays.

On fusille en huit « chaînes » mille huit cent quatre-vingt-seize prisonniers, près d'Angers. Des centaines d'autres sont exécutés. Ainsi dans la prairie Saint-Gemmes, aux Pont-de-Cé.

La répression est d'autant plus cruelle qu'une guerre d'embuscades va se poursuivre. Et que les « Vendéens » sont eux aussi impitoyables.

Le Bleu Joseph Bara, âgé de quatorze ans, est égorgé après avoir été fait prisonnier et avoir refusé de crier « Vive le roi ! ».

Il devient un martyr de la liberté même si les circonstances de sa mort sont transfigurées par la légende.

Mais à Nantes, sous l'autorité du représentant en mission Carrier, un comité révolutionnaire d'une cinquantaine d'hommes, la compagnie Marat, terrorise la ville.

Les « noyades » se multiplient. On coule les pontons sur lesquels on entasse prêtres réfractaires, prisonniers qu'on appelle « brigands ». Et on dénombre au moins cinq mille victimes.

Et la rumeur se répand de supplices atroces, de femmes fondues vives pour en tirer une graisse médicinale, de peau des victimes tannée comme du cuir, de mariages républicains, consistant à noyer un couple, attachés nus l'un à l'autre et jetés dans la Loire.

On extermine dans cette guerre impitoyable.

Et le général Marceau lui-même qui a sauvé une jeune femme, Angélique des Melliers, et lui a fourni une attestation censée la protéger, ne peut empêcher qu'elle soit guillotinée.

Et la guerre n'est pas terminée.

Carrier rappelé à Paris, la Terreur est appliquée par le général Turreau de Linières, qui remplace Marceau. Il crée douze « colonnes infernales » qui font de cette Vendée « un monceau de cendres arrosé de sang ».

Aux Lucs-sur-Boulogne, les Bleus du général Cordellier massacrent au moins cinq cents personnes dont plus de cent enfants.

Peut-être cent vingt mille morts sont-ils tombés dans cette guerre atroce, dont à Paris on ne soupçonne pas la cruauté. D'ailleurs on veut vaincre à tout prix même en décimant le peuple.

Danton et Camille Desmoulins, sans connaître les détails de cet « égorgement » d'une population, d'une province, ont l'intuition qu'il faut en finir avec la Terreur.

À la tribune de la Convention, Danton déclare :

« Il est un terme à tout. Je demande qu'on pose la barrière... Le peuple veut et il a raison que la Terreur soit à l'ordre du jour mais il ne veut pas que celui qui n'a pas reçu de la nature une grande force d'énergie, non, le peuple ne veut pas qu'il tremble... Nous n'avons pas voulu anéantir le règne de la superstition pour établir le règne de l'athéisme. »

Mais Danton mesure aussitôt la réprobation, la haine que ces propos, cette « indulgence » qu'il suggère prudemment encore, suscitent.

Au club des Jacobins, le 13 frimaire (3 décembre), ceux qui vénèrent Marat, invoquent les vertus et les actions de l'Ami du peuple, les partisans d'Hébert, et ceux, plus dissimulés, des

Enragés, l'attaquent avec violence. Ils se sentent stigmatisés par Danton, qui vient d'ajouter :

« Tout homme qui se fait ultra-révolutionnaire donnera des résultats aussi dangereux que pourrait le faire le contre-révolutionnaire décidé. »

Et entre les deux groupes il y a les « bons révolutionnaires », dont Danton se réclame.

Danton imagine ainsi satisfaire Robespierre, sans se rendre compte que pour l'Incorruptible, il y a, outre les ultra-révolutionnaires, et les contre-révolutionnaires, les « citra-révolutionnaires » ou *Modérés* et *Indulgents*, dans lesquels Maximilien classe Danton et Desmoulins, alors que lui-même et les membres des Comités sont les « purs » révolutionnaires. Et bientôt ces « purs » devront « épurer » tous les autres, les Indulgents confondus avec les ultras !

Mais pour l'heure, Danton répond avec vigueur à ceux des hébertistes qui l'attaquent, écrasant de sa forte voix les murmures et les huées :

« Ai-je donc perdu ces traits qui caractérisent la figure d'un homme libre ? crie-t-il. Ne suis-je plus ce même homme qui s'est trouvé à vos côtés dans les moments de crise ? »

On tente de l'interrompre.

On l'accuse de corruption, d'amitié avec ces conventionnels compromis dans les « affaires », où ils côtoient des « aristocrates » suspects, comme le baron de Batz.

Celui-ci, le jour de l'exécution de Louis XVI, a tenté de soulever la foule tout au long du trajet du condamné vers la place de la Révolution.

Il y a aussi dans l'entourage de Danton ces étrangers de plus en plus suspects, Anacharsis Cloots ou le Belge Proly.

Et que dire de Fabre d'Églantine, si proche de Danton, et qui serait un « tripoteur » mêlé lui aussi à ces trafics ? À ce que Fabre, imprudemment, a appelé une « conspiration de l'étranger ».

On a l'impression que Danton est englué dans ce marécage et que lorsqu'il réclame l'indulgence, qu'il demande qu'on

« économise le sang », qu'on « pose la barrière », c'est pour lui et ses amis qu'il souhaite la clémence.

Alors il élève encore la voix :

« Vous serez étonné quand je vous ferai connaître ma vie privée. »

Il n'a pas de fortune colossale, clame-t-il.

« Je défie les malveillants de fournir contre moi la preuve d'aucun crime ! Tous leurs efforts ne pourront m'ébranler ! Je veux rester debout avec le peuple ! Vous me jugerez en sa présence !

« Je ne déchirerai pas plus la page de mon histoire que vous ne déchirerez les pages de la vôtre, qui doivent immortaliser les fastes de la liberté ! »

Il s'époumone mais il sent qu'il ne convainc pas. Les hébertistes continuent de le huer et de ricaner.

Les citoyens entassés dans les tribunes ne l'applaudissent pas. Danton s'irrite, parle si vite que les secrétaires qui prennent en note son discours ne peuvent le suivre.

Et tout à coup, Robespierre se lève.

Maximilien, la chevelure poudrée soigneusement peignée, tirée en arrière, porte une veste brune à revers blancs rayés de rouge, le cou serré par le nœud bouffant d'une cravate de dentelle blanche.

Maximilien Robespierre commence à parler d'une voix détachée, où pointent l'ironie, la condescendance, et même le fiel :

« Je me trompe peut-être sur Danton, mais vu dans sa famille, il ne mérite que des éloges... »

Puis il dresse la liste des erreurs de Danton à propos de Dumouriez, de Brissot, des « affaires ».

L'acte d'accusation est ainsi tapi derrière l'apparente solidarité.

Car tout cela, ajoute Maximilien, ne fait pas de Danton un traître. Il a servi avec zèle la patrie.

Puis l'Incorruptible se tourne vers Danton :

« Danton, ne sais-tu pas que plus un homme a de courage et de patriotisme, plus les ennemis de la chose publique s'attachent à sa perte ? Danton veut qu'on le juge ? Il a raison ! Qu'on me juge aussi. Qu'ils se présentent, ces hommes qui sont plus patriotes que nous ! Que ceux qui ont quelque reproche à lui faire demandent la parole ! »

Personne ne bouge.

« Je demande à ces bons patriotes de ne plus souffrir qu'on dénigre Danton », conclut Robespierre.

Et le sang des hommes continue à couler.

Dans les rues et sur les places de *Commune-Affranchie* – la ci-devant Lyon –, de *Bec-d'Ambès*, la ci-devant Bordeaux.

Et l'« indulgence » prônée par Danton ne rencontre aucun écho chez Saint-Just, Couthon, Collot d'Herbois, et autres membres du Comité de salut public, ou du Comité de sûreté générale chargé de la police générale de l'intérieur.

Le gouvernement révolutionnaire, dit Saint-Just, « n'est autre chose que la justice favorable au peuple et terrible à ses ennemis !

« Celui qui s'est montré l'ennemi de son pays ne peut y être propriétaire. Celui-là seul a des droits dans notre patrie qui a coopéré à l'affranchir. »

Selon Couthon, « l'indulgence serait atroce et la clémence parricide ». Il faut une « police sévère, ajoute Saint-Just. Ce qui constitue la République c'est la destruction totale de ce qui lui est opposé. »

Et Robespierre se place uniquement du point de vue de l'utilité lorsqu'il dit :

« La punition de cent coupables obscurs et subalternes est moins utile à la liberté que le supplice d'un chef de conspiration. »

On pousse vers le couperet la comtesse du Barry, la dernière maîtresse de Louis XV.

Elle a servi d'agent de liaison, de 1791 au printemps 1793, entre les royalistes et les Anglais.

Elle vit depuis retirée dans son château de Louveciennes. On l'arrête, mais devant la protestation de tous les habitants du bourg, on la relâche.

Appréhendée de nouveau début décembre, elle est exécutée le 8 décembre 1793.

Chaque citoyen sait qu'il peut devenir suspect, et qu'il est placé sous la surveillance des agents du Comité de sûreté dont les membres, tels Amar – un avocat devenu député à la Convention et montagnard – ou Vadier – lui aussi conventionnel et montagnard –, sont déterminés, impitoyables, prêts à faire arrêter un conventionnel accusé par une simple lettre anonyme.

Ils sont à l'affût. Ils interceptent les correspondances.

Le libraire Ruault ne communique plus avec son frère qu'en confiant ses lettres à des voyageurs.

« Je ne vous écrirai plus désormais que par des occasions aussi sûres que celles-ci, explique-t-il. Je renonce à la poste. J'apprends qu'il est dangereux d'y confier certaines lettres, qu'il y a des décacheteurs aux ordres du Comité de sûreté générale : ou bien il faudrait conformer son langage à la fureur dominante et se donner le mot d'entente, prendre le blâme pour la louange et la louange pour le blâme… »

Ce climat de soupçon et de terreur conduit certains aux comportements les plus lâches, aux trahisons.

Osselin, un député montagnard proche de Danton, est devenu l'amant d'une émigrée rentrée en France, la jeune marquise de Charry. Elle est arrêtée mais il réussit à la faire libérer, à la cacher d'abord chez Danton puis chez son frère, curé défroqué et marié.

Mais quand la Terreur est mise à l'ordre du jour, que la loi des suspects étend sa toile sur toute la nation, Osselin prend peur, dénonce sa maîtresse cependant que son frère la livre et le dénonce.

Osselin, le 5 décembre 1793, est condamné à la déportation.

Sa maîtresse afin d'éviter l'échafaud prétend qu'elle est enceinte. Après quelques semaines, son mensonge est découvert.

Elle est guillotinée le 31 mars 1794.

On vit ainsi dans la tension, l'exaltation, l'angoisse, la peur, l'esprit de sacrifice aussi.

Des femmes disent devant le couperet : « Je veux mourir romaine » ou « Je suis chrétienne ».

Persuadés d'agir pour le salut de la nation, les soldats de l'« armée révolutionnaire » tuent sans remords. Un détachement commandé par le général Ronsin se rend à Lyon où Collot d'Herbois et Fouché sévissent.

On mitraille. On fusille place des Brotteaux. On détruit le château de Pierre-Scisse et les maisons des riches.

« Je n'ai point de pitié pour les conspirateurs, dit Collot d'Herbois le 21 décembre aux Jacobins. Nous en avons fait foudroyer deux cents d'un coup et on nous en fait un crime. Ne sait-on pas que c'est encore une marque de sensibilité ? Lorsqu'on guillotine vingt coupables le dernier exécuté meurt vingt fois, tandis que les deux cents conspirateurs périssent ensemble. »

Dans Commune-Affranchie, ci-devant Lyon, on dénombre mille six cent soixante-sept exécutions, trois cent quatre-vingt-douze à Arras, cent quarante-neuf à Cambrai, d'ordre de Joseph Le Bon, député à la Convention, ancien curé, marié. Et âgé de vingt-huit ans.

Dans les départements voisins de l'Oise et de l'Aisne, le conventionnel en mission André Dumont emprisonne par centaines les suspects, mais se contente d'organiser des fêtes révolutionnaires, obligeant les dames, les bourgeoises, les couturières, à danser, à former la « chaîne de l'égalité ».

Mais ces mascarades ne sont pas mortelles, même si la mort hante chaque citoyen. Chacun sait qu'elle peut à tout moment frapper.

Et quand le couperet du soupçon a commencé à tomber, rien ne peut l'arrêter.

Aucune fonction, aucune action passée, fût-elle héroïque, fût-elle à l'origine de cette Révolution au nom de laquelle on tue, ne peut protéger.

Quand le roi, ci-devant de droit divin, quand la reine, quand Barnave qui en 1788 se dressait pour la liberté, quand Barbaroux, qui s'élançait avec les fédérés marseillais à l'assaut des Tuileries le 10 août 1792, quand Brissot, ont placé leur « tête à la fenêtre » et qu'elle a roulé dans le sac, qui peut prétendre qu'il est sûr de ne pas basculer sur la planche, comme eux ?

Robespierre lui-même s'écrie :

« À moi aussi on a voulu inspirer des terreurs, mais que m'importent les dangers ? Ma vie est à la patrie, mon cœur est exempt de crainte et si je mourais ce serait sans reproche et sans ignominie. »

Cette politique terroriste, ce gouvernement qui se veut révolutionnaire jusqu'à la paix, semblent porter leurs fruits.

La grande armée catholique et royale n'est plus en Vendée qu'un souvenir ensanglanté qui a laissé la place aux actions efficaces mais dispersées des chouans.

Elles ne mettent plus la République en péril.

Et le but du gouvernement révolutionnaire est précisément de fonder la République en sachant, comme dit Couthon, qu'une « révolution comme la nôtre n'est qu'une succession rapide de conspirations, parce qu'elle est la guerre de la tyrannie contre la liberté ».

Et pas un seul citoyen ne doit dans cette guerre échapper à la surveillance, à la discipline.

Les représentants en mission vont avec des pouvoirs décuplés dans les départements et aux armées.

« Généraux, martèlent-ils, le temps de la désobéissance est passé. »

Et les officiers, quel que soit leur grade, leur sont soumis. Les représentants décident des promotions.

Ils font confiance aux jeunes officiers.

Hoche libère l'Alsace, entre à Wissembourg, cependant que Desaix chasse les Autrichiens de Lauterbourg. Et les troupes de Hoche se lancent à l'assaut au cri de « Landau ou la mort ».

À l'armée d'Italie qui assiège Toulon toujours aux mains des royalistes, des Anglais et des Espagnols, les représentants en mission Saliceti, Gasparin, Barras, Fréron et le propre frère de Robespierre, Augustin, ont imposé le remplacement du général Carteaux, fier seulement d'avoir le 10 août 1792 entraîné ses camarades gendarmes à rejoindre le peuple dans l'assaut des Tuileries.

Aujourd'hui, cela ne suffit plus.

Ils nomment le général Dugommier puis, à la tête de l'artillerie, ce jeune capitaine Napoléon Bonaparte qui est d'esprit jacobin, mais qui surtout se dit capable de conquérir le fort de l'Éguillette qui commande les deux rades de Toulon.

Ils observent ce Corse maigre au teint bistre, ardent, qui répète que c'est « l'artillerie qui prend les places et que l'infanterie y prête son aide ». Et qui fait élever des batteries qu'il nomme *Convention*, *Sans-culotte.* Et les forts tenus par les Anglais tombent.

Bonaparte prend part avec les fantassins aux assauts, en criant « Victoire à la baïonnette ! ». Puis, la ville tombée, il laisse les représentants Barras et Fréron organiser le pillage, les destructions, les exécutions par centaines. Cependant que les forçats qui ont brisé leurs chaînes se répandent dans la ville, la ci-devant Toulon, devenue Port-la-Montagne.

Le 22 décembre 1793, le représentant en mission Saliceti annonce à Napoléon Bonaparte qu'il est élevé au grade de général de brigade, « à cause du zèle et de l'intelligence dont il a donné les preuves en contribuant à la reddition de la ville rebelle ».

N'est-ce pas le moment, puisque la République a réussi à repousser les ennemis, à les vaincre, qu'elle a reconquis les villes rebelles, les ci-devant Bordeaux, Lyon, Marseille, Toulon, devenues Bec-d'Ambès, Commune-Affranchie, Ville-sans-Nom, Port-la-Montagne, et toutes livrées aux « épurateurs », de pratiquer la politique de l'indulgence, de la clémence ?

C'est ce qu'écrit Camille Desmoulins dans le nouveau journal qu'il lance et qu'il intitule *Le Vieux Cordelier.*

N'est-il pas, lui, l'un des plus anciens patriotes ? N'a-t-il pas tant de fois pris la parole, agrippé aux grilles des jardins du Palais-Royal, appelé à l'insurrection dès 1789 ?

N'est-il pas temps, répète-t-il au cours de ce mois de décembre 1793, de mettre en œuvre la Liberté, au lieu d'en renvoyer l'usage à plus tard, et de continuer à suspecter, à réprimer, à tuer ?

Il ose écrire :

« Ouvrez les prisons à ces deux cent mille citoyens que vous appelez suspects, car dans la Déclaration des droits il n'y a point de maisons de suspicion, il n'y a que des maisons d'arrêt. Le soupçon n'a point de prison mais l'accusateur public... Vous voulez exterminer tous vos ennemis par la guillotine ! Mais y eut-il jamais plus grande folie ? »

Il faut du courage, de la témérité même, pour affronter la meute des hébertistes, enragés car la Convention a décrété d'arrestation deux d'entre eux, le général Ronsin et Vincent, du ministère de la Guerre. Et depuis, les « ultra-révolutionnaires » réclament leur libération, s'en prennent à ce Desmoulins qui n'est que la plume de Danton.

« Ce n'est qu'un bourriquet à longues oreilles, il paraît, foutu ! qu'il veut gagner son avoine... C'est un misérable intrigateur, un fripon, un faux patriote... Il y a gros que Milord Pitt est encore derrière la toile. Patience, avec le temps tous les brouillards de la Tamise se dissiperont et nous verrons à nu tous les personnages, foutre ! »

Mais Desmoulins s'obstine.

« Que les imbéciles et les fripons m'appellent modéré s'ils le veulent. Je ne rougis point de n'être pas plus enragé que Brutus qui conseillait à Cicéron d'en finir avec les guerres civiles... »

Desmoulins propose de créer un *Comité de clémence.*

Il en appelle à Robespierre, dont le choix, entre ultra-révolutionnaires et Indulgents, va être décisif.

Desmoulins supplie, espère. Des hébertistes n'ont-ils pas été arrêtés ?

« Ô mon cher Robespierre, ô mon vieux camarade de collège, écrit-il dans *Le Vieux Cordelier*, souviens-toi de ces leçons de l'histoire et de la philosophie : que l'amour est plus fort, plus durable que la crainte...

« Et pourquoi la clémence serait-elle devenue un crime dans la République ? »

Maximilien Robespierre observe, juge avec la condescendance d'un maître impartial, qu'on sent prêt à tout instant à réviser son jugement.

« Il faut considérer avec Camille Desmoulins ses vertus et ses faiblesses. Quelquefois faible et confiant, souvent courageux et toujours républicain… J'engage Camille Desmoulins à poursuivre sa carrière mais à n'être plus aussi versatile… »

Et Robespierre lit les rapports des observateurs de police du Comité de sûreté générale qui indiquent que, parmi les sans-culottes parisiens « l'on n'est pas du tout content de Robespierre, sur la faveur qu'il accorde à Camille Desmoulins. On demande où est son impartialité dont il a toujours fait profession… »

Maximilien est inquiet. Il ne veut pas que le pouvoir qu'il exerce au sein du Comité de salut public, que la magistrature morale qui est la sienne, sa « vertu », soient mis en cause.

Et il doit tenir compte de l'influence de ces « ultras ».

Le 21 décembre, 1er nivôse, Collot d'Herbois rentre de Lyon où avec Fouché il a organisé la Terreur.

Collot offre à la Commune de Paris la tête de Chalier, le maire jacobin décapité par les Girondins et les royalistes au temps où la ville était la ci-devant Lyon, et non encore Commune-Affranchie. On porte comme une relique la tête de Chalier jusqu'à la Convention.

Comme Marat, comme Joseph Bara, comme Viala, comme Le Peletier de Saint-Fargeau, Chalier est un martyr de la Liberté.

Imagine-t-on, interroge Collot d'Herbois, le désespoir des patriotes lyonnais, de purs sans-culottes, quand on leur annonce la création d'un Comité de clémence, puis l'arrestation du général Ronsin, de Vincent ?

L'un de ces patriotes a choisi de mettre fin à ses jours !

« On veut modérer le mouvement révolutionnaire, s'écrie Collot d'Herbois. Eh, dirige-t-on une tempête ? Eh bien ! La Révolution en est une. On ne peut, on ne doit point en arrêter les élans. »

Robespierre doit réagir. Il monte à la tribune des Jacobins le 25 décembre 1793 (5 nivôse an II).

« Le gouvernement révolutionnaire, dit-il, doit voguer entre deux écueils, la faiblesse et la témérité, le modérantisme et l'excès ; le modérantisme qui est à la modération ce que l'impuissance est à la chasteté et l'excès qui ressemble à l'énergie comme l'hydropisie à la santé. »

Et il frappe, sur l'un et l'autre « écueils » : « les bonnets rouges sont plus voisins des talons rouges qu'on ne pourrait le penser ».

Il dénonce ces « barons démocrates frères des marquis de Coblence ».

« Le fanatique couvert de scapulaires et le fanatique qui prêche l'athéisme ont beaucoup de rapports. »

Voilà pour les ultra-révolutionnaires.

Et voici pour les Indulgents, ces « citra-révolutionnaires ».

« S'il fallait choisir entre un excès de ferveur patriotique ou le marasme du modérantisme, il n'y aurait pas à balancer… Gardons-nous de tuer le patriotisme en voulant le guérir. »

Et la menace vient :

« Le gouvernement révolutionnaire doit aux bons citoyens la protection nationale ; il ne doit aux ennemis du peuple que la mort. »

Les ultras, ou les Indulgents ?

10.

Mais qu'est-ce qu'un « ennemi du peuple » dans ce Paris de l'hiver 1794, ces mois de nivôse, pluviôse de l'an II de la République, quand les citoyens les plus pauvres – la majeure partie de la population – sont tenaillés par la faim ?

Le pain est cher, rare. Mais ce sont toutes les « subsistances » qui manquent. Et les lois sur le maximum des prix des denrées sont inefficaces.

Les violences se multiplient. Flambées de colère sur fond de désespoir.

On pille les boulangeries. Des femmes crient. On proteste contre l'inégalité, car les boutiques de luxe sont bien fournies.

Un informateur de police au service du Comité de sûreté générale écrit :

« Partout on ne fait que parler de la misère qui nous menace ; la guillotine n'est point à craindre à présent : pour mourir de faim autant vaut la guillotine ! »

Les assemblées populaires sont tumultueuses.

Les « ultra-révolutionnaires » dominent le club des Cordeliers.

On y acclame Momoro, un « vrai » patriote. Libraire-éditeur, il s'est engagé l'un des premiers dans la lutte contre le « despotisme ». Il est devenu « le premier imprimeur de la liberté ». Et il réalise, à bon prix, les travaux d'impression de la Commune de Paris.

Il a été de toutes les journées révolutionnaires et c'est lui qui, dès 1791, a inventé la devise de la République : « Liberté, Égalité, Fraternité ».

Il a obtenu de Pache, le maire de Paris, qu'elle soit inscrite sur les façades de tous les édifices publics.

On l'écoute lorsqu'il invoque l'égalité, et clame qu'il faut appliquer la « main chaude » sur la nuque de tous les riches.

Il a à ses côtés Hébert et ces Cordeliers qui ont pris la succession des Enragés.

Le Comité de sûreté générale a sévi contre ces derniers.

Jacques Roux, leur meneur, est emprisonné et, désespéré, a déjà tenté de se suicider.

« Je méprise la vie, a-t-il dit. Un sort heureux est réservé aux amis de la liberté dans la vie future. »

Et l'informateur de police signale qu'on entend parfois rappeler la phrase lancée par Manon Roland :

« Il est venu le temps prédit où le peuple demandant du pain, on lui donne des cadavres. »

Alors les Cordeliers sont écoutés quand ils réclament la mise en liberté du général Ronsin, de Vincent, toujours emprisonnés, parce qu'ils seraient des « ultras », des « patriotes exagérés », hostiles à la politique du Comité de salut public et du Comité de sûreté générale.

Un « ennemi du peuple », n'est-ce pas celui qui conteste la politique du gouvernement révolutionnaire ?

Maximilien Robespierre qui l'anime se sent visé quand Hébert attaque « ceux qui, avides de pouvoirs qu'ils accumulent, mais toujours insatiables, ont inventé et répètent pompeusement dans le grand discours le mot "ultra-révolutionnaire" pour détruire les amis du peuple qui surveillent leurs complots ».

Maximilien est encore plus blessé par les propos de Momoro qui dénonce :

« Tous ces hommes usés en république, ces jambes cassées en révolution qui nous traitent d'exagérés parce que nous sommes patriotes et qu'ils ne veulent plus l'être. »

Lui, Maximilien, une « jambe cassée en révolution » ?

Il est abattu, épuisé, avec au cœur un sentiment d'amertume, d'impuissance et de désespoir.

Il écrit ces vers :

Le seul tourment du juste à son heure dernière
Et le seul dont alors je serai déchiré
C'est de voir en mourant la pâle et sombre vie
Distiller sur mon front l'opprobre et l'infamie
De mourir pour le peuple et d'en être abhorré.

Mais au-delà de sa personne, atteinte, rongée par la fatigue, c'est le sort de la Révolution qui lui semble remis en question par ces Cordeliers, ces « ultras », ces Exagérés qu'Hébert entraîne, excite, lorsqu'il écrit dans *Le Père Duchesne* :

« Millions de foutre, mon sang bouillonne de voir le peuple ballotté par les fripons et les traîtres ! Ça finira, foutre !

« Le sans-culotte a ébranlé tous les trônes des despotes et les marchands nous feraient la loi... ?

« Que l'on commence donc par balayer toutes les autorités constituées, qu'on fasse sortir le restant des immondices de l'ancien régime.

« Pour tuer d'un seul coup l'aristocratie fermière et marchande, que l'on divise toutes les grandes terres en petites métairies...

« Voilà, foutre, le seul moyen de rogner les ongles des gros fermiers et de réprimer leur aristocratie...

« Tremblez, sangsues du peuple, sa hache est levée pour vous frapper ! Il suffit de sa volonté pour vous réduire en poudre. Le jour de la vengeance est arrivé, elle sera terrible, foutre ! »

Il faut agir contre ces « ultras » dont les informateurs assurent qu'ils préparent une « sainte insurrection », qu'ils veulent « épurer » la Convention, qu'ils jugent que les pouvoirs sont infestés par les « nouveaux Girondins, brissotins qui se sont installés sur la Montagne, mais qui ne sont que des Indulgents ».

Robespierre hésite.

Et les patriotes se divisent.

Les plus modérés soutiennent Danton et Camille Desmoulins, lisent *Le Vieux Cordelier*, le journal de Desmoulins.

Ils ont été bouleversés par l'exécution des députés girondins, par ce sang répandu.

Ils sont effrayés par les propos des Cordeliers, des sans-culottes qui disent que « tant qu'on ne guillotinera pas quelqu'un, cela ne finira pas ».

Et Hébert et les Cordeliers s'indignent de l'attitude de Robespierre à l'égard des Indulgents, et en particulier de Camille Desmoulins, son condisciple du collège Louis-le-Grand, son ami dont il fut le témoin à son mariage avec Lucile. Et Maximilien, dit-on, pensa à épouser la sœur de Lucile.

« Apprends, Camille, lui a-t-il dit, que si tu n'étais pas Camille on ne pourrait avoir autant d'indulgence pour toi. »

Et à la tribune des Jacobins, Robespierre, brandissant les numéros du *Vieux Cordelier*, a ajouté que l'on ne pouvait avoir que « du mépris pour les blasphèmes que contiennent ces numéros ».

Mais, protecteur et hautain, il a poursuivi : « Desmoulins n'est qu'un enfant étourdi, dont il faut exiger qu'il prouve son repentir de toutes ces étourderies en quittant ces compagnies qui l'ont perdu. »

Qui vise Robespierre ? Danton ? Fabre d'Églantine ce corrompu, ce fripon, qu'on ne voit jamais « que la lorgnette à la main et qui sait si bien exposer les intrigues au théâtre » ?

Fabre est arrêté, impliqué dans les affaires ténébreuses de la Compagnie des Indes.

Et Billaud-Varenne a lancé, le bras tendu vers Danton et Desmoulins : « Malheur à celui qui a siégé aux côtés de Fabre d'Églantine. »

Desmoulins doit donc, ajoute Robespierre, après l'arrestation de Fabre, reconnaître ses erreurs.

« Il faut brûler les numéros du *Vieux Cordelier* au milieu de la salle », conclut-il.

Camille Desmoulins ne baisse pas la tête, défie du regard Maximilien et lance :

« Brûler n'est pas répondre. »

Ces mots ont souffleté Maximilien.

L'Incorruptible s'agrippe à la tribune comme si on venait de le frapper, de le faire chanceler. Et sa réponse est impitoyable, menaçante .

« Puisque Desmoulins le veut, qu'il soit couvert d'ignominie ! L'homme qui tient si fortement à des écrits si perfides est peut-être plus qu'égaré. »

Mais cette « répudiation » de Desmoulins par Robespierre ne suffit pas aux Cordeliers.

Le fanatisme politique se nourrit aussi des haines et des passions personnelles, de l'atmosphère des réunions du club des Jacobins ou du club des Cordeliers. De l'exaltation nerveuse qui depuis 1789, près de cinq années maintenant, tend chacun des acteurs comme une corde prête à se rompre.

« N'oubliez jamais, Cordeliers, s'écrie Hébert, que c'est pendant le calme que la foudre se prépare. On nous a peint Camille Desmoulins comme un enfant... Citoyens, défiez-vous des *endormeurs* et soyez toujours l'avant-garde courageuse, la sentinelle fidèle de la Révolution. On vous dit que les brissotins sont anéantis et il reste encore soixante et un coupables à punir... Que l'armée révolutionnaire marche, la guillotine en avant, et je vous réponds de l'abondance. »

Il suffirait donc de continuer à faire rouler de plus en plus de têtes dans le sac pour que cesse la disette, que les fournées de pain s'entassent dans les boulangeries.

Et ceux qui ne partagent pas ce point de vue sont des « endormeurs » et une fois encore Maximilien Robespierre est ulcéré qu'on le nomme ainsi, qu'on l'accuse d'être un « ambitieux ».

Il se cabre devant ce qu'il ressent comme une injustice, d'abord contre lui-même mais aussi contre la politique des Comités et celle de la Convention.

Comment oublier les victoires aux frontières, en Vendée, la réduction des villes rebelles, les décrets votés par les conventionnels, instituant l'enseignement primaire, obligatoire et gratuit, s'opposant au « vandalisme » – le mot est inventé par l'abbé Grégoire – qui, au nom de la lutte contre le fanatisme, détruit les archives, les statues, dégrade les monuments, saccage ainsi le patrimoine de la nation ?

Comment oublier que la Convention vient de décréter l'abolition de l'esclavage dans les colonies françaises, sans indemnisation des propriétaires ?

Il faut défendre contre les ultras, contre les Indulgents, la politique des Comités de la Convention, la seule possible.

Robespierre monte à la tribune de la Convention, le 5 février 1794 (17 pluviôse an II).

Sa voix est celle d'un prédicateur qui évoque la « justice éternelle » gravée dans le cœur de tous les hommes.

« Nous voulons, dit-il, substituer dans notre pays la morale à l'égoïsme, la probité à l'honneur, les principes aux usages, les devoirs aux bienséances, l'empire de la raison à la tyrannie de la mode, le mépris du vice au mépris du malheur, la fierté à l'insolence, la grandeur d'âme à la vanité, l'amour de la gloire à l'amour de l'argent, les bonnes gens à la bonne compagnie, le mérite à l'intrigue, le génie au bel esprit, la vérité à l'éclat, le charme du bonheur aux ennuis de la volupté, la grandeur de l'homme à la noblesse des grands, un peuple magnanime, puissant, heureux, à un peuple aimable, frivole et méprisable. »

Il a du mal à reprendre son souffle, les yeux fixes, levés comme s'il attendait un jugement, un signe de cet Être suprême auquel il croit.

Puis, comme s'il découvrait qu'il était suspendu, trop haut audessus de cet abîme de silence dans lequel son prêche a plongé la Convention, il dit d'une voix tranchante, toisant les députés :

« Le ressort du gouvernement révolutionnaire est à la fois la Vertu et la Terreur : la Vertu sans laquelle la Terreur est funeste. La Terreur sans laquelle la Vertu est impuissante. »

La guillotine comme machine à rendre les hommes vertueux.

Dix jours plus tard, le 26 février 1794 (8 ventôse an II), Saint-Just relaie Robespierre.

Celui-ci, depuis son discours, s'est enfermé chez les Duplay, malade, épuisé, incapable de faire plus que quelques pas, muet.

Et c'est l'« archange » Saint-Just qui demande à la Convention la mise sous séquestre des biens des suspects, qui seront distribués aux indigents.

Ces « décrets de ventôse », que vote la Convention, sont une manœuvre pour tenter de réduire l'influence auprès des sans-culottes de tous les Cordeliers, d'Hébert, de Momoro, qui ne désarment pas.

Le général Ronsin et Vincent ont été libérés, mais cela n'a fait qu'attiser leur colère.

On vient d'apprendre que Jacques Roux, l'Enragé, a une deuxième fois attenté à ses jours et qu'il a succombé, qu'il est mort en prison !

Et cela révolte un peu plus les Cordeliers, contre les Indulgents.

Danton et Desmoulins, accusent-ils, réclament des mesures d'indulgence pour les aristocrates, les Girondins, et Jacques Roux meurt !

Danton a agrandi ses propriétés d'Arcis-sur-Aube, il est devenu un homme riche qui veut jouir de sa jeune femme. « Je la baise tous les jours », dit-il à qui veut l'entendre, et pendant ce temps-là, on crève de faim faubourg Saint-Antoine et Robespierre, après avoir dit qu'il préférait « le bonheur à la volupté », se terre.

Malade ? Lâche ou empoisonné ?

Ce sont les rumeurs que l'on se murmure à l'oreille, disent les observateurs de police.

Alors, Saint-Just peut bien proposer en partage les biens des suspects, ordonner qu'on dresse dans chaque commune un état des patriotes indigents, qui peut imaginer que cela va changer le sort des affamés, des miséreux ?

Et il ne suffit pas de proclamer :

« Que l'Europe apprenne que nous ne voulons plus un malheureux ni un oppresseur sur le territoire français ! Que cet exemple fructifie sur la terre, qu'il y propose l'amour des vertus et le bonheur ! Le bonheur est une idée neuve en Europe. »

Assez de mots !

Au club des Cordeliers, Momoro, Hébert, Vincent, Ronsin appellent à nouveau à l'insurrection contre le Comité de salut public. « L'insurrection est une Sainte insurrection, voilà ce que vous devez opposer aux scélérats. »

Carrier, qui arrive de Nantes où il a « noyé » la contre-révolution, incite à se rendre auprès de la Commune, pour qu'elle se rallie à l'insurrection des Cordeliers.

Et ceux-ci décident de couvrir d'un voile noir la Déclaration des droits de l'homme et du citoyen, parce qu'elle n'est pas appliquée, et qu'elle est à leur encontre en permanence violée.

Faut-il sévir contre les Cordeliers ? Ou bien tenter une mesure de conciliation ?

Collot d'Herbois propose une « union indissoluble » entre le club des Jacobins et le club des Cordeliers.

Et on dévoile la Déclaration des droits.

Mais cette « entente » ne dure que quelques heures.

Robespierre reparaît, plus pâle encore, mais le visage et la voix acérés. C'est une lame.

Et Saint-Just intervient, dénonçant les « factions de l'étranger et la conjuration ourdie par elles dans la République française pour détruire le gouvernement républicain par la corruption et affamer Paris ».

Il critique les « sociétés populaires » autrefois « temple de l'égalité ». Mais depuis « il y a dans ces sociétés trop de fonctionnaires, trop de citoyens, le peuple y est nul ».

Pourquoi dès lors les réunions, suivre leurs débats ? Il faut simplement soutenir les Comités, le gouvernement révolutionnaire.

« Les factions sont un crime. Il ne faut point de parti dans un État libre... Il y a dans Paris un parti, des placards royalistes, l'insolence des étrangers et des nobles. »

Saint-Just s'interrompt, se tourne vers Robespierre, comme s'il quêtait une approbation.

L'un et l'autre ont la même pâleur, Saint-Just moins apprêté, juvénile, Robespierre guindé, comme si son apparence et son corps étaient aussi « incorruptibles ».

« Tous les complots sont unis, reprend Saint-Just, ce sont les vagues qui semblent se fuir, se mêlent cependant. La faction des Indulgents qui veulent sauver les criminels et la faction de l'étranger qui se montre hurlante, qui tourne la sévérité contre les défenseurs du peuple.

« Mais toutes ces factions se retrouvent la nuit pour concerter leurs attentats ou se combattre, pour que l'opinion se partage entre elles, ensuite, pour étouffer la liberté entre deux crimes. Ultras et Indulgents sont les deux faces d'un unique complot. »

Dans la nuit du 13 mars 1794 (23 ventôse an II), Hébert, Vincent, Momoro, Ronsin et d'autres Cordeliers sont arrêtés. Ni la Commune, avec Chaumette, ni la garde nationale commandée par Hanriot ne protestent.

Elles refusent d'entrer en insurrection contre les Comités de salut public et de sûreté générale.

Et le peuple des sans-culottes, épuisé, affamé, sceptique et stupéfait, préoccupé de trouver chaque jour des « subsistances », n'a plus la force de se lever.

Il se défie aussi de ces « bavards » qui font souvent bombance alors qu'il crève de faim.

Ces luttes entre les factions parisiennes fascinent les cours d'Europe. On veut y voir l'annonce de la fin de la poussée révolutionnaire.

On commente avec passion le livre que vient de publier le publiciste genevois Mallet du Pan.

Il a vécu à Paris, entre 1782 et 1792, et collaboré régulièrement au *Mercure de France*. Monarchiste « constitutionnel », il a conseillé Louis XVI et s'est réfugié à Berne, avant la prise des Tuileries, le 10 août, mais il continue d'observer les événements qui secouent la France et bouleversent toute l'Europe.

Son livre, *Considérations sur la nature de la Révolution de France*, affirme que sur les ruines de l'Ancien Régime, le pouvoir est à prendre à Paris.

Aucune des factions en présence, celles des sans-culottes, qu'ils soient indulgents ou ultra-révolutionnaires, celles des royalistes, appuyées ou non par les émigrés et le clergé, ne peuvent réussir à s'emparer du pouvoir.

Elles s'entredévoreront.

Le pouvoir tombera donc nécessairement entre les mains d'un général, qui brandira le glaive victorieux et rétablira l'ordre auquel aspirent les citoyens de ce pays, après plus de cinq années de troubles incessants.

En France, au printemps 1794, rares sont ceux qui ont le loisir de lire le livre de Mallet du Pan et de réfléchir à sa prophétie.

11.

Survivre, jour après jour, et non penser à l'avenir lointain, voilà ce qui obsède et angoisse le citoyen, en l'an II de la République.

On a faim.

Devant quelle boulangerie, quelle boucherie faudrait-il s'attrouper, attendre plusieurs heures, pour espérer acheter une boule de pain, une livre de bœuf ?

Dans les queues, on ne tourne même pas la tête pour voir passer les charrettes qui conduisent les inculpés vers le Tribunal révolutionnaire, installé au Palais de justice dans l'ancienne grand-chambre du Parlement qu'on appelle « salle de la Liberté ».

Quelles prochaines têtes l'accusateur public Fouquier-Tinville destinera-t-il au « rasoir national » ?

Parfois, on s'aventure dans la salle du Tribunal.

On se tient coi. Les citoyens qui assistent aux audiences sont surveillés par des gardes nationaux, des argousins, et si l'on manifeste on est vite saisi et livré séance tenante à Herman ou à Dumas, les présidents robespierristes du Tribunal.

Mais c'est Fouquier-Tinville qu'on craint.

Il fascine, avec ses sourcils fournis qui cachent presque de petits yeux brillants. Il est pâle, vêtu de noir, mais il a l'air goguenard, il plaisante, et cela effraie plus encore. Il est avide d'interroger, de requérir contre un accusé. Il s'attache à ses proies, les surprend par ses bons mots, ses sarcasmes, et tout à coup devient furieux lorsqu'on « lui fait péter une affaire dans les mains ».

Il veut pousser les têtes à la fenêtre « afin qu'elles roulent dans le sac ».

Et les « suspects », c'est-à-dire pour le Tribunal révolutionnaire les « accusés » et donc les « coupables », ne manquent pas.

Les Cordeliers arrêtés le 13 mars ont été conduits dans les prisons surpeuplées, où sont enfermés six mille deux cent quarante-sept détenus.

Mais certains prisonniers vivent cachés.

Danton a placé parmi les gardiens, les concierges, des hommes qui lui sont dévoués, auxquels il recommande tel ou tel détenu, ainsi ce Beugnot, un modéré, qu'on vient d'arrêter et qui, placé dans la cellule du Girondin Clavière, a vu celui-ci se poignarder sous ses yeux.

Danton veut le protéger, en ces lendemains d'arrestation des Cordeliers, il imagine, il craint que les partisans d'Hébert et de Momoro n'envahissent les prisons, ne massacrent les « suspects », comme en septembre 1792.

« Si, ce qui est possible, dit Danton au concierge de la prison, il survenait encore une attaque contre votre prison, faites descendre Beugnot et enfermez-le dans votre cuisine, puis dès que vous l'aurez belle, donnez-lui la clef des champs. »

Mais pas un sans-culotte ne se portera au secours d'Hébert et des autres Cordeliers.

Hébert qu'on admirait, dont, tant qu'il était libre, on craignait l'influence et les colères, le pouvoir du *Père Duchesne*, n'est plus le lendemain de son arrestation qu'un homme sur lequel les journalistes à gages, au service du Comité de salut public ou du Comité de sûreté générale, déversent un tombereau d'immondices.

Le journaliste Dusaulchoy qui a toujours servi les puissants – de La Fayette à Brissot et pour l'heure Robespierre – est le plus acharné à calomnier, volant même à Hébert son style.

« Hébert est un filou, la mèche de tous les complots, écrit-il, un démoniaque, un grand fripon, un escogriffe, un chenapan, bientôt le rasoir national lui fera la barbe d'une bonne manière… car le dessous des cartes est enfin découvert ; les guinées d'Angleterre, les florins de l'Autriche, procuraient toutes ces braveries à ces drôles devenus si pimpants, tenant toujours table ouverte comme de ci-devant fermiers généraux. »

Ce journaliste aux ordres n'est que le porte-parole des Comités et de Robespierre.

Il invite les citoyens à se « rallier tous à la Convention nationale ».

« C'est là, foutre, le centre où tout doit aboutir. »

Et pour mieux détruire la popularité d'Hébert, il rapporte que « le bougre avait dans sa cave une provision de porc salé, avec cela il riait, il s'en donnait à cœur joie, tandis que nous foutions la faim… ».

Et il n'hésite pas à évoquer l'épouse d'Hébert, une ancienne religieuse.

« C'est sa Jacqueline qu'il fallait voir, écrit Dusaulchoy. Imaginez-vous une sacrée nonne défroquée, laide comme le péché mortel, méchante, acariâtre, insolente, en un mot l'excrément de la nature.

« C'était, foutre, de voir cette pisseuse-là, endimanchée, comme elle se rengorgeait avec des dentelles aussi belles que celles qu'avait la défunte veuve Capet.

« Cette mijaurée a été aussi claquemurée de même que Monsieur son mari, et vantez-vous citoyens, que la bonne dame pourra bien faire une visite à Sainte Guillotine… »

Un tel article de commande annonce un procès conclu avant d'avoir été ouvert, comme l'avait été celui des Girondins.

Il durera du 21 mars au 24 mars 1794 (du 1er au 4 germinal an II).

Sur les bancs du Tribunal se pressent, assis côte à côte, vingt accusés, habilement « amalgamés » : Hébert et les Cordeliers, Momoro, Vincent, Ronsin côtoient Cloots, l'« orateur du genre humain », des corrompus, des banquiers étrangers (Proly), des agents au service de Dumouriez, et même un mouchard qui sera le seul acquitté.

Hébert à l'annonce du verdict de mort s'évanouit.

Et il tremblera tout au long du chemin qui le conduit vers la guillotine. Debout, Cloots crie, interpelle les citoyens, peu nombreux, qui regardent passer la charrette :

« Mes amis, je vous prie ! Ne me confondez pas avec ces coquins », répète-t-il. Et avant que sa « tête ne soit à la fenêtre » il a le temps de lancer : « Adieu au genre humain. »

Dans les sections sans-culottes, on affirme pour expliquer le verdict que les Cordeliers alliés des corrompus animaient la « conjuration », la « conspiration » de l'étranger, qu'ils étaient complices et stipendiés de Pitt et de Cobourg.

Leur mort était ainsi un acte de justice et de sauvegarde.

« Si l'enfer est contre nous, dit Couthon, le ciel est pour nous et le ciel est maître de l'enfer. »

Et Robespierre explique :

« Ce qui constitue la République c'est la destruction de tout ce qui lui est opposé. On est coupable contre la République parce qu'on s'apitoie sur les détenus ! On est coupable parce qu'on ne veut pas de la Vertu ! On est coupable parce qu'on ne veut pas de la Terreur. »

Qui entend ce discours de Robespierre sait bien qu'il menace Danton et Camille Desmoulins et leur faction, celle des Indulgents.

Et après l'exécution des Girondins, puis des Cordeliers, de ces personnalités aussi engagées dans la Révolution qu'étaient Brissot ou Barbaroux, Hébert ou Momoro, on pressent que la mort, inéluctablement, conclura la lutte contre la faction des Indulgents.

« La férocité entre les patriotes est plus acharnée que jamais », note le libraire Ruault, qui partage, sans les afficher, les idées des Indulgents.

« Danton et Camille Desmoulins proposent aujourd'hui des Comités de clémence au lieu des Comités révolutionnaires, écrit Ruault.

« Mais ceux qui dominent le Comité de salut public et la Convention nationale ne les écoutent point. L'odeur du sang qu'ils répandent les anime. Ils traitent Danton et Camille

Desmoulins de contre-révolutionnaires. Je ne vois encore que ces deux-là qui soient revenus au bon sens... Mais le Comité de salut public n'est pas encore las de détruire. Sur douze membres dont il est composé, huit sont si exaltés dans leurs idées révolutionnaires que la raison, l'humanité ne peuvent se faire entendre ni à leurs oreilles ni à leurs cœurs. Les quatre hommes honnêtes qui sont là (Carnot, Lindet, Prieur et Jean Bon Saint-André) ne se mêlent point au Tribunal révolutionnaire. Ils ont chacun leur bureau, leur besogne à part et confèrent rarement avec Robespierre, Collot d'Herbois, Billaud-Varenne, Couthon, Saint-Just, Barère... Le succès de nos armées enfle le cœur de ceux-là, et les encourage à la destruction des citoyens ; ils attribuent ce succès aux mesures de règne et de cruauté qu'ils exercent... »

Cette *Terreur*, les hommes des Comités, et d'abord Maximilien Robespierre, veulent qu'elle effraie – qu'elle « terrorise » – mais aussi qu'elle soit toujours associée à la *Vertu*.

Il faut que les sans-culottes, le peuple des démunis, des ouvriers, des indigents, ces citoyens qu'avaient séduits Marat, les Enragés et les Cordeliers, qui partageaient les « colères du Père Duchesne » se persuadent qu'on peut avoir décapité Hébert et Momoro, mais sévir contre les accapareurs.

Et pour cela les visites domiciliaires, les perquisitions se multiplient, dans ces courtes journées de l'hiver puis celles du printemps de l'an II.

« À trois heures de l'après-midi les canonniers rassemblés ainsi que la cavalerie et plusieurs détachements de la force armée de réserve ont marché sans bruit, et le Palais-Égalité, ci-devant Palais-Royal, a été investi. On a fait des visites chez les traiteurs, restaurateurs et marchands de comestibles. On a examiné les citoyens qui s'y trouvaient. À huit heures les sentinelles ont été levées. On ignore le nombre de personnes arrêtées. »

Ces mesures confirment l'idée que Maximilien Robespierre est bien cet Incorruptible, ce vertueux en qui l'on peut avoir confiance.

Dans ces premiers jours de germinal an II (mars 1794), qui ont vu les Cordeliers jugés, condamnés, exécutés, un conventionnel confie :

« Toutes les factions, tous les partis se taisent devant Robespierre. Il dirige toutes les délibérations. L'opinion publique l'investit et n'investit que lui. Tout ce qu'il dit sont des oracles, tout ce qu'il blâme sont des erreurs. Si cette occasion échappe, jamais, non, jamais, il ne la retrouvera. »

Robespierre le sait.

C'est maintenant qu'il doit écraser les Indulgents, ceux qui furent si proches de lui, comme Camille Desmoulins, ceux qui furent ses alliés, comme Danton.

Le 1er germinal an II (21 mars), le jour même de l'ouverture du procès des Cordeliers, il a dit à la tribune du club des Jacobins :

« Ce n'est pas assez d'étouffer une faction, il faut les écraser toutes, il faut attaquer celle qui existe encore avec la même fureur que nous avons montrée en écrasant l'autre. »

Et lorsque Camille Desmoulins se présente chez les Duplay, demandant à voir Maximilien, on le rejette, lui l'ami de collège. Desmoulins désemparé s'éloigne, sûr qu'il est condamné. Et cependant quand, désespéré, il fait part de ses craintes à Danton, celui-ci hausse les épaules.

Il a entendu, lui aussi, les paroles de l'Incorruptible qui dénonce les Indulgents, ces « fripons » qui vont gangrener les armées, s'appuyer sur les fonctionnaires corrompus. « Et les armées seront battues. »

Mais Danton croit à sa force, à son invulnérabilité.

Il peut compter sur le général Westermann qui a battu les Vendéens, sur Tallien qui vient d'être élu président de la Convention et dont on sait avec quelle détermination il a appliqué la politique de la terreur à la ci-devant Bordeaux, sur Legendre, l'un des vainqueurs de la Bastille, qui a fondé le club des Cordeliers et a été élu président du club des Jacobins. Danton compte aussi sur le réalisme de Robespierre.

Les deux hommes viennent ce 1er germinal de sabler ensemble le champagne, de s'embrasser, et Danton a dit à Maximilien :

« Avant six mois, toi-même, tu seras attaqué Robespierre, si nous nous divisons. »

Danton est si sûr de lui qu'il répond au conventionnel Thibaudeau qui lui répète « Robespierre conspire ta perte. Ne feras-tu rien pour le prévenir ? » :

« Si je le croyais, je lui mangerais les entrailles. »

Et Danton affirme qu'on n'osera pas l'attaquer, qu'il voue Robespierre à l'« exécration ».

Puis tout à coup, le tribun s'assombrit. Il se lamente comme s'il comprenait brusquement la gravité du péril... Mais quand on lui propose de fuir, il répond :

« On n'emporte pas sa patrie à la semelle de ses souliers. »

Puis, après avoir prononcé cette phrase d'une voix forte, il murmure d'un ton las :

« J'aime mieux être guillotine que guillotineur, d'ailleurs l'humanité m'ennuie. »

Il n'imagine pas la haine et le mépris que lui voue Robespierre.

L'Incorruptible s'emploie à convaincre les membres des Comités qu'il faut en finir avec Danton.

« Comment un homme à qui toute idée de morale est étrangère peut-il être le défenseur de la liberté, commence Robespierre. Le mot de *vertu* fait rire Danton. Il n'y a pas de vertu plus solide, répète-t-il plaisamment, que celle que je déploie toutes les nuits avec ma femme.

« Voilà l'âme ingrate et noire de Danton. Il professe pour le vice une tolérance qui doit lui donner autant de partisans qu'il y a d'hommes corrompus dans le monde. »

Et Billaud-Varenne murmure : « Il faut tuer Danton. »

Et Saint-Just ajoute : « Si nous ne le faisons guillotiner, nous le serons ! »

Dans cette nuit du 9 germinal an II (29 mars), Saint-Just présente aux membres des Comités de salut public et de sûreté générale l'ordre d'arrêter Danton, Camille Desmoulins et les Indulgents, avant même que soit voté le décret d'accusation.

On vient d'apprendre que, la veille, Condorcet, proche des Girondins, dernier des grands philosophes qui a vécu plusieurs mois terré chez une amie, rédigeant son *Esquisse d'un tableau historique des progrès de l'esprit humain*, a été arrêté et s'est suicidé dans la prison de Bourg-la-Reine. Mais qui s'en émeut ?

Tous les membres des Comités, à deux exceptions près, signent l'ordre d'arrestation dont ils savent qu'il vaut jugement de mort.

Le vieil archiviste Rühl, membre du Comité de sûreté générale, et Robert Lindet, chargé des questions d'approvisionnement au sein du Comité de salut public, ont refusé de signer.

L'un et l'autre avaient averti Danton de la menace qui pesait sur lui. En vain.

Lindet, en repoussant la feuille de signature, dit, fièrement, sachant qu'il risque sa vie :

« Je suis ici pour nourrir les citoyens et non pour tuer les patriotes. »

On arrête Danton le 10 germinal an II (30 mars 1794) à six heures du matin.

Il a passé la nuit « près du foyer, dans sa chambre de travail, le corps penché dans l'âtre, abîmé dans ses réflexions. De temps à autre il sort de son immobilité pour tisonner avec violence, puis on l'entend pousser de profonds soupirs et prononcer des paroles entrecoupées. D'autres fois il se relève brusquement, se promène à grands pas dans la chambre. »

Peut-être pense-t-il que le Tribunal révolutionnaire n'osera pas le condamner, lui l'homme du 10 août 1792, et qu'on ne pourra non plus accuser Camille Desmoulins, l'homme du 14 juillet, dont les discours prononcés au Palais-Royal enflammaient les foules.

Et Danton comme Camille Desmoulins et les autres dantonistes, Delacroix, Philippeaux, se laissent arrêter sans résistance.

Paris, stupéfait, apprenant la nouvelle, ne bouge pas.

Quelques conventionnels tentent de rassembler les députés. Legendre monte à la tribune de la Convention, demande que Danton et ses amis soient entendus par l'Assemblée :

« Je crois Danton aussi pur que moi, dit-il. Le 10 août, l'ennemi était aux portes de Paris. Danton vint et ses idées sauvèrent la patrie... »

Murmures, émotion, quelques remous dans les travées peut-être lancés contre Robespierre. Mais l'Incorruptible gagne la tribune, et d'une voix glacée lance :

« Il s'agit de savoir si aujourd'hui quelques hommes doivent l'emporter sur la patrie... Nous verrons si dans ce jour la Convention saura briser une prétendue idole pourrie depuis longtemps ou si, dans sa chute, elle écrasera la Convention et le peuple français. »

Robespierre fixe Legendre :

« Je dis que quiconque tremble est coupable car jamais l'innocence ne redoute la surveillance publique. »

QUATRIÈME PARTIE

1er avril 1794 - 27 juillet 1794
12 germinal - 9-10 thermidor an II
« L'échafaud te réclame »

« Infâme Robespierre, l'échafaud te réclame, tu me suis.
Peuple, je mourrai digne de toi... »

DANTON à son procès
13-16 germinal an II (2-5 avril 1794)

« La Révolution est glacée. Tous les principes sont affaiblis.
Il ne reste que des bonnets rouges portés par l'intrigue.
« L'exercice de la terreur a blasé le crime
comme les liqueurs fortes blasent le palais. »

SAINT-JUST, *Carnets*
printemps de l'an II

« Je suis fait pour combattre le crime, non pour le gouverner.
Je leur lègue la vérité terrible et la mort. »

Maximilien ROBESPIERRE, Discours à la Convention
8 thermidor an II (26 juillet 1794)

12.

En ces premiers jours du mois d'avril 1794, note un bourgeois parisien, « il fait de la pluie et chaud, et après des bourrasques, le ciel lavé est d'un bleu étincelant. Tous les arbres sont en fleurs et tous les jardins et tous les arbres non fruitiers sont en feuilles. Il y a bien des années qu'on n'a vu l'année si avancée. »

Jamais mois qui commence n'a si bien porté son nom révolutionnaire, germinal.

Et pourtant les citoyens, au lieu d'être à l'unisson de la légèreté vivace de ce printemps joyeux, sont mornes.

Un indicateur de police rapporte au Comité de sûreté générale qu'à l'annonce de l'arrestation de Danton, de Camille Desmoulins et de leurs amis, on dit dans la queue qui s'allonge devant une boulangerie :

« Marat a été bienheureux d'être assassiné car il aurait été guillotiné comme les autres. »

Il y a quelques jours Hébert et les Cordeliers ont été décapités, et demain, qui peut en douter, Danton et les siens le seront.

Et quels autres encore, après ceux-là, seront livrés à la « vengeresse du peuple », et, col de la chemise déchiré, cheveux coupés, seront attachés sur la planche, offrant leurs nuques dénudées au « rasoir national », à l'« aimable guillotine », à la « main chaude » ?

On ne prononce pas ces commentaires et ces questions à haute voix. On les chuchote.

On craint les mouchards, les indicateurs, de plus en plus nombreux, car le Comité de salut public a décidé de créer son Bureau de police, et les membres du Comité de sûreté générale sont ulcérés de cette encoche dans leurs prérogatives, la police intérieure précisément.

Ils soupçonnent les membres du Comité de salut public de vouloir instaurer une dictature, qui serait celle de Maximilien Robespierre.

Et même au sein du Comité de salut public, on s'inquiète de la suprématie de fait de l'Incorruptible.

Carnot, dans un rapport à la Convention, déclare le 1er avril (12 germinal) :

« Malheur à une République où le mérite d'un homme, où sa vertu même serait devenue nécessaire. »

C'est Robespierre qui, à l'évidence, est visé.

Rares sont ceux qui ont le courage de Carnot.

Partout, dans la rue comme dans les sections sans-culottes, dans les Comités, et à la Convention, tout le monde se méfie, rentre la tête dans les épaules, tremble.

Les députés, fascinés, ont écouté Saint-Just lire à la tribune de la Convention le rapport qui doit se conclure par le vote du décret d'accusation contre Danton et Camille Desmoulins.

Les mots tombent comme autant de couperets, mais la voix est légère, accordée à l'élégance presque féminine de Saint-Just qui, d'un mouvement de la main droite, accompagne ses formules les plus tranchantes.

Chaque conventionnel sait qu'au bout du discours, et du vote du décret, la mort seule est offerte.

Et Saint-Just le reconnaît :

« Il y a quelque chose de terrible dans l'amour de la patrie, dit-il, il immole sans pitié. »

Le portrait que Saint-Just dresse de Danton et des dantonistes est impitoyable.

Danton a été, dit-il, le protégé de Mirabeau, ce « personnage affreux ». Il était aux côtés de Dumouriez, le traître, le déserteur. Il a cherché à sauver les Girondins. Il a fait l'apologie des hommes corrompus dont il a été le complice.

« Méchant homme, Danton a comparé l'opinion publique à une femme de mauvaise vie. Il a dit que l'honneur était ridicule, que la gloire et la postérité étaient une sottise. Et ces maximes devaient lui concilier l'aristocratie. »

« Je suis convaincu, martèle Saint-Just, que cette faction des Indulgents est liée à toutes les autres, qu'elle fut hypocrite dans tous les temps, vendue d'abord à la nouvelle dynastie. »

Danton a été le complice de feu le ci-devant duc d'Orléans. Et la voix de Saint-Just devient plus aiguë pour conclure, la main droite soulignant toujours d'un mouvement vif chaque mot :

« Que tout ce qui fut criminel périsse : on ne fait point de République avec des ménagements, mais avec la rigueur farouche, la rigueur inflexible envers ceux qui ont trahi. »

Beaucoup de mots, une forte conviction, mais peu de preuves. Et cependant, le décret d'accusation est voté.

On a joint à Danton et à ses amis des corrompus, des financiers étrangers, et on a fait de Fabre d'Églantine l'accusé principal, comme si ce fripon était le cœur de la faction des Indulgents.

Cet homme de quarante-quatre ans, qui fut jeune poète, comédien ambulant – comme Collot d'Herbois –, auteur de théâtre, d'une opérette, qui laisse un refrain, « Il pleut bergère », a été un médiocre traîne-misère que la Révolution « pousse » aux premiers rôles.

Il appelle au massacre, en septembre 1792.

Il s'enrichit. Il devient munitionnaire, vendant à l'armée à gros prix des souliers qui s'usent en une journée. Et c'est cet homme-là que Danton, devenu ministre de la Justice, a choisi comme secrétaire, le plaçant aux côtés de Camille Desmoulins, secrétaire général du ministère.

Fabre est l'un des rouages de l'affaire de la Compagnie des Indes, corrompu et corrupteur, dénonçant ses complices dont certains – Chabot, d'Espagnac – sont inculpés comme lui aux côtés de Danton.

Et cet homme-là, auteur du calendrier révolutionnaire, doit être aux yeux de ce « patriote rigide » qu'est l'Incorruptible la preuve que Danton est bien une « idole pourrie ».

Fabre d'Églantine a des « talents et point d'âme ». Il proclame des principes mais n'a point de vertu.

« Il est habile dans l'art de peindre les hommes et beaucoup plus habile à les tromper », dit Robespierre.

Fabre, au Tribunal révolutionnaire, a droit au fauteuil du principal accusé. Danton et les autres sont assis sur des bancs de bois. Danton ne serait donc qu'un conspirateur, médiocre complice de Fabre d'Églantine !

La pièce est bien montée, et Legendre, qui avait eu le courage dans les heures qui avaient suivi l'arrestation de Danton de prendre sa défense, est blâmé par les Jacobins. Il se rétracte, et sa voix tremble. Il suffirait d'un regard de Robespierre pour qu'il se retrouve parmi les inculpés, c'est-à-dire les condamnés.

« Si j'ai commis une erreur, dit Legendre, je proteste qu'elle est involontaire... Je m'en rapporte au Tribunal révolutionnaire. »

Mais Legendre sait que les quatorze prévenus – auxquels on ajoutera bientôt le général Westermann – ne peuvent rien espérer du Tribunal.

L'accusateur Fouquier-Tinville, qui fut le protégé de Danton et de Camille Desmoulins, n'ignore pas que les membres des Comités ont préparé un ordre d'arrestation à son nom et à celui du président du Tribunal Herman, afin de se prémunir contre toute faiblesse du Tribunal à l'égard des dantonistes.

Et Fouquier-Tinville a lui-même choisi parmi les soixante jurés les sept qui lui paraissent devoir être impitoyables envers les Indulgents.

Ils sont tous à leur place quand, le 13 germinal an II (2 avril 1794), les accusés répondent à l'interrogatoire d'identité.

Camille Desmoulins est grandiloquent.

« Trente-trois ans, âge de Jésus, critique pour les patriotes. »

« Georges Jacques Danton, âgé de trente-quatre ans, natif d'Arcis-sur-Aube, bientôt dans le néant ensuite dans le Panthéon de l'histoire ! M'importe peu ! C'est à pareille époque que j'ai fait instituer le Tribunal révolutionnaire : j'en demande pardon à Dieu et aux hommes. Mais le peuple respectera ma tête, oui ma tête guillotinée. »

Danton est gouailleur, méprisant, combatif, débordant d'énergie. Il veut parler, hurler. Il espère que comme l'avait fait Marat, il saura soulever, par son éloquence, ces citoyens assis dans la salle. Il se fait fort de les arracher à leur passivité, à leur peur. Et il sera comme Marat acquitté et porté en triomphe par les sans-culottes.

Il veut le croire, faire semblant d'y croire, et cependant le doute l'assaille, et il se voit, se sait perdu.

Les plus éclairés des citoyens ne s'illusionnent pas.

« L'anarchie la plus dévorante et la mort planent sur toutes les têtes, écrit le libraire Ruault. Patriotes, royalistes, suspects, mécontents, nobles, roturiers, valets, servantes, charbonniers, savetiers, banquiers, députés, tous vont mourir à la même place du même genre de mort et par la même machine qui trancha la tête du malheureux Louis XVI.

« Et c'est parce que Danton et Desmoulins ont voulu arrêter le mouvement de la guillotine qu'ils y passeront eux-mêmes...

« Danton a fait ombrage à Robespierre qui est aujourd'hui le roi de la Révolution, le pontife de l'éternel, l'apôtre de cette doctrine de l'immortalité de l'âme qu'il a fait afficher sur le fronton de tous les temples...

« L'anarchie dévore ses propres enfants, elle tue ses frères, elle mange ses entrailles, elle est enfin le plus terrible et le plus cruel de tous les monstres.

« Ce monstre affreux est aujourd'hui parmi nous dans sa plus grande vigueur. Nul de nous ne peut être sûr de l'éviter, car il frappe à tort et à travers. »

Mais Danton ne se soumet pas. Il interrompt l'accusateur Fouquier-Tinville, le président Herman. Il contraint celui-ci à l'interroger tout au long de la journée du 14 germinal.

« Les lâches qui me calomnient oseront-ils m'attaquer en face ? » clame-t-il.

Il se moque.

« C'est moi qui ai fait instituer le Tribunal, ainsi je dois m'y connaître ! » dit-il au président Herman qui veut donner des leçons de procédure.

Et peu à peu, on sent que les citoyens, dans la salle, approuvent les propos de Danton.

« Moi vendu ? Un homme comme moi est impayable ! »

« Danton aristocrate ? Sur mon front est imprimé en caractères ineffaçables le sceau de la liberté, le génie républicain. Toi, Saint-Just, tu répondras à la postérité de la diffamation lancée contre le meilleur ami du peuple, contre son plus ardent défenseur... Mon nom est accolé à toutes les institutions révolutionnaires, levée en masse, armée révolutionnaire, comités révolutionnaires, Comité de salut public, Tribunal révolutionnaire. C'est moi qui me suis donné la mort enfin ! Et je suis un modéré ! »

Il interpelle Cambon.

Ce député de la Convention est chargé des finances, et parle avec la faconde d'un Montpelliérain.

« Nous crois-tu conspirateurs, Cambon ? l'interroge Danton. Voyez, il rit. Il ne le croit pas. »

« Écrivez qu'il a ri », ajoute Danton tourné vers le greffier.

Danton ainsi mène les débats, bousculant Fouquier-Tinville et Herman qui craignent que les jurés eux-mêmes ne soient séduits par lui.

Le tribun rappelle son rôle décisif le 10 août 1792.

« Depuis deux jours le Tribunal me connaît, lance-t-il. Demain j'espère m'endormir dans le sein de la gloire. Jamais je n'ai demandé grâce et on me verra voler à l'échafaud avec la sérénité ordinaire au calme de la conscience... »

Il se tourne vers les citoyens. Il est épuisé mais il a le sentiment qu'il a convaincu ces sans-culottes.

Il a un instant d'euphorie, la garde baissée.

Il accepte la proposition du président d'interrompre les débats, de remettre au 15 germinal la suite de sa défense.

Herman a réussi à retirer la parole à Danton.

Le lendemain, 15 germinal, Danton comprend qu'il est tombé dans un piège. Il se dresse, avec Desmoulins. Il a l'intuition que des mesures ont été prises pour l'empêcher de parler.

« Le peuple un jour connaîtra la vérité de ce que je dis, crie-t-il. Voilà la dictature, le dictateur a déchiré le voile. Il se montre à découvert ! »

C'est Saint-Just qui, averti par Fouquier-Tinville et Herman de l'écho des propos de Danton, intervient devant la Convention. Il veut dénoncer, dit-il, une « nouvelle conjuration ».

Il s'agit, devant le Tribunal révolutionnaire, de la « révolte des coupables ». Il accuse Lucile Desmoulins d'avoir touché de l'argent « pour exciter un mouvement, pour assassiner les patriotes et le Tribunal révolutionnaire », afin de sauver son époux Camille.

Mais en insultant le Tribunal, en vociférant, « les coupables résistant aux lois, avouent leurs crimes ».

Saint-Just, avant de donner lecture du décret qu'il va proposer pour protéger le Tribunal révolutionnaire, avertit les conventionnels.

« Dans le péril de la patrie, dans le degré de majesté où vous a placés le peuple, marquez la distance qui vous sépare des coupables. »

La menace affleure. Refuser de voter les trois articles du décret, c'est reconnaître qu'on est proche des coupables, donc leur complice.

Alors les conventionnels approuvent le texte présenté par Saint-Just au nom des Comités de salut public et de sûreté générale.

Article 1 : Le Tribunal révolutionnaire continuera l'instruction relative à la conjuration de Fabre d'Églantine, Danton, Chabot et autres.

Article 2 : Le président du Tribunal emploiera tous les moyens que la loi lui donne pour faire respecter son autorité…

Article 3 : Tout prévenu de conspiration qui résistera ou insultera à la justice nationale sera mis hors des débats sur-le-champ.

Ce décret permet de bâillonner Danton et Desmoulins.

Celui-ci s'effondre.

« Non contents de m'assassiner, ils veulent encore assassiner ma femme », crie-t-il.

Il vient d'apprendre qu'on accuse Lucile de fomenter un complot pour le libérer.

Et il est vrai qu'avec Louise Danton, elle va de l'un à l'autre des patriotes influents pour tenter d'arracher son mari à la « vengeresse du peuple ».

Mais qui se souvient de l'amitié passée ? Il y va de la vie et de la mort.

« Voyez ces lâches assassins, dit Danton, ils nous suivront jusqu'à la mort. »

Le 16 germinal, Fouquier-Tinville demande aux jurés s'ils sont suffisamment informés pour rendre leur verdict. Le président Herman ajoute que, les accusés s'étant mal comportés envers le Tribunal, « ils sont mis hors des débats », selon l'application de l'article 3 du décret voté par la Convention.

Danton essaie de protester, mais le public, de nouveau apeuré, se tait. À peine quelques murmures quand Danton s'écrie :

« Que l'on nous conduise à l'échafaud ! Je ne disputerai point davantage ma vie à ceux qui m'assassinent. Infâme Robespierre, l'échafaud te réclame, tu me suis ! Peuple, je mourrai digne de toi ! »

Quinze condamnations à mort.

Elles ne seront pas prononcées au Tribunal devant les accusés, mis « hors des débats ».

On craint ces « forcenés ». On leur lit le verdict entre les deux guichets de la Conciergerie.

Camille Desmoulins pleure.

Danton tonitrue :

« Ton jugement, je m'en fous. »

On coupe le col de la chemise des condamnés et leurs cheveux afin de dénuder leurs nuques.

C'est le 16 germinal an II (5 avril 1794).
Il fait beau.

« Danton monta le premier dans la première des trois charrettes qui devaient conduire cette bande à la place Louis-XV dite de la Révolution, raconte un témoin.

« Il fut obligé d'attendre que ces trois charrettes fussent chargées pour marcher tous ensemble au supplice.

« Ce chargement dura plus d'une heure parce que Camille Desmoulins se débattit longtemps. Il ne voulait pas se laisser lier les mains, se laisser couper les cheveux.

« Les gendarmes furent, dit-on, obligés de prêter main-forte à l'exécuteur pour vaincre la résistance de Camille.

« Pendant ce temps, Danton riait dans la charrette :

« "Ce qui me dépite, lançait-il au peuple qui bordait les voitures près de la grille de la cour du Palais, c'est de mourir six semaines avant Robespierre."

« Camille parut enfin dans la charrette. Sa chemise était en lambeaux et lui tout essoufflé, furieux, maudissant Robespierre et le Comité de salut public et l'infâme Tribunal aux ordres de ces monstres.

« Puis Camille pleurait, murmurant le nom de sa femme Lucile et de leur fils, Horace.

« Fabre d'Églantine se plaignait qu'on eût volé chez lui un manuscrit qui allait être pillé, et ses vers étaient si beaux.

« "Des vers, s'exclama Danton, avant huit jours tu en auras fait des milliers."

« Danton, dont l'énorme tête ronde fixait orgueilleusement la foule, entendit une femme crier "Qu'il est laid".

« "Ce n'est pas la peine de me le reprocher en ce moment je ne le serai plus pour longtemps", répondit-il.

« Il avait en effet la figure taillée en tête de lion, comme Robespierre l'a en tête de chat ou de tigre. »

Il répète, plusieurs fois, tout au long de l'interminable trajet, accompli au milieu d'une foule immense mais silencieuse :

« "J'entraîne Robespierre ! Robespierre me suit." »

Il voit le peintre David qui, assis à une terrasse de café, croque le condamné :

« Valet ! » crie Danton, à celui qui fut son ami.

Il monte à l'échafaud le dernier, vers cinq heures et demie ou six heures ce 16 germinal an II.

« À mon tour », dit-il, en gravissant vite le « fatal escalier ».

« Ce n'est qu'un coup de sabre », ajoute-t-il, cependant qu'on le lie à la planche.

« Allons Danton pas de faiblesse », bougonne-t-il après avoir murmuré : « Ma bien-aimée, je ne te verrai donc plus... »

Puis forçant la voix, il dit à Samson :

« N'oublie pas surtout, tu montreras ma tête au peuple, elle en vaut la peine. »

Samson s'exécuta.

« La seule tête de Danton fut montrée au peuple. »

Il était donc bien le principal accusé de ce procès et Fabre d'Églantine seulement un paravent placé devant les citoyens pour masquer l'élimination des Indulgents, des tenants d'une autre politique, et faire d'eux des corrompus, des fripons, des conspirateurs, œuvrant pour la famille d'Orléans.

« En voyant la tête sanglante de Danton, le peuple crie : "Vive la République !"

« Les sourcils de cette tête se mouvaient fortement, les yeux étaient vifs et pleins de lumière, tandis que l'exécuteur la promenait autour de l'échafaud.

« Elle paraissait voir et respirer encore, entendre les cris de la multitude, tant le corps qu'elle venait de quitter était robuste et vigoureux. »

13.

La tête de Danton, enfouie dans un sac, et celles des autres suppliciés, et tous leurs corps mutilés ont été d'abord déposés dans un enclos proche du cimetière de la Madeleine, puis, la nuit tombée, ils ont été ensevelis dans le charnier des Errancis, non loin de là.

Et le cadavre décapité de Lucile Desmoulins, l'« adorable petite blonde », la jeune mère de vingt-trois ans, celle dont Robespierre avait été le témoin de mariage, en même temps que Pétion et Brissot, et il avait songé à épouser la sœur de Lucile, et peut-être même Lucile, ce corps-là tant aimé par Camille, une semaine plus tard jour pour jour, le 24 germinal an II (13 avril 1794), fut jeté dans le même charnier des Errancis.

Fouquier-Tinville avait condamné Lucile Desmoulins pour avoir participé à la « conspiration du Luxembourg », censée rassembler les détenus afin qu'ils se soulèvent et brisent les portes des prisons et assassinent leurs gardiens.

Mais qui pouvait croire à la réalité de ce complot ?

Parmi les dix-neuf condamnés à mort ce jour-là, il y avait, aux côtés de Lucile Desmoulins, la veuve d'Hébert, l'ancien évêque de Paris Gobel, qui avait renoncé à sa foi devant la Convention, et aussi Chaumette, le procureur de la Commune.

Personne n'était à l'abri d'une accusation inventée de toutes pièces. Si bien qu'on tuait chaque jour davantage.

Fouquier-Tinville avait demandé au nouveau président du Tribunal révolutionnaire Dumas de « serrer la botte aux bavards », afin que les inculpés ne puissent, comme avait tenté de le faire Danton, « insulter » le Tribunal.

Qu'on les mette « hors des débats » comme la loi désormais l'autorisait.

Et sur rapport de Couthon, le 10 juin, 22 prairial an II, la Convention avait voté une nouvelle loi, retirant en fait toute garantie judiciaire aux accusés.

Ils sont livrés au Tribunal pour être condamnés et non jugés !

« Le délai pour punir les ennemis de la patrie ne doit être que le temps de les reconnaître... S'il existe des preuves soit matérielles, soit morales, indépendamment de la preuve testimoniale, il ne sera point entendu de témoin... La loi donne pour défenseurs aux patriotes calomniés des jurés patriotes ; elle n'en accorde point aux conspirateurs. »

Ainsi, le Tribunal révolutionnaire n'a le choix qu'entre l'acquittement et la mort.

« Il s'agit, dit Couthon, d'exterminer les implacables satellites de la tyrannie ou de périr avec la République. »

Tout citoyen peut devenir suspect, donc accusé, donc condamné à mort.

Il suffit « d'inspirer le découragement, de chercher à dépraver les mœurs, à altérer la pureté et l'énergie des principes révolutionnaires » pour devenir, malgré le vague de ces accusations, un ennemi de la Révolution.

Maximilien Robespierre, par deux fois, intervient à la tribune de la Convention, avec violence, exige que le vote soit unanime, pour rejeter les amendements que les députés veulent introduire afin de protéger de cette *loi de Prairial*, de cette loi de Grande Terreur, les membres de la Convention.

Maximilien refuse tout ajournement, tout amendement.

« Je demande, dit-il de sa voix aigre, que la Convention discute jusqu'à huit heures du soir s'il le faut. »

Et les conventionnels, paralysés, terrorisés, votent la loi de mort.

Robespierre, en quelques phrases, a effacé les différences politiques.

« La Montagne n'existe plus ! dit-il. Un Montagnard n'est autre chose qu'un patriote pur, raisonnable et sublime. »

« Il ne peut y avoir que deux partis dans la Convention, les bons et les méchants, les patriotes et les contre-révolutionnaires hypocrites. »

Ce n'est plus au nom de la « politique » que l'on tue, mais en invoquant la Vertu.

Ce ne sont pas des adversaires qui montent à l'échafaud, mais des fripons, des hypocrites, des méchants.

Le couperet de la guillotine tranche les nuques au nom de la Vertu.

Et Fouquier-Tinville jubile :

« Les têtes tombent comme des ardoises, dit-il, la semaine prochaine j'en décalotterai trois ou quatre cents. »

Dans les prisons de Paris s'entassent désormais 7 321 détenus, et alors qu'en plus d'un an – du 6 avril 1793 au 10 juin 1794 – le Tribunal révolutionnaire a prononcé 1 251 condamnations à mort, en quarante-sept jours, il envoie 1 376 têtes « éternuer dans le sac » !

On tue vingt-sept fermiers généraux, ces percepteurs honnis des douanes intérieures d'Ancien Régime.

Et parmi eux, Lavoisier, le grand chimiste.

On tue Madame Élisabeth, sœur de Louis XVI.

Et ce sont là assassinats de vengeance.

On « purifie » ainsi la République.

Sur la proposition de Robespierre, on crée à Orange une commission populaire pour juger les « fédéralistes », les « royalistes » du Vaucluse et des Bouches-du-Rhône. Elle prononce trois cent trente-deux condamnations à mort.

C'est la Grande Terreur, mais Robespierre a fait décréter par la Convention dès le 25 germinal an II (14 avril 1794) que le corps de Jean-Jacques Rousseau serait placé au Panthéon.

Ainsi commence le régime de la Vertu.

Le 18 floréal (7 mai), l'Incorruptible se dirige vers la tribune de la Convention, d'un pas plus compassé qu'à l'habitude, tel un grand prêtre s'apprêtant à prononcer un prêche, sur « les Principes de morale politique qui doivent guider la Convention ».

« L'immoralité est la base du despotisme, dit-il, la Vertu est l'essence de la République. »

Et « la morale est le fondement unique de la société civile ». Et l'« Être suprême » est la source de toute morale.

Il faut donc lutter contre l'athéisme, contre la « secte des Encyclopédistes ».

« Si l'existence de Dieu, si l'Immortalité de l'âme n'étaient que des songes, elles seraient encore la plus belle de toutes les conceptions de l'esprit humain », conclut Robespierre d'un ton exalté.

Il met aux voix l'article 1 de sa loi :

« Le peuple français reconnaît l'existence de l'Être suprême et de l'immortalité de l'âme. »

Et il précise que des fêtes seront organisées, « aux jours de décadi, en l'honneur de l'Être suprême, de la vérité et de la justice, de la pudeur et de la frugalité ».

Maximilien Robespierre n'entend pas les ricanements des athées, de ceux qui craignent sa dictature.

Il veut se persuader que, dit-il, « le peuple français semble avoir devancé de deux mille ans le reste de l'espèce humaine ».

Et il approuve la rédaction, l'impression, la diffusion de *L'Évangile de la Liberté* « adressé à l'Être suprême par les sans-culottes de la République française ».

« Ô père de Lumière, éternelle puissance, toi qui fais marcher le soleil devant la liberté pour éclairer ses travaux...

« La France est libre, le ciel a déposé dans ses mains la foudre et le tonnerre... L'Évangile de la Liberté est au centre de la terre. La France est l'effroi des tyrans...

« *CREDO.*

« Je crois à la nouvelle République française, une et indivisible, à ses lois et aux droits sacrés de l'homme, que le peuple français a reçus de la Montagne sacrée de la Convention qui les a créés.

« Les droits sacrés de l'homme avaient beaucoup souffert entre les mains des traîtres, mais ceux-ci sont tombés sous la faux de la guillotine, et ont été enterrés...

« Que le Peuple européen sortant de sa léthargie coupable reconnaisse les droits de l'homme, pour lesquels les vrais enfants de la France ont juré de vivre et de mourir :

Tremblez tyrans, tremblez esclaves
Traîtres échappés à nos coups
La France est couverte de braves
Qui sauront mourir comme nous. »

Mais Maximilien ne peut longtemps se laisser bercer par ces « prières républicaines ».

Au sein du Comité de salut public, et encore plus dans le Comité de sûreté générale, il sent monter la suspicion et même la haine.

Ce sont les Cordeliers, les hébertistes, les dantonistes, les ultra-révolutionnaires et les Indulgents, tous ceux qui ont survécu à Hébert et à Danton, et même à Marat, et les héritiers des Feuillants, des Girondins, des Enragés, les athées, les partisans de la confiscation des propriétés et des biens, et ceux qui redoutent la dictature vertueuse de l'Incorruptible, qui se dressent contre lui.

Billaud-Varenne déclare :

« Tout peuple jaloux de sa liberté doit se tenir en garde contre les vertus mêmes des hommes qui occupent des postes éminents... Le fourbe Périclès, parvenu à s'emparer d'une autorité absolue, devint le despote le plus sanguinaire... »

La tension est si forte au Comité de salut public que Saint-Just accuse Carnot, qui lui aussi a dénoncé la dictature de Robespierre.

« Sache, dit Saint-Just, qu'il me suffirait de quelques lignes pour dresser ton acte d'accusation et te faire guillotiner dans deux jours. »

Carnot se tourne, et regarde avec mépris Saint-Just, Couthon, Robespierre.

« Je t'y invite, dit-il à Saint-Just, je ne te crains pas, ni toi ni tes amis, vous êtes des dictateurs ridicules, Triumvirs vous disparaîtrez ! »

Mais au contraire, chaque jour qui passe semble accroître la concentration des pouvoirs au bénéfice du Comité de salut public, et, à l'intérieur de celui-ci, aux mains de Robespierre, de Couthon et de Saint-Just. Vingt et un représentants en mission ont été rappelés à Paris afin de renforcer l'autorité du Comité.

Tallien, qui arrive de Bordeaux, Fouché, qui avait sévi à Lyon, Barras, qui s'était enrichi en pillant à son profit les biens des « royalistes » de Marseille puis de Toulon, savent que Robespierre n'ignore rien de leurs agissements.

Il les reçoit avec la froideur métallique d'un couperet.

Dans les départements, ils sont remplacés par des « agents nationaux » délégués du Comité de salut public.

Et c'est au sein du Comité de salut public que sont discutés, jaugés leurs rapports.

On décide d'imposer partout le français contre les patois, les langues régionales.

On prend des mesures pour créer un « fonds de mendicité » qui alimentera des secours publics donnés aux indigents. L'assistance médicale sera gratuite.

Et cette politique centralisée trouve sa plus grande réussite aux frontières, dans la conduite de la guerre.

« Nous marchons non pour conquérir, mais pour vaincre, déclare Billaud-Varenne à la Convention. Nous cesserons de frapper à l'instant où la mort d'un soldat ennemi serait inutile à la liberté. »

Et Billaud-Varenne – a-t-il lu Mallet du Pan ? – craint « l'ambition d'un chef entreprenant… L'histoire nous apprend que c'est par là que toutes les républiques ont péri. Un peuple guerrier devient esclave. »

Et le général Hoche est en prison, accusé d'avoir eu des sympathies pour les Cordeliers. Et le général Westermann a été guillotiné comme dantoniste. Et l'on surveille les généraux qui, avec l'armée des Alpes, conquièrent toute la Savoie, ou celle qui sous le nom « armée de Sambre-et-Meuse » et le commandement du jeune général Jourdan entreprend la reconquête de la Belgique. Ou l'armée qui libère tout le Roussillon.

La patrie est-elle encore en danger, quand presque tout le territoire français est évacué par l'ennemi ?

Et si la nation est désormais en sûreté, pourquoi faut-il continuer à tuer ?

Or, le peuple est las de voir couler le sang.

« Avant-hier, 11 floréal (30 avril), un grand nombre d'accusés était au Tribunal révolutionnaire et soit précaution indiscrète, sans doute de la part des exécuteurs, soit erreur, l'instrument du supplice avait été dressé sur la place de la Révolution avant le jugement rendu, lit-on dans *La Correspondance politique.*

« Déjà une foule immense de spectateurs se pressait autour de l'échafaud et depuis longtemps était en attente, lorsque la nouvelle est arrivée que le Tribunal venait d'acquitter tous ceux qui étaient en jugement.

« Un cri s'élève aussitôt de tous les cœurs : “Vive la République !” La joie brille sur tous les fronts, plusieurs citoyens se hâtent de mettre la main à l'œuvre pour défaire l'échafaud, tous se félicitent d'avoir vainement attendu et se répandent dans les promenades voisines en bénissant la justice... »

Mais les têtes vont continuer de rouler.

Accusés d'avoir voulu livrer la Bretagne aux Anglais, vingt-six administrateurs du ministère sont guillotinés à Brest. Et c'est Robespierre qui incarne cette politique de la Grande Terreur qui, au nom de la Vertu et de la nécessité patriotique, tue de plus en plus.

Le 3 prairial (22 mai), un ancien domestique, Admirat, qui vit d'expédients, traîne de tripots en cafés, est l'amant d'une ci-devant, et peut-être en relation avec un agent du baron de Batz, cherche en vain à tuer Robespierre et tire deux coups de pistolet sur Collot d'Herbois, avouant aussitôt que c'est l'Incorruptible qu'il voulait assassiner.

Le lendemain, 4 prairial, on arrête dans la cour de la maison des Duplay une jeune fille, accusée de vouloir poignarder Robespierre. Et cette Cécile Renault, fille d'un papetier du quartier de la Cité, est présentée comme une nouvelle Charlotte Corday.

À la Convention, Legendre, flagorneur, déclare que « le Dieu de la nature n'a pas souffert que le crime fût consommé ».

Et Robespierre, extatique, ajoute :

« Quand les puissances de la terre se liguent pour tuer un faible individu, sans doute ne doit-il pas s'obstiner à vivre, aussi n'avons-nous pas fait entrer dans nos calculs l'avantage de vivre longuement... »

Puis, après un silence, il poursuit comme une confidence :

« Je ne tiens plus à une vie passagère que par l'amour de la patrie et par la soif de la justice.

« J'ai assez vécu puisque j'ai vu le peuple français s'élancer du sein de l'avilissement et de la servitude, aux cimes de la gloire et de la liberté. »

Admirat et Cécile Renault, revêtus de la chemise rouge des parricides comme leurs cinquante-deux « complices » – qu'ils n'avaient jamais vus avant leur comparution devant le Tribunal révolutionnaire –, sont condamnés à mort et exécutés, le 17 juin (29 prairial).

Parmi les suppliciés, on trouve les dames de Saint-Amaranthe qui tenaient un salon de jeu au ci-devant Palais-Royal, où l'on rencontrait souvent le frère cadet de l'Incorruptible, Augustin Robespierre, plus homme de plaisir que de vertu.

Et la haine contre Maximilien, « père » de la nation, croît encore après cette parodie de justice.

À la Convention, le député de Versailles, Lecointre, proche de Danton, rédige en secret un acte d'accusation contre Robespierre et s'engage avec huit autres braves à égorger le « nouveau César » en pleine Assemblée.

Robespierre sent la haine qui monte contre lui.

Il y a celle d'un Tallien, d'un Fouché, d'un Barras et d'un Fréron, qui intriguent.

Ces « missionnaires de la Terreur », corrompus, craignent d'être victimes de Maximilien, le « dictateur vertueux ».

Il y a ceux, tel Fouché, qui athées, déchristianisateurs, se moquent du culte de l'Être suprême que Robespierre veut organiser.

Faut-il une religion d'État à la République ?

Et il y a ceux qui soupçonnent Robespierre de vouloir établir la dictature, devenant une sorte de Cromwell.

Barère, patriote modéré et habile, sous prétexte de dénoncer l'Angleterre, cite abondamment les journaux anglais qui évoquent les « soldats de Robespierre ».

Et tous, pour des raisons différentes, craignent que le « tyran », s'il ne tombe pas, ne les fasse monter dans la charrette qui conduit à l'échafaud.

Fréron, Barras, Tallien, Fouché, sont terrifiés quand, reçus par Robespierre, ils mesurent son mépris. Son visage est « aussi fermé que le marbre glacé des statues ».

Fouché tremble encore lorsqu'il se remémore la question que lui a lancée Robespierre :

« Dis-nous donc, Fouché, qui t'a donné mission d'annoncer au peuple que la divinité n'existe pas ? »

Fouché a baissé la tête.

Et Robespierre, avec ses gestes feutrés, impose son autorité.

Barras, lui rendant visite chez les Duplay, trouve le général Brune en train d'éplucher les légumes avec Madame Duplay et sa fille Éléonore qu'on dit fiancée à Maximilien.

Quand l'Incorruptible quitte la maison, Couthon, Saint-Just, Le Bas, l'entourent avec déférence.

Le nouveau maire de Paris, Fleuriot-Lescot, Hanriot commandant de la garde nationale, Fouquier-Tinville, les jurés et le président du Tribunal révolutionnaire Dumas, lui font escorte.

Les conventionnels, fussent-ils hostiles, n'ont pas le courage de se dresser contre l'Incorruptible alors même qu'ils récusent sa politique de la Terreur et de la Vertu, et qu'ils jugent que les victoires militaires – la plus décisive sera celle de Fleurus, le 26 juin 1794, 8 messidor an II, remportée par l'armée de Sambre-et-Meuse – permettraient de desserrer le carcan qui opprime la nation.

Mais ils n'osent pas, craignant pour leur vie, et ils élisent le 4 juin, à l'unanimité de quatre cent quatre-vingt-cinq voix, Maximilien Robespierre président de la Convention.

L'Incorruptible, pendant quelques heures, offre un visage souriant, comme illuminé par le sentiment qu'enfin il est reconnu, compris.

Brève euphorie !

Le 6 juin, l'habile Fouché se fait élire président du club des Jacobins.

Le visage de Robespierre se ferme.

L'élection de Fouché est à ses yeux un défi, un scandale. D'autant plus que Fouché, paraissant se rallier au culte de l'Être suprême, déclare aux Jacobins :

« Brutus rendit un hommage digne de l'Être suprême, en enfonçant un poignard dans le cœur d'un tyran : sachez l'imiter ! »

N'est-ce pas là un appel au meurtre de Robespierre ? La preuve que Fouché est l'âme d'une conspiration qui se trame ?

L'Incorruptible n'en doute plus.

Fouché, répond-il, est l'homme qui à Lyon a commandé de tirer à mitraille sur la foule au lieu de faire juger les contre-révolutionnaires.

Le temps viendra, où il devra répondre de ses actes.

Cette lutte contre ces nouveaux ennemis qui commence, Maximilien pressent qu'elle sera la plus dure, la plus sanglante, peut-être la dernière, il lui semble qu'il peut d'autant mieux l'engager, et en tout cas lui donner la signification la plus haute, en célébrant le 20 prairial (8 juin) la fête de l'Être suprême.

Il est le président de la Convention.

Il marche des Tuileries au Champ-de-Mars à la tête de tous les députés.

Il a revêtu un habit bleu céleste serré d'une écharpe tricolore. Il tient un bouquet de fleurs et d'épis à la main.

La foule est immense. Les façades décorées de fleurs et de feuillages

La musique de Gossec et de Mehul rythme la marche.

Puis Robespierre parle d'une voix de prédicateur.

Devant la statue de la Sagesse, il met le feu à des mannequins qui symbolisent l'athéisme, l'ambition, l'égoïsme et la fausse simplicité.

Il officie. Il n'entend pas les moqueries des conventionnels. Ni la voix de Lecointre qui ose le traiter de « tyran ». Il ne voit pas les députés, qui « abandonnent la fête et s'en vont se rafraîchir en ville chez un cafetier ».

Il parle une seconde fois, prononce une prière à l'Éternel, puis il prend la tête du cortège, qu'ouvre un char traîné par des bœufs aux cornes dorées.

Au Champ-de-Mars, « des hymnes, des décharges d'une artillerie tonnante, des cris de “Vive la République !”, ont terminé la plus majestueuse des fêtes ».

Maximilien Robespierre a vécu son rêve. Mais quand il rentre chez les Duplay, il dit :

« Vous ne me verrez plus longtemps. »

Il n'est pas dupe, le lendemain, de ce qu'écrivent les journaux aux ordres.

« Jamais la joie n'a été plus vive et plus sage à la fois. Jamais cérémonie publique n'a été en même temps plus animée et plus régulière. Le vent frais du couchant qui a régné toute cette belle journée a empêché de sentir ni la chaleur ni la fatigue. »

Deux jours plus tard, Couthon fait voter cette loi, dite de Prairial, qui laisse les inculpés sans défense devant le Tribunal révolutionnaire.

C'est la Grande Terreur.

Et la Convention a même décrété que les douze armées de la République ne feraient plus de prisonniers.

Décret qui ne sera pas appliqué par les généraux, mais qui donne la mesure de l'exaltation patriotique confinant au fanatisme qui fait même renoncer aux principes d'humanité :

Le régiment de Sambre-et-Meuse
Marchait toujours au cri de liberté
Sur la route glorieuse
Qui l'a conduit à l'immortalité.

On marche en entonnant *Le Chant du départ* :

> *La République nous appelle*
> *Sachons vaincre ou sachons mourir*
> *Un Français doit vivre pour elle*
> *Pour elle un Français doit mourir.*

Et le Comité de salut public célèbre le sacrifice des marins du *Vengeur du peuple* qui, en rade de Brest, a permis à un convoi de cent cinquante navires chargés de blé d'échapper à la flotte anglaise.

Vérité ? Légende, pieux mensonge ? Le *Vengeur du peuple* aurait coulé au moment où il se rendait à l'ennemi.

Ainsi le rêve se brise, ou côtoie une réalité contradictoire, hostile.

« Robespierre est revenu de la procession – la fête de l'Être suprême –, écrit un témoin, le libraire-imprimeur Ruault, comme il y était allé, couvert d'applaudissements par les gens de son parti et les exécrations secrètes de ceux qui ont horreur du sang humain qu'il fait verser plus abondamment que jamais depuis la loi du 22 prairial.

« Le Tribunal révolutionnaire envoie maintenant des condamnés à mort par six ou sept charrettes à la fois. On a changé la scène des massacres : c'est à la barrière du Trône qu'on les fait mourir par soixante ou quatre-vingts. On y établit des couloirs souterrains pour recevoir le sang qui infectait le voisinage dans la chaleur de cet été...

« Nous avons vu périr ces dernières semaines ce qui restait de plus grand et de plus illustre en France et aussi ce qu'il y avait de plus riche.

« On fait traverser aux condamnés pour aller au lieu de supplice la partie la plus populeuse et la plus mouvante : il n'y a presque pas de jour que les allant et venant ne voient parmi ce nombre de victimes quelqu'un de leur connaissance, un ami, un parent...

« Au Tribunal révolutionnaire, on comparaît au nombre de cinquante, soixante, soixante-dix, assis sur une estrade à cinq ou six rangs... Pour la forme encore on mêle dans ce nombre d'accusés quelques individus censés coupables de quelques paroles indiscrètes et on les acquitte pour se donner un air de clémence et de générosité... Les juges et les jurés sont aux ordres absolus des deux hyènes du Comité de salut public, Billaud-Varenne et Collot d'Herbois, car depuis quelque temps Robespierre ne se rend plus aux séances de ce Comité, et d'une autre hyène encore, Amar, du Comité de sûreté générale... Comment donc faire avec de pareils hommes qui prennent tout de travers qui ne croient à la bonne foi de personne...

« Le vice dominant de Robespierre n'est point la cruauté, son faible génie est tout en ambition. Le public lui donne la priorité en férocité : le public se trompe. La manie de Robespierre est de se croire capable d'établir et de mener seul la République : il ne peut souffrir de rivaux dans cette périlleuse fonction... Robespierre se croit cet homme nécessaire, ce dictateur désiré des esprits sages... Mais aucun citoyen n'est assuré d'exister deux jours encore tant que Billaud et Collot domineront le Comité de salut public.

« ... Collot est venu vers minuit dans l'imprimerie pour faire des changements et des corrections dans ses discours...

« Je ne puis vous cacher, mon cher ami, confie Ruault, que j'éprouvais une espèce de tremblement en voyant de si près la figure farouche de Collot, aux gros yeux noirs et hagards, aux sourcils épais et foncés, à la crinière drue et mêlée.

« Il me semblait voir le génie infernal, le démon exterminateur qui plane sur la France. »

Robespierre devine le malaise, la peur, l'angoisse qui étreint le pays. Quelle politique choisir ?

Hésitant, il déserte durant près d'une vingtaine de jours les séances du Comité de salut public, tant les rapports sont tendus entre les membres du Comité.

D'un côté Maximilien et ses proches, Couthon et Saint-Just, de l'autre Billaud-Varenne, Collot d'Herbois, Carnot, opposés entre eux, mais tous hostiles à Robespierre.

Les algarades sont si violentes, le vacarme si grand, que les séances se tiennent désormais au premier étage, afin de tenter de masquer les divergences, les disputes qui fracturent le Comité.

Robespierre s'enferme chez les Duplay, incapable de supporter cette contestation, cette tension.

Mais au nom du Comité de sûreté générale, Vadier, un Montagnard, présente un rapport, à propos d'une ancienne nonne, Catherine Théot, surnommée la *mère de Dieu*, et d'un dom Gerle, ancien constituant protégé de Robespierre.

Ces deux-là, et d'abord la *mère de Dieu*, ne conspirent-ils pas à l'instigation de Robespierre, en le présentant comme le Messie ?

Maximilien sent bien qu'on vise à la fois à le discréditer, à le compromettre et à le ridiculiser.

Lui, le Messie ?

On s'esclaffe. Mais Robespierre, au lieu d'ignorer cette machination, tombe dans le piège tendu, se faisant remettre le dossier de la *mère de Dieu*, par le Tribunal révolutionnaire et obtenant que la comparution de Catherine Théot soit renvoyée.

Il demande même sans l'obtenir la révocation de Fouquier-Tinville. Protège-t-il la *mère de Dieu* ?

Même ses plus proches partisans le supplient de condamner Catherine Théot, de s'élever contre toute forme de mysticisme.

Il se tait, mais il retourne au Comité de salut public.

C'est là qu'il apprend de la bouche de Saint-Just que les armées de Jourdan ont remporté une victoire décisive sur les Autrichiens à Fleurus.

Mais ce succès qui prouve l'efficacité de la politique du Comité de salut public au lieu de rassembler ses membres les divise plus encore.

Pour ou contre Robespierre et sa politique de Terreur et de Vertu ?

« On veut me rendre ridicule pour me perdre, dit Robespierre, mais je méprise tous ces insectes et je vais droit au but : la vérité, la liberté ! »

« Dictateur ! » lui répond Carnot, avec une expression de mépris et de défi.

Robespierre se lève d'un bond, se dirige vers la porte, suivi par Saint-Just.

« Sauvez la patrie sans moi ! » crie-t-il.

14.

Maximilien Robespierre, en ces premiers jours de juillet 1794, s'obstine.

Il ne retournera pas au Comité de salut public.

À Saint-Just qui le presse de revenir participer aux débats, il dit avec dédain qu'il n'est pas encore temps.

Le Comité de salut public et celui de sûreté générale, comme le Tribunal révolutionnaire sont infestés par les traîtres, répète Maximilien, et il veut les dénoncer, les empêcher de nuire.

« Si la Providence a bien voulu m'arracher des mains des assassins, dit-il, c'est pour m'engager à employer utilement les moments qui me restent encore. »

Il s'interrompt, et reste longuement silencieux, les yeux fixes comme s'il voyait en face de lui, si proche, la mort. Il a le sentiment que l'« instant fatal » est pour bientôt. Mais d'ici là il veut essayer de terrasser Fouché, Tallien, Barras, Fréron, ces hommes « dont les mains sont pleines de rapines et de crimes ».

Il veut épurer les Comités de salut public et de sûreté générale de ceux qui conspirent contre lui : Carnot, Cambon, Barère, Billaud-Varenne, Collot d'Herbois.

Il faudrait aussi chasser Fouquier-Tinville du Tribunal révolutionnaire.

Mais ces noms, il ne veut pas les livrer. Il sait pourtant que ses adversaires font circuler des « listes noires » de proscription qu'ils les lui attribuent. Et de cette manière, ils espèrent que tous ceux qui se sentiront menacés se ligueront contre celui qu'à mi-voix, ils appellent le « tyran », le « dictateur ».

Robespierre, au club des Jacobins, rejette ces accusations, stigmatise une conspiration qui prend sa source à l'étranger.

« À Londres, dit-il, on me dénonce à l'armée française comme un dictateur. Les mêmes calomnies sont répétées à Paris. Vous frémiriez si je vous disais dans quel lieu ! »

Et chaque Jacobin sait que l'Incorruptible désigne les Comités.

« Si l'on me forçait à renoncer à une partie de mes fonctions, reprend Robespierre, il me resterait encore ma qualité de représentant du peuple et je ferais une guerre à mort aux tyrans et aux conspirateurs. »

On l'acclame. Et il réussit à faire exclure Fouché du club des Jacobins, mais les fils de l'intrigue noués par Fouché, Barras, Fréron, Tallien, s'étendent bien au-delà du club des Jacobins.

L'opinion est prête à écouter et même à soutenir ceux qui disent vouloir en finir avec la Terreur.

On a la « nausée de la guillotine », de ces six ou sept charrettes qui chaque jour traversent Paris, et sur lesquelles on entasse plusieurs dizaines de condamnés, cinquante-cinq tel jour – le 8 thermidor – dont dix-neuf femmes.

Dans telle « fournée » – le 5 thermidor –, il y a le général Alexandre de Beauharnais, et son épouse Joséphine croupit en prison, attendant son tour. Et le 7 thermidor, parmi les trente-six condamnés, se trouve le journaliste poète, André Chénier.

Ce sang versé, à quoi sert-il, puisque les armées de la République commandées par les généraux Jourdan, Pichegru, Marceau sont entrées à Bruxelles, à Anvers, à Liège ? Que la dernière place forte française – Landrecies – est abandonnée par les Autrichiens qui l'occupaient depuis plusieurs mois.

Si la patrie n'est plus en danger, fait-on la guerre pour la rapine, le pillage ?

Carnot vient de donner pour instructions aux représentants du peuple à l'armée de Sambre-et-Meuse : de ne « pas négliger les productions des beaux-arts qui peuvent embellir Paris ; faites passer ici les superbes collections de tableaux dont ce pays abonde : les habitants se trouveront sans doute heureux d'en être quittes pour des images ».

Barère fait prendre un arrêté par le Comité de salut public invitant les troupes à se saisir des « Rubens ».

Et Carnot, quand il songe à envahir la Hollande, pense à la richesse de ces Provinces-Unies.

Mais ces succès militaires rendent la Terreur, la tension qu'elle suscite, encore plus insoutenables.

Des citoyens se réunissent, organisent dans les rues, les cours des immeubles, des « banquets fraternels », que le robespierriste Payan, un noble du Dauphiné devenu « agent national » auprès de la Commune de Paris, dénonce.

Payan s'alarme de la multiplication de ces repas fraternels dans les lieux publics.

« Les aristocrates, dit-il, y corrompent les sans-culottes sous le prétexte des nouvelles victoires à fêter et les persuadent qu'il est temps de mettre fin à la terreur. »

« Vous ne jouirez, dit Payan, des douceurs de la paix que lorsque vous aurez précipité dans le cercueil tous les prétendus amis de la paix. Loin de nous ce système par lequel on veut nous persuader qu'il n'est plus d'ennemis dans la République ! »

Et Barère à son tour s'inquiète de ces agapes, où les modérés boivent à la santé de la République, en déclarant :

« Nos armées sont victorieuses partout, il ne nous reste que la paix à faire, à vivre en bons amis et à faire cesser ce gouvernement révolutionnaire qui est terrible. »

Mais cette aspiration à la paix civile qui suscite ces rencontres fraternelles entre citoyens ne naît point d'un complot modéré ou aristocratique.

La lassitude est profonde. Et elle est d'autant plus grande que les plus humbles des citoyens, les ouvriers, subissent le nouveau *maximum* des salaires que la Commune leur impose.

Un charpentier perd cinq livres par jour, un tailleur de pierres deux livres, un forgeron des ateliers de l'armée près de six livres

Ainsi à la lassitude s'ajoute le mécontentement, le désenchantement, et même le dégoût.

À quoi sert donc ce gouvernement révolutionnaire ? se demande-t-on. Et comment croire encore aux propos des uns et des autres ? Que sont devenus Jacques Roux, Marat, Hébert, Danton, que les sans-culottes avaient écoutés, suivis, aimés ?

L'un, désespéré, s'est suicidé en prison. L'autre a été assassiné. Les deux derniers ont été accusés, alors qu'ils avaient été la voix de la Révolution, d'être corrompus et traîtres à la nation. Et on a retiré du Panthéon la dépouille de Mirabeau, tribun, héros, vendu à la Cour !

Alors comment s'enthousiasmer encore pour tel ou tel, même s'il est l'Incorruptible ?

Autant s'asseoir à l'une des tables dressées par les citoyens de la même rue, pour trinquer ensemble à la paix, au cours d'un repas fraternel, en souhaitant qu'on ne voie plus passer ces charrettes chargées d'hommes et de femmes aux mains liées, et dont la tête allait « rouler et éternuer dans le sac ». Qu'on en finisse avec la Terreur !

Et qu'on ne prétende plus, quand on subit le maximum des salaires, qu'on perd la moitié de sa journée, et que le pain est toujours aussi cher, que la Vertu règne en même temps que la Sainte Guillotine !

Mais comment arrêter cette machine infernale qui continue de décapiter, place du Trône-Renversé à la lisière de la ville, comme si les autorités révolutionnaires avaient eu conscience que la « nausée de guillotine » allait les faire rejeter ?

Jean Bon Saint-André le dit : « Un grand orage est proche. »

Hanriot, le commandant de la garde nationale, signale que les arrêts de travail se multiplient dans divers ateliers, même ceux qui fabriquent des fusils pour les armées.

Pourtant Barère déclare encore à la Convention qu'« il n'y a que les morts qui ne reviennent point », faisant ainsi une nouvelle fois l'apologie de la Terreur.

Mais en fait, les membres des Comités comprennent qu'ils doivent cesser de se déchirer et faire front commun, contre le mécontentement et la lassitude qui gagnent. Et ils insistent le

22 juillet (4 thermidor) pour que Robespierre revienne au Comité de salut public.

Ils paraissent prêts à s'entendre avec l'Incorruptible. Barère est chargé de présenter un rapport à la Convention, « sur les moyens de faire cesser la calomnie et l'oppression sous lesquelles on a voulu mettre les patriotes les plus ardents ». Chacun comprend que c'est un pas vers Robespierre, le calomnié, le ridiculisé.

Et le 23 juillet (5 thermidor), Maximilien s'assied avec les autres membres des deux Comités autour de la grande table verte.

« Nous sommes tes amis, nous avons toujours marché ensemble », dit Billaud-Varenne.

Et le soir à la Convention, Billaud-Varenne, avec enthousiasme, annonce la réconciliation des patriotes qui siègent dans les Comités.

Robespierre se tait.

Il écoute, impassible, son fidèle Couthon déclarer le 6 thermidor (24 juillet) que la « Convention doit écraser les cinq ou six petites figures humaines dont les mains sont pleines de richesses de la République et dégouttantes du sang des innocents qu'ils ont immolés ».

Et le lendemain 7 thermidor (25 juillet), Maximilien demeure impassible quand Barère prononce son éloge. Mais l'Incorruptible donne l'impression à certains d'être un chat ou un tigre prêt à bondir, les yeux brillants de rage. Et en effet, Maximilien vient d'apprendre que Saint-Just s'est engagé à ne plus faire mention de l'Être suprême ni de l'immortalité de l'âme dans un rapport sur les institutions qu'il doit rédiger.

Maximilien a le sentiment d'être trahi à la fois par Saint-Just et par Couthon.

Il est seul. Il doit se défendre et attaquer seul.

Le 8 thermidor (27 juillet), il monte à la tribune de la Convention.

Il veut dire ce qui depuis des semaines, des mois même, pèse sur son âme et l'étouffe.

Il veut donner sa vision de la Révolution.

Il veut énoncer son programme.

Et il sait que ce discours peut devenir, et peut-être le souhaite-t-il, son testament.

Ce 8 thermidor an II (26 juillet 1794) est une journée torride, sous un soleil aveuglant et brûlant. Maximilien gravit lentement les degrés, saisit à deux mains le pupitre, commence à parler d'une voix plus tendue encore qu'à l'habitude.

Chaque mot tombe, tranchant le silence.

Lui, l'homme du Comité de salut public, lui le Montagnard, il se tourne vers le Marais. Il fait l'apologie de la Convention. Il condamne la Montagne, les Comités, leur impuissance.

Il se fait gloire d'avoir préservé la vie de soixante-treize députés girondins. Il est à la fois habile manœuvrier, critiquant la conduite des finances, de la guerre, du Tribunal révolutionnaire, et en même temps, il parle avec la franchise d'un homme qui se met à nu.

« J'ai besoin d'épancher mon cœur, dit-il. Tout s'est ligué contre moi et contre ceux qui avaient les mêmes principes... Je n'écoute que mon devoir, je vois le monde peuplé de dupes et de fripons. Mais le nombre de fripons est le plus petit : ce sont eux qu'il faut punir des crimes et des malheurs du monde. »

Qui sont-ils ?

Il ne révèle aucun nom et chaque conventionnel se sent aussitôt suspect.

« Je ne veux ni l'appui ni l'amitié de personne, poursuit Maximilien. Je ne cherche point à me faire un parti. »

Les conventionnels figés écoutent sans interrompre cet homme qui se découvre, en même temps qu'ils ont le sentiment qu'il les menace tous.

« Mon existence seule, dit Robespierre, est pour les fripons et les traîtres un objet d'épouvante. »

Et d'autant plus qu'il ne craint pas la mort.

« Pourquoi demeurer dans un ordre de choses où l'intrigue triomphe éternellement de la Vérité ? Comment supporter le supplice de voir cette horrible succession de traîtres ? J'ai tremblé quelquefois d'être souillé aux yeux de la postérité par le voisinage impur de ces hommes pervers. »

On commence à murmurer sur les bancs de la Convention.

On hausse la voix quand Robespierre remet en cause la Révolution elle-même.

« Ma raison, non mon cœur, dit-il, est sur le point de douter de cette République vertueuse dont je m'étais tracé le plan... Car nous n'avons même pas le mérite d'avoir entrepris de grandes choses pour des motifs vertueux. »

Les conventionnels sont comme terrassés par ces aveux, ce jugement impitoyable, celui qu'on peut porter lorsqu'on est au seuil de la mort.

« Je ne veux ni l'appui ni l'amitié de personne », ajoute Maximilien.

Et la Convention fascinée décide que le discours sera imprimé.

Elle semble ainsi approuver et suivre Maximilien Robespierre et lui remettre le pouvoir.

Tout à coup Cambon, le responsable des finances du Comité de salut public, se dresse. Il a été mis en cause, il se défend.

« Avant d'être déshonoré, dit-il, je parlerai à la France. Un seul homme paralyse la volonté de la Convention, cet homme, c'est Robespierre. »

Billaud-Varenne intervient à son tour, demande qu'avant d'être imprimé le discours soit soumis à l'examen des Comités.

« Il faut arracher le masque, dit-il. J'aime mieux que mon cadavre serve de trône à un ambitieux que de devenir par mon silence complice de ses forfaits. »

L'exaspération, la colère gagnent de nombreux conventionnels. L'un dit qu'il existe une liste de proscrits et que Robespierre doit la communiquer à l'Assemblée.

Robespierre le nie, mais ajoute qu'il refuse de « blanchir tel ou tel ».

Le conventionnel Charlier, l'un des plus ardents partisans de la Terreur, s'écrie :

« Quand on se vante d'avoir le courage de la vertu, il faut avoir celui de la vérité. Nommez ceux que vous accusez ! »

« Oui, oui, nommez-les ! »

« Je persiste dans ce que j'ai dit », répond Robespierre.

Amar, du Comité de sûreté générale, dénonce sur un ton méprisant « l'amour-propre blessé qui vient troubler l'Assemblée ».

Fréron demande que l'on retire aux Comités le droit de faire arrêter les députés.

Robespierre descend de la tribune. Il reste impassible quand la Convention ordonne que l'impression de son discours soit suspendue.

La séance est levée à cinq heures.

Robespierre a perdu ce premier combat. Il ne s'en soucie pas. Il ira ce soir au club des Jacobins relire son discours. Et demain, la Convention s'inclinera.

Les Jacobins, comme il l'a prévu, l'acclament.

« En jetant mon bouclier, commence-t-il, je me suis présenté à découvert à mes ennemis. Je n'ai flatté personne. Je n'ai calomnié personne. Je ne crains personne. »

Les Jacobins découvrent dans la salle du club Billaud-Varenne et Collot d'Herbois. On les bouscule. On crie : « À la guillotine ! À la guillotine ! » Et on les expulse.

Maximilien Robespierre reprend son discours, dont chaque phrase est saluée avec ferveur.

« Je suis fait pour combattre le crime, non pour le gouverner, dit-il. Le temps n'est point arrivé où les hommes de bien peuvent servir impunément la patrie. Les défenseurs de la liberté ne seront que des proscrits tant que la horde des fripons dominera.

« Citoyens... »

Il s'interrompt, se redresse, comme s'il voulait offrir son corps à qui le vise.

« Citoyens...

« Je leur lègue la vérité terrible et la mort. »

La nuit est belle et légère après la journée suffocante.

Dans quelques heures, ce sera l'aube du 9 thermidor an II, 27 juillet 1794.

15.

« La vérité terrible et la mort » : ces mots de Robespierre inquiètent et angoissent de nombreux membres des Comités de salut public et de sûreté générale, du Tribunal révolutionnaire et de la Convention.

Et comme l'Incorruptible a refusé de donner les noms de ceux qu'il vise, la peur se propage.

Certains ne doutent pas du sort que l'Incorruptible leur réserve.

Fouché, lorsqu'il se rend auprès des députés du Ventre, cette Plaine, ce Marais, qui occupent le centre de la Convention et qui siègent précisément en face de la tribune, et forment un groupe de conventionnels compact qui, par son vote, peut faire basculer l'Assemblée – pour ou contre Robespierre – ne cache pas que sa vie est en jeu.

« J'ai l'honneur d'être inscrit sur les tablettes de Robespierre, à la colonne des morts », dit Fouché.

Il parle avec passion à Boissy d'Anglas qui, depuis son élection en 1789, aux États généraux, mène une prudente carrière et est devenu à la Convention l'un des membres les plus influents de ce Ventre.

Fouché veut le convaincre que renverser l'Incorruptible, c'est mettre fin à la Terreur, à cette loi de Prairial qui transforme chaque citoyen en suspect et donc en condamné, selon le bon plaisir du Tribunal révolutionnaire.

Barras, Fréron, mais aussi Collot d'Herbois et Billaud-Varenne, que les Jacobins viennent de chasser du club en les menaçant du « rasoir national », appuient Fouché.

Boissy d'Anglas réunit ses collègues du Marais.

Si les Montagnards, à la suite de Fouché et des autres « terroristes » anciens représentants en mission, corrompus, abandonnent Robespierre, si l'Incorruptible n'est plus entouré que de quelques amis sûrs et critiqué par les plus humbles des citoyens, écrasés par la misère, las et mécontents, alors il y a un avenir pour le Marais, le Ventre, la Plaine.

Dans la nuit du 8 au 9 thermidor, Fouché et Tallien pressentent que les modérés de la Convention, les prudents et les lâches, les héritiers des Feuillants commencent à redresser la tête, prêts à saisir l'occasion d'abattre Robespierre et ces lois terroristes, si elle se présente.

Tallien insiste.

Il viendra, le 9 thermidor, avec un poignard. Car il ne s'agit pas seulement de sa vie, mais de celle aussi de Thérésa Cabarrus, sa femme aimée, cette fille de banquier et armateur espagnol, qu'il a rencontrée à Bordeaux.

On l'avait arrêtée parce que son père était aussi agioteur, corrompu et corrupteur, riche et donc suspect. Tallien avait réussi à la faire libérer, mais, venue à Paris, elle a de nouveau été arrêtée, en mai, et elle n'échapperait pas à la Sainte Guillotine si Robespierre et Saint-Just, Couthon, Le Bas, et ses partisans à la Commune de Paris continuaient de dominer le pouvoir.

Il fallait que Robespierre tombe.

Et Tallien dénonce le discours prononcé la veille par l'Incorruptible à la Convention et répété au club des Jacobins.

Phrases hypocrites, apologétiques, annonçant la tyrannie, dit-il.

Et ce sont ces mêmes accusations que Collot d'Herbois, Billot-Varenne ont reprises au Comité de salut public, lorsqu'ils sont rentrés du club des Jacobins, au milieu de la nuit. Ils ont entouré Saint-Just, qui écrit.

« Tu rédiges notre acte d'accusation ? » lui demandent-ils.

Saint-Just les toise.

« Eh bien oui, tu ne te trompes pas Collot, et toi aussi, ajoute-t-il en se tournant vers Carnot, tu n'y seras pas oublié non plus et tu t'y verras traité de main de maître. » Et Saint-Just reprend la plume, indifférent aux colères des autres.

Vers cinq heures du matin, il range ses notes, se lève, impassible, et s'éloigne d'un pas tranquille.

Il a l'intention, avant la chaleur qui s'annonce étouffante, d'aller chevaucher au bois de Boulogne, pour respirer un air encore frais.

Mais il suffit de quelques heures, ce 9 thermidor, pour qu'une chaleur orageuse étouffe Paris, sous l'épaisseur sombre de nuages bas, que déchire parfois la foudre.

Dans le pavillon de Flore, Billaud-Varenne, Barère, Collot d'Herbois, Carnot, vont et viennent, s'épongent le front, échangent quelques phrases, consultent leurs montres.

Ils attendent Saint-Just qui est censé venir leur lire son discours. C'est Couthon qui arrive. Le paralytique est lui aussi en sueur. On le questionne, on se dispute. On l'accuse de trahir, comme Saint-Just, le Comité.

Tout à coup, vers midi, un huissier apporte un message de Saint-Just.

Collot d'Herbois le parcourt, a une exclamation de fureur, le lit à haute voix :

« Vous avez flétri mon cœur, écrit Saint-Just, je vais l'ouvrir tout entier à la Convention nationale. »

On s'indigne. On court vers la Convention, puisque c'est devant elle que va se livrer la bataille.

Finis les apparences ou les espoirs de réconciliation au sein des Comités.

Les conventionnels vont trancher, pour ou contre Robespierre.

« Le Ventre est avec nous », murmure Fouché.

Mais les tribunes sont peuplées de robespierristes. Ils acclament Robespierre qui, vêtu de l'habit bleu qu'il n'a porté que pour la fête de l'Être suprême, gagne sa place du pas d'un prêtre qui se dirige vers l'autel.

Saint-Just le rejoint, avec lui aussi la démarche d'un officiant, élégant dans son habit chamois, son gilet blanc et sa culotte gris tendre. C'est lui qui, vers une heure de l'après-midi de ce 9 thermidor an II, monte le premier à la tribune de la Convention.

Collot d'Herbois préside la séance, et déjà il brandit la clochette qui lui permettra d'interrompre les débats et même de couvrir la voix de l'orateur.

Saint-Just s'apprête à parler. Il tourne la tête, regarde à sa droite et à sa gauche les deux tableaux représentant l'un Marat, l'autre Le Peletier, les deux « martyrs » assassinés. Entre eux l'« Arche sainte » contenant le texte de la Constitution de 1793 – l'an I –, jamais appliquée.

Saint-Just commence d'une voix calme, posée :

« Je ne suis d'aucune faction, dit-il, je les combattrai toutes... »

Des applaudissements l'interrompent, mais ils saluent l'entrée de Billaud-Varenne.

« Quelqu'un cette nuit, reprend Saint-Just, a flétri mon cœur et je ne veux parler qu'à vous. On a voulu répandre que le gouvernement était divisé, il ne l'est pas, une altération politique que je vais vous rendre a seulement eu lieu. »

Robespierre a un geste d'irritation. Il lui semble que Saint-Just se dérobe, Saint-Just veut ainsi éviter l'affrontement, par prudence, parce qu'il a pris conscience de la force de ses adversaires. Il veut rassurer ce Ventre modéré dont les députés sont aux aguets, sans doute prêts à rallier Fouché, Barras, Tallien. Et ce dernier bondit à la tribune, repousse Saint-Just :

« Hier, dit-il, criant presque, un membre du gouvernement s'en est isolé et a prononcé un discours en son nom particulier, aujourd'hui un autre fait la même chose, je demande que le rideau soit déchiré. »

« Il le faut, il le faut », scandent plusieurs dizaines de conventionnels.

Saint-Just ouvre la bouche, mais Billaud-Varenne se précipite à la tribune avant même que Tallien en soit descendu.

« Je m'étonne de voir Saint-Just à la tribune après ce qui s'est passé, dit-il. Il avait promis aux deux Comités de leur soumettre son discours avant de le lire à la Convention et même de le supprimer s'il leur semblait dangereux... »

Saint-Just se tait, immobile, impassible, inébranlable mais paralysé, devenu plus spectateur qu'acteur.

Et Billaud-Varenne continue, raconte la séance au club des Jacobins.

« On a eu l'intention d'égorger la Convention », clame-t-il.

Il désigne un homme assis dans les tribunes, demande son expulsion en l'accusant d'être celui qui au club des Jacobins a attaqué la Convention.

« La Convention périra si elle est faible ! » crie Billaud-Varenne.

« Non, non, non », répondent les députés de la Montagne en agitant leurs chapeaux.

Le Bas veut parler. Collot d'Herbois agite la clochette, les tintements, les cris étouffent la voix de Robespierre, cependant que Billaud-Varenne attaque l'Incorruptible.

Et quand Robespierre s'élance vers la tribune pour parler, la clochette de Collot d'Herbois sonne, le rend inaudible, et les cris de « À bas le tyran ! » retentissent.

Onze fois Robespierre essaie de parler, mais le nouveau président de séance, Thuriot, agite frénétiquement la clochette et étouffe sa voix.

« De quel droit, lui lance Robespierre, le président protège-t-il les assassins ? »

Tallien est remonté à la tribune.

« J'ai vu hier la séance des Jacobins, crie-t-il. J'ai frémi pour la patrie. J'ai vu se former l'armée du nouveau Cromwell et je me suis armé d'un poignard pour lui percer le sein si la Convention n'avait pas le courage de le décréter d'arrestation ! »

Tallien brandit et agite le poignard.

Robespierre hurle, mais qui l'entend dans les cris, le tintement de la clochette ?

« Pour la dernière fois, président d'assassins, me donneras-tu la parole ? »

Il a le visage congestionné, il continue de parler. Il se tourne vers les députés de la Plaine, ces hommes du Ventre.

« Hommes purs, commence-t-il, hommes vertueux c'est à vous que j'ai recours ! Accordez-moi la parole que les assassins me refusent. »

Mais comment peut-il espérer que ces hommes dont tout – l'invocation de l'immortalité de l'âme, de l'Être suprême, de la Terreur et de la Vertu – le sépare le soutiennent ?

En fait, c'est la dernière chance de Robespierre.

Abandonné par la Montagne, par les hommes des Comités – Vadier, Barère, interviennent à leur tour –, il est seul.

Un député de l'Aveyron, inconnu, Louchet, que personne jamais n'a entendu, se dresse :

« Je demande le décret d'accusation contre Robespierre », dit-il.

Et les mains se lèvent pour voter le décret.

Robespierre tente de parler, s'avance au milieu des travées.

On l'interpelle :

« Le sang de Danton t'étouffe », crie un député.

« Ne t'avance pas, lance Fréron, c'est là que s'asseyaient Condorcet et Vergniaud. »

On réclame l'arrestation immédiate du « monstre ».

La peur si longtemps contenue devient rage.

« Brigands ! Les lâches ! Les hypocrites, hurle Robespierre.

« Je demande la mort. »

Puis, alors que les cris de « À bas le tyran ! Décret d'accusation ! » retentissent, il lance :

« Les brigands triomphent. »

Augustin Robespierre se dresse.

« Je suis aussi coupable que mon frère, dit-il. Je partage ses vertus, je demande aussi le décret d'accusation contre moi. »

Le Bas, aussitôt, déclare :

« Je ne veux pas partager l'opprobre de ce décret, je demande aussi l'arrestation. »

L'arrestation est même votée pour Saint-Just, silencieux, comme absent, et pour Couthon.

« Couthon est un tigre altéré du sang de la représentation nationale, crie Fréron. Il voulait se faire de nos cadavres autant de degrés pour monter sur le trône. »

Couthon, assis sur sa chaise roulante, ricane, montrant ses jambes paralysées :

« Oui, je voulais monter au trône. »

« Arrestation, arrestation », crie-t-on.

Saint-Just, Le Bas, Couthon, Augustin Robespierre sont décrétés d'arrestation, comme Maximilien.

Des gendarmes s'approchent.

« La Liberté et la République vont donc enfin sortir de leurs ruines », s'écrie Fréron.

« Oui, car les brigands triomphent », répète Robespierre pendant que les gendarmes l'entraînent, avec ses quatre compagnons.

Saint-Just, à la demande de Collot d'Herbois, dépose d'un geste lent, tranquille, le texte de son discours sur le bureau du président !

La chaleur est intense, moite, lourde.

Il est presque cinq heures, ce 9 Thermidor.

Robespierre est épuisé.

Il dévisage lentement son frère Augustin, Couthon, Saint-Just, Le Bas.

Tous dans cette salle du Comité de sûreté générale où on les a conduits, paraissent à bout de force.

Robespierre baisse la tête après avoir longuement fixé Saint-Just qui, bras croisés, semble indifférent.

Cet homme si jeune, si beau, a-t-il songé à l'abandonner lui aussi ?

On entend des éclats de voix !

Vadier et Amar dans une salle voisine décident de disperser les prisonniers dans les différentes prisons de Paris, et, en attendant leur départ, on leur sert à dîner.

Ils parlent peu.

Une insurrection comme celle qui, le 31 mai et le 2 juin 1793, a imposé à la Convention l'arrestation des députés girondins, est-elle possible ?

Robespierre est réticent. Il ne veut pas violer la loi. Et la Convention est la représentation du peuple souverain.

Et tout à coup, le tocsin qui retentit.

Le Conseil général de la Commune, à l'Hôtel de Ville, a dû apprendre les arrestations. Et le maire de Paris, Fleuriot-Lescot, est un fidèle robespierriste. Il appelle les patriotes à se rassembler en armes, il mobilise la garde nationale que commande le général Hanriot, un robespierriste lui aussi.

Le maire ordonne aux concierges des prisons de ne pas accepter les prisonniers qu'on leur présenterait.

Brutalement, les portes de la salle où se trouve Robespierre s'ouvrent avec fracas. Des gendarmes de la Convention poussent dans la salle Hanriot, bras liés.

Éméché, il avait à cheval harangué, au Palais-Royal, les citoyens, les appelant à « exterminer les trois cents scélérats qui siègent à la Convention ».

Les gendarmes n'avaient eu aucune peine à se saisir de lui.

Est-ce la fin ? L'insurrection mort-née, les robespierristes condamnés.

Mais les concierges des prisons obéissent à la Commune, refusent de recevoir les prisonniers qu'on vient de leur présenter. On conduit Robespierre à la mairie, quai des Orfèvres. On l'y accueille par des cris de joie. Il est libre. Il n'est que huit heures du soir.

Tout serait-il encore possible ?

Le vice-président du Tribunal révolutionnaire Coffinhal est parti pour les Tuileries avec deux cents canonniers et des gardes nationaux, représentant seize sections, même si la majorité – trente-deux – ont refusé de marcher.

On délivre Hanriot, mais le général dégrisé refuse de faire bombarder les Tuileries, et se rend à l'Hôtel de Ville où il retrouve les autres prisonniers.

Robespierre vient d'y arriver. Il a fallu que le maire Fleuriot-Lescot l'arrache à ses hésitations, à sa passivité, à sa prudence. Car il ne veut pas prendre la tête de l'insurrection

Par souci de légalité ? Par habileté ? Afin de rester au-dessus des factions ?

Par épuisement nerveux et sentiment que tout est perdu, que la mort est là, parce que les « brigands triomphent » et que Maximilien est fasciné, attiré par cet échec – et sa mort – qui se dessine.

Mais il n'a pas pu se dérober à l'appel de Fleuriot-Lescot, du Conseil général de la Commune.

« Le Comité d'exécution a besoin de tes conseils, viens sur-le-champ à l'Hôtel de Ville », lui a-t-on écrit.

Et d'ailleurs, comment refuser alors que la Convention déclare hors la loi tous les partisans de Robespierre ?

C'est donc l'insurrection, le conflit armé avec la Convention, l'obligation de jouer son va-tout.

Il faut rassembler tous les robespierristes.

Couthon sera le dernier à rejoindre l'Hôtel de Ville. Il s'obstine à ne pas vouloir quitter la prison de La Bourbe où on l'a accepté.

À toutes les sollicitations, il répond qu'il est fidèle aux principes que lui a enseignés l'Incorruptible : respecter la souveraineté de la Convention.

Il faut qu'Augustin Robespierre prenne la plume, écrive :

« Couthon, tous les patriotes sont proscrits, le peuple tout entier est levé. Ce serait le trahir que de ne pas te rendre avec nous à la Commune où nous sommes actuellement. »

Maximilien Robespierre et Saint-Just signent ce message aux côtés de « Robespierre jeune ».

Couthon a enfin rejoint l'Hôtel de Ville. Et Maximilien regarde autour de lui ses partisans rassemblés dans cette salle.

Aucun élan, aucun enthousiasme. Le désarroi, la fatigue, le désespoir même, se lisent sur les visages, dans les attitudes.

On écrit des ordres :

« Qu'on ferme les barrières de Paris. Que l'on mette les scellés sur toutes les presses des journalistes – et qu'à cet effet on en donne l'ordre aux commissaires de police – et les journalistes en arrestation ainsi que les députés traîtres. »

On conclut le message par ces mots :

« C'est l'avis de Robespierre et le nôtre. »

Mais Maximilien Robespierre ne signe pas le texte qui portera le nom de Payan et celui du maire Fleuriot-Lescot.

On parle. On palabre plutôt, dans une atmosphère irréelle.

On dit qu'il faut « mettre le peuple en humeur ».

On décide l'« arrestation des indignes conspirateurs » pour « délivrer la Convention de l'opposition où ils la retiennent ».

Saint-Just, debout, ne dit mot.

Il observe sur la place de Grève, devant l'Hôtel de Ville, les gardes nationaux, les canonniers, qui piétinent, inactifs, auxquels personne ne donne d'ordre.

Nombreux sont ceux qui, après des heures d'attente, commencent à quitter la place.

Il aperçoit des agents de la Convention, ceints de leur écharpe tricolore, qui vont et viennent, annoncent que de nombreuses sections se sont ralliées à l'Assemblée, que l'École militaire de Mars a fait de même, que ceux qui suivent les ordres de la Commune, de Robespierre, sont hors la loi, passibles d'une exécution immédiate, sans jugement.

Les hommes peu à peu s'égaillent, et seule une poignée d'entre eux demeure sur la place.

C'est le 10 thermidor, an II, vers deux heures du matin.

Dans la salle de l'Hôtel de Ville, Fleuriot-Lescot a établi la liste des « ennemis du peuple », ces quatorze députés, parmi lesquels Tallien, Fouché, Fréron, Carnot, « qui ont osé plus que Louis XVI, puisqu'ils ont mis en arrestation les meilleurs patriotes ».

Ils sont décrétés hors la loi.

On entend la pluie d'averse qui en rafales frappe les vitres, les pavés de la place, et qui tombe drue depuis minuit, chassant les derniers gardes nationaux.

Ils ne sont plus que quelques-uns quand une petite colonne de gendarmes, rassemblée par la Convention, après avoir longé les quais, parvient place de Grève. Elle est conduite par Barras, qui en a pris le commandement, et par le député Léonard Bourdon, qui fut longtemps proche d'Hébert.

Elle entre facilement dans l'Hôtel de Ville que plus personne ne garde.

Aux gendarmes de la Convention se sont joints les gardes nationaux des beaux quartiers, et des sans-culottes de la section des Gravilliers, celle de l'Enragé Jacques Roux.

On entend plusieurs coups de feu.

Un gendarme – Méda ou Merda – a-t-il fracassé d'une balle la mâchoire de Maximilien, ou bien celui-ci a-t-il tenté de se suicider ?

L'Incorruptible, joue déchirée, dents arrachées, ou brisées, n'est plus qu'un corps pantelant qui tente avec du papier d'étancher le sang qui macule son habit bleu, sa cravate blanche.

Et qu'on outrage, qu'on moque :

« Il me semble que Votre Majesté souffre ? Eh bien, tu as perdu la parole ? Tu n'achèves pas ta motion ? »

Le corps de Le Bas est étendu sur le sol. Le Bas a réussi à se faire sauter la cervelle.

Augustin Robespierre a tenté de s'enfuir par une corniche ou bien s'est jeté par une fenêtre, mais n'est pas parvenu à mourir. On le transporte le corps brisé, en l'insultant.

Hanriot est tombé ou a été précipité dans une cour de l'Hôtel de Ville.

Saint-Just n'a esquissé aucun geste, ni pour fuir, ni pour se défendre, ni pour se suicider.

On l'a arrêté sans brutalité, avec une sorte de respect pour ce jeune homme singulier, et qui ne semblait pas surpris. On découvre Couthon, caché sous une table, et on le jette dans l'escalier.

Si l'on en croit un témoin : « Couthon fut le jouet de la populace depuis trois heures du matin jusqu'à six. Ils le prenaient par le bras et le soulevaient en l'air, ils le laissaient tomber en faisant de grands éclats de rire. Ils le conduisaient ainsi de culbute en culbute jusqu'au parapet du quai pour le jeter tout vivant ou à moitié mort dans la rivière, mais le plus grand nombre criait de le garder pour la guillotine. Il fut donc ramené toujours en roulant et le culbutant à terre dans l'Hôtel de Ville. »

Mais cette nuit violente, tragique, décisive du 9 au 10 thermidor an II, avait été calme dans la plupart des quartiers de Paris.

L'Opéra et l'Opéra-Comique, où l'on donnait *Armide* et *Paul et Virginie*, avaient fait salle comble. On ne s'était pas soucié de ce qui se jouait sur la scène du théâtre politique, à la Convention, à l'Hôtel de Ville et place de Grève.

Les acteurs de ces pièces-là inspiraient la lassitude ou le dégoût.

Qu'ils règlent leurs comptes entre eux !

On a transporté Robespierre et les autres prisonniers – Couthon et Hanriot sont blessés eux aussi, Saint-Just ne paraît pas voir ce qui l'entoure – dans la salle du Comité de salut public.

Deux officiers de santé viennent panser Maximilien, le bas du visage fracassé et ses vêtements couverts de sang.

Ils sont ensuite conduits à la Conciergerie. Et à chaque pas de ceux qui le portent, Robespierre étouffe un hurlement de douleur.

Fouquier-Tinville, la voix hésitante, le visage d'une pâleur de mort, se contente de constater l'identité des prisonniers, qui vont être exécutés sans être jugés puisqu'ils ont été mis hors la loi.

La veille encore, Fouquier-Tinville avait envoyé à la guillotine quarante-quatre condamnés. Et en dépit de l'arrestation de Robespierre, connue vers cinq heures et demie, les charrettes avaient continué leur route.

« Va ton train », avait fait dire Fouquier-Tinville au bourreau.

Parmi les condamnés il y avait un homme de vingt ans, et un vieillard de quatre-vingt-dix !

Un témoin, le 10 thermidor, se souvenant de ces condamnés-là, écrit :

« La Convention trop occupée d'elle-même ne songea point à expédier promptement un sursis pour les condamnés du matin du 9 thermidor. Et le peuple, intimidé par les gardes nationaux du général Hanriot, qui avaient ordre de faire exécuter le jugement et obligèrent les charrettes à poursuivre leur chemin vers la place du Trône-Renversé, n'eut pas le courage de les arrêter.

« Qu'il est affreux de mourir sur l'échafaud au moment où l'on apprend que les monstres qui nous y envoient sont enchaînés et vont bientôt y monter eux-mêmes. »

Et c'est cent quarante têtes qui ont « éternué dans le sac » en quelques heures, le 8 et le 9 thermidor.

Maintenant, ce 10 thermidor, vers six heures du soir, Robespierre et vingt et un de ses « complices » prennent place dans trois charrettes.

Leurs vainqueurs – Fouché, Barras, Fréron, Tallien, Billaud-Varenne, Collot d'Herbois, et les conventionnels du Ventre, tel Boissy d'Anglas – veulent que ces exécutions s'opèrent avec un grand concours de peuple. Et ils ont décidé de faire dresser l'échafaud, de nouveau, place de la Révolution, afin que les charrettes traversent le Paris du centre, des quartiers « modérés », et que la foule se presse et hurle sa joie, tout au long de la rue Saint-Honoré.

Et les emplacements aux fenêtres sont loués à prix d'or. Les charrettes mettent une heure et demie pour parcourir ce trajet.

Elles se sont souvent arrêtées pour laisser la foule s'approcher, voir, insulter Robespierre, couché, attaché aux ridelles.

Une femme se précipite, s'agrippe à la charrette, crie à Maximilien :

« Monstre, au nom de toutes les mères, je te maudis. »

Devant la maison Duplay, on arrête les charrettes. Un enfant court chez le boucher, en revient avec du sang de bœuf, dont il asperge la porte.

La foule crie.

Les charrettes s'ébranlent.

« Chacune de ces charrettes portait en avant un grand drapeau tricolore, agité dans la route par un bourreau, raconte un témoin. C'était un jour de fête, tout le beau monde était aux fenêtres pour les voir passer ; on applaudissait en claquant des mains. Le seul Robespierre aîné montrait du courage, en allant ainsi à la mort, et de l'indignation en entendant ces exclamations de joie.

« Il avait la tête enveloppée d'un linge, ses yeux de faïence ordinairement éteints étaient très vifs et très animés en ces derniers moments.

« Les autres condamnés étaient sans mouvement. Ils paraissaient accablés de honte et de douleur. Ils étaient presque tous couverts de sang et de boue. Hanriot avait un œil hors de la tête.

« On les aurait pris pour une troupe de bandits saisis dans un bois après un violent combat. »

À sept heures et demie, les charrettes arrivent place de la Révolution, ci-devant place Louis-XV.

Elle est remplie par la foule qui, sous un ciel d'été d'un bleu intense, crie sa joie, applaudit.

Elle hurle quand le bourreau s'affaire à lier – et c'est difficile – le paralytique Couthon à la planche.

Et c'est aussi le corps brisé d'Augustin Robespierre qu'on décapite.

Et c'est la tête d'Hanriot, au front ouvert, à l'œil droit pendant sur la joue qu'on fait rouler dans le sac.

Saint-Just monte d'un pas sûr les marches de l'échafaud.

Il précède Maximilien Robespierre et le maire Fleuriot-Lescot qui sera le dernier décapité.

La foule hurle encore plus fort, applaudit quand elle reconnaît l'Incorruptible.

« Le bourreau après l'avoir attaché à la planche et avant de lui faire faire la bascule arrache brutalement les bandages et l'appareil qui soutient la mâchoire fracassée de Maximilien. Il poussa un rugissement semblable à celui d'un tigre mourant, qui se fit entendre aux extrémités de la place », écrit le témoin.

Le bourreau montre au peuple trois têtes ensanglantées . celle d'Hanriot, le général commandant la garde nationale, celle de Dumas, le président du Tribunal révolutionnaire, et celle de ce Maximilien Robespierre, l'Incorruptible qui croyait à l'Être suprême et à l'immortalité de l'âme.

Sur la place de la Révolution, dans les rues voisines, la foule crie sa joie.

« On se jette dans les bras les uns des autres. »

Le témoin ajoute :

« Ô Liberté, te voilà arrachée à tes plus cruels ennemis. Enfin nous sommes libres, le tyran n'est plus. »

Mais comptant les charrettes qui durant plusieurs jours ont conduit par grandes fournées les complices du tyran au rasoir national, il dénombre cent six exécutions.

« Quelle boucherie ! » s'exclame-t-il. « Mais, poursuit-il aussitôt, quel autre malheur plus grand que cette journée du 9 thermidor ne soit pas arrivée deux ou trois jours plus tôt. Près de cent quarante personnes y auraient gagné la vie… »

CINQUIÈME PARTIE

10 thermidor an II - 4 prairial an III
28 juillet 1794 - 23 mai 1795
« La Révolution est faite »

« On semblait sortir du tombeau et renaître à la vie. »

Le conventionnel THIBAUDEAU
après le 9 thermidor an II

« La Révolution est faite...
La Révolution a coûté des victimes, des fortunes
ont été renversées ; iriez-vous autoriser des recherches
sur tous les événements particuliers ?
Lorsqu'un édifice est achevé, l'architecte
en brisant ses instruments ne détruit
pas ses collaborateurs... »

Le conventionnel CAMBACÉRÈS
après le 9 thermidor an II

« Les conventionnels sont comme des valets de révolution
qui ont assassiné leurs maîtres
et s'emparent de la maison après leur mort. »

MALLET DU PAN
après le 9 thermidor an II

16.

On a jeté le corps de Maximilien Robespierre dans la fosse commune.

« Vive Dieu ! Mon cher ami ! La tyrannie est à bas depuis trois jours, écrit le 12 thermidor an II (30 juillet 1794) le libraire Ruault à son frère. Le bruit sans doute en est déjà venu jusqu'à vous, car il a été grand et terrible comme il devait l'être. Toute la France doit en retentir en ce moment. Robespierre est allé le 10 rejoindre Danton par la même route qu'il a fait prendre à ce collègue pour descendre chez les morts, les révolutionnaires même les plus fougueux ont trouvé juste en cette occasion l'emploi de l'admirable loi du talion… »

Et Ruault raconte qu'alors que Robespierre gisait, la mâchoire fracassée, attendant qu'on le chargeât dans la charrette qui devait le conduire à la guillotine, un sans-culotte s'était approché, et lui avait lancé :

« Te voilà donc, tyran des patriotes ! Sens-tu maintenant tout le poids du sang de Danton ? Il tombe goutte à goutte sur ta tête. »

Quand Barras, Tallien, Fouché, Fréron sortent de la Convention, on leur apporte des fleurs. Des jeunes gens embrassent les basques de leur habit, on crie à Fréron :

« Souviens-toi que tu as des morts à venger. »

Des attroupements se forment devant les portes des quarante prisons de Paris où s'entassent huit mille cinq cents prisonniers.

On a suspendu l'appel quotidien. Les détenus interpellent leurs gardiens, réclament du vin, exigent qu'on les libère.

Des parents, des amis des prisonniers, font le siège du Comité de sûreté générale, sollicitent des « élargissements ».

Des huissiers jouent les intermédiaires, extorquent deux à trois mille écus pour faciliter une libération.

En quelques jours, près de cinq cents suspects sont relâchés.

« On semblait sortir du tombeau et renaître à la vie », dit le conventionnel Thibaudeau qui, prudemment, pendant la Terreur s'est fait oublier au Comité de l'instruction publique, et reparaît maintenant que la tête de Robespierre a roulé dans le sac.

Ils sont nombreux comme lui.

Sieyès, l'un des députés aux États généraux les plus influents, s'est aussi retiré pendant les mois de sang.

« J'ai vécu », murmure-t-il. Et il se souvient en frissonnant du regard que Robespierre portait sur lui, le considérant comme « la taupe de la Révolution, qui ne cesse d'agir dans les souterrains de la Convention, plus dangereux pour la liberté que ceux dont la loi a fait justice jusqu'ici ».

Sieyès a rejoint – comme Thibaudeau – le Ventre, ce Marais dont le vote, le 9 thermidor, a fait tomber Robespierre. On y trouve des hommes qui, comme Boissy d'Anglas, Cambacérès, Durand-Maillane, veulent en finir avec la Terreur sans pour autant retourner à l'Ancien Régime.

« Nous avons renversé la féodalité, dit Boissy d'Anglas, l'égalité règne dans la République. »

Et naturellement, la confiscation des biens nationaux doit être maintenue sous la « garantie de la foi publique ».

Mais les Barras, Fouché, Tallien, Fréron, qui ont été des représentants en mission « terroristes » à Bordeaux, Lyon, Marseille, Toulon, qui partagent les idées des députés du Ventre, ont aussi besoin de faire oublier que leurs mains ont trempé dans le sang de nombreuses victimes, et qu'elles se sont, avides, souvent emparées des biens des « aristocrates ».

Ces terroristes ont été des « friponneurs ». Ils ont craint en Robespierre moins le « tyran des patriotes » que l'Incorruptible.

Ils ont besoin de se séparer de Barère, de Billaud-Varenne, de Collot d'Herbois, de Vadier, d'Amar, de tous ces antirobespierristes qui ont voulu la chute de l'Incorruptible, parce qu'il invoquait la Vertu, l'Être suprême et l'immortalité de l'âme, mais ils veulent rester des Montagnards, des Jacobins, qu'inquiète le retour des aristocrates.

« Vous trouverez les choses bien changées, bien radoucies depuis la mort de Robespierre, écrit Ruault.

« Je trouve seulement que les royalistes ou les aristocrates sont devenus un peu trop insolents. J'ai été insulté hier dans la rue en qualité de patriote par un de ces messieurs qui était sorti de prison la veille... »

Mais les anciens terroristes, soucieux de faire oublier leur passé, ont besoin de ces « messieurs ».

Tallien qui a obtenu la libération de Thérésa Cabarrus, bien vite nommée Notre-Dame de Thermidor, se rend presque chaque jour à la prison du Luxembourg :

« Le peuple y accourt en foule, écrit un témoin, comble Tallien de bénédictions, l'embrasse, embrasse ceux qui viennent d'être rendus à la liberté. Soyez tranquilles mes amis, dit Tallien à ceux qu'il ne peut encore faire sortir de prison. Vous ne soupirerez pas longtemps après votre liberté. Il n'y a que les coupables qui ne jouiront pas de ce bienfait. Je reviendrai aujourd'hui, je reviendrai demain et nous travaillerons jour et nuit jusqu'à ce que les patriotes injustement détenus soient rendus à leurs familles. »

Et le conventionnel Legendre, cet ancien boucher, ce tribun, qui fut proche de Danton, « visite sans cesse les prisons, écoute les détenus, verse des larmes, les rend à leurs familles et s'il en a repoussé quelques-uns revient bientôt vers ceux-là, grondant et pleurant à la fois. Il a l'air de les chasser de la prison. »

Ceux qu'on commence à appeler les « Thermidoriens » se constituent ainsi une clientèle.

Les parents des détenus, les jeunes gens qu'on nomme *muscadins*, parce qu'ils sont parfumés au musc, peuplent les tribunes de la Convention, applaudissent quand le député Lecointre dénonce la « queue de Robespierre » : Barère, Billaud-Varenne, Collot d'Herbois, Vadier...

La Convention déclare ces dénonciations calomnieuses mais aux Tuileries, au Carrousel, au ci-devant Palais-Royal, et même place de la Bastille, des groupes se forment.

On se plaint qu'une dénonciation aussi grave ait été traitée si légèrement... On va même jusqu'à dire qu'on saura bien forcer la Convention à terminer cette affaire.

Rien ne semble ainsi pouvoir empêcher cette division des vainqueurs de Robespierre, qui s'amorce en août et septembre 1794 (thermidor et fructidor an II).

Et un patriote lucide comme Ruault ne peut que s'en lamenter, exprimant une opinion « raisonnable », républicaine, si présente aux débuts de la Révolution, mais qui s'est peu à peu retirée de la vie publique, inquiète et suspecte aux yeux des « ultra-révolutionnaires ».

« Oh, que les passions individuelles sont terribles et honteuses dans une révolution, écrit Ruault. Elles envoient à l'échafaud les hommes les plus énergiques, les plus capables de conduire à sa fin cette même révolution ; ces hommes passionnés et délirants s'entretuent par la main du bourreau, s'affaiblissent dans leur propre cause et déshonorent cette étonnante, cette sublime aventure dans l'histoire humaine.

« Que diront les peuples, que penseront les rois, en apprenant ces horribles nouvelles, en lisant ces pages folles et sanglantes de notre Révolution ?

« Les amis de la liberté, les enfants de la patrie en gémissent et ne désespèrent pourtant pas du tout du succès des affaires publiques... »

En fait, Ruault et chaque citoyen en ont conscience, depuis le 9 thermidor, et même si le gouvernement continue à se déclarer révolutionnaire, la République est entrée dans une nouvelle époque.

L'atmosphère de Paris est différente.

L'un des premiers étrangers, Henri Meister, arrivé dans la capitale par le coche de Genève, s'étonne de pouvoir entrer dans la ville « sans être arrêté à aucune barrière, sans éprouver la moindre difficulté, sans essuyer la moindre question ».

Il remarque qu'on voit de nouveau « quelques voitures particulières, celles des ministres – diplomates – étrangers, celles des membres du Comité de salut public qui en ont chacun une à leur disposition aux frais de la République ; celles de quelques entrepreneurs et de leurs maîtresses ».

Il se rend au théâtre où l'on ne joue sous les acclamations que des pièces qui fustigent le « tyran » Robespierre. Et le public réclame vengeance contre les « chevaliers de la guillotine », les « buveurs de sang ».

On lui confie que « les patriotes se taisent car l'aristocratie les appelle des Robespierre ».

On ovationne les tirades qui font écho aux passions et aux événements du moment :

Exterminez grand Dieu de la terre où nous sommes
Quiconque avec plaisir répand le sang des hommes.

Il voit devant un théâtre un cocher, qui ouvre la portière de sa voiture, s'incliner devant le passager qui vient de le récompenser, et il entend le cocher dire obséquieusement : « Merci mon maître. »

Et ce mot, plus jamais utilisé depuis près de cinq ans, Meister constate qu'il se répand de nouveau. On retrouve le « maître », on oublie « citoyen ».

Chaque jour, Meister lit quotidiens ou pamphlets qui condamnent Maximilien, cet « Imposteur qui dictait depuis cinq ans la ruine de la liberté, pour qui les crimes n'étaient rien, pourvu qu'ils fussent des moyens de parvenir à la tyrannie.

Et les scélérats qui avec lui avaient ourdi les trames les plus atroces ne sont plus... »

Et on appelle à en finir avec la « queue de Robespierre ».

Les journaux saluent la libération des suspects, l'abolition de la loi du 22 prairial, l'arrestation de l'accusateur public du Tribunal révolutionnaire, Fouquier-Tinville, auquel on promet un vrai procès.

En même temps, on traque ceux qui sont suspects de robespierrisme.

Le 9 août, à Nice, les représentants en mission Saliceti et Albitte décrètent d'arrestation le général Bonaparte, parce qu'il y a sur lui « de forts motifs de suspicion de trahison, de dilapidation ».

Bonaparte entretenait de bonnes relations avec Augustin Robespierre, un temps représentant en mission. Cela suffit à faire de Bonaparte un suspect de robespierrisme.

Il se défend avec vigueur, écrivant depuis le Fort-Carré d'Antibes où il a été emprisonné :

« N'ai-je pas toujours été attaché aux principes ? J'ai tout perdu pour la République. Depuis, j'ai servi à Toulon avec quelque distinction et mérité à l'armée d'Italie la part de lauriers qu'elle a acquise. On ne peut donc me contester le titre de patriote... »

Le 20 août, Bonaparte est libéré. Mais il sent que les soupçons s'accrochent à lui, alors que le général Hoche, qui était emprisonné sous Robespierre, obtient avec la liberté le commandement de l'armée des Côtes de Cherbourg qui lutte contre les chouans et les Vendéens.

Malgré ces changements, cette épuration, ces traques des robespierristes que mènent dans les départements de nouveaux représentants en mission, le pays est comme terrassé.

Le Suisse Mallet du Pan note : « La nation paraît épuisée comme une frénétique revenue à la raison l'est par les saignées, les bains et la diète ! »

Et l'ancien Girondin La Révellière-Lépeaux ajoute : « À la fièvre chaude succède une entière prostration de forces. »

Les plaies ne sont pas refermées. Elles suppurent encore. Les beaux quartiers et d'abord celui du faubourg Saint-Germain sont déserts. Et sur les hôtels particuliers on peut lire, souvent, sur une bande accrochée à la façade : « Propriété nationale à vendre. »

Ces demeures ont été pillées, parfois transformées en bureaux et corps de garde par les sections de la Commune.

« On dirait que tout ce qui a été jadis dans l'intérieur des appartements vient d'être exposé tout à la fois dans la rue. La capitale du monde a l'air d'une immense friperie... À chaque pas, continue de noter le Suisse Meister, vous rencontrez des personnes de tout sexe, de tous âges, de toutes conditions, portant quelque paquet sous le bras ; ce sont des échantillons de café, de sucre, de fromage, d'huile, de savon, que sais-je ? C'est encore trop souvent le dernier meuble, le dernier vêtement dont un infortuné consent à se défaire afin d'acheter l'aliment dont il a besoin pour lui-même ou pour sa malheureuse famille... Ce qui m'a frappé le plus généralement à Paris, c'est un caractère étrange d'incertitude, de déplacement sur presque toutes les figures, un air inquiet, défiant, tourmenté, souvent même hagard et convulsif... »

Dans cette hébétude de Paris et du pays, les conventionnels du centre – du Ventre – font campagne – dans les journaux, par leurs discours – pour « l'Union et la Confiance », comme le dit Cambacérès :

« Ne nous reprochons ni nos malheurs ni nos fautes... poursuit-il, la Révolution est faite... La Révolution a coûté des victimes, des fortunes ont été renversées : iriez-vous autoriser des recherches sur tous les événements particuliers ? Lorsqu'un édifice est achevé, l'architecte en brisant ses instruments ne détruit pas ses collaborateurs. Tant que le peuple et la Convention ne feront qu'un, les efforts des ennemis de la liberté viendront expirer à vos pieds.

« Le vaisseau de la République tant de fois battu par la tempête touche déjà le rivage... Laissez-le s'avancer dans le port en fendant d'un cours heureux une mer obéissante. »

Mais cet apaisement qu'espèrent Cambacérès et les conventionnels du Ventre, certains ne le souhaitent pas. Pour un publiciste comme Mallet du Pan, « les conventionnels sont comme des valets de révolution qui ont assassiné leurs maîtres et s'emparent de la maison après leur mort ».

Certes Mallet du Pan est monarchiste, genevois, mais des artisans, des domestiques, des ouvriers, des humbles donc ont eu à subir la loi des suspects, ont vu des proches « éternuer dans le sac », après avoir été condamnés par Fouquier-Tinville. Et ce sont les humbles qui ont représenté près des deux tiers des victimes du Tribunal révolutionnaire.

Les survivants réclament vengeance.

Ce sont eux qui chantent, en désignant Robespierre et les Jacobins :

Qu'on attrape ci
Qu'on attrape ça
La guillotine arrange ça
La guillotine t'attendait oui-da !

Une autre chanson est entonnée par les « messieurs » de la « Jeunesse dorée », qu'on appelle « fats », « collets noirs », « bas blancs », « Jacobins blancs » et surtout « muscadins ».

Ils clament en avançant en petits groupes armés de gourdins plombés, qu'ils veulent *le Réveil du peuple.*

Peuple français, peuple de frères,
Peux-tu voir sans frémir d'horreur
Le crime arborer les bannières
Du carnage et de la terreur ? [...]
Le jour tardif de la vengeance
Fait enfin pâlir vos bourreaux.

Dans les tout premiers jours qui ont suivi l'exécution de Robespierre, les sans-culottes interpellent ces « messieurs » les muscadins. Ils les traitent de lâches, car un grand nombre d'entre eux sont des réquisitionnaires insoumis, déserteurs, embusqués, qui se sont fait détacher aux ateliers de guerre

« et dont la main est plutôt comme celle du peintre en miniature que du forgeron ou du limeur ». D'autres travaillent dans les charrois ou les bureaux.

La plupart de ces collets noirs sont issus de la basoche, des spectacles, de la boutique, de la banque, des administrations publiques.

Il y a parmi eux des gens de lettres, des hommes de loi, des journalistes poètes, des vaudevillistes, des clercs de notaire et d'avoué. Puis des comédiens, des garçons marchands, des petits commis, des petits négociants, des agioteurs, des courtiers, des manieurs d'argent. Tous n'ont qu'un désir : ne pas rejoindre les armées, éviter d'être « réquisitionnés ».

Ils se rassemblent autour de Fréron qui publie chaque jour un article violent dans *L'Orateur du peuple*. Mais souvent il abandonne la plume pour le gourdin, il fait la chasse aux sans-culottes.

Les muscadins et ses lecteurs sont ses soldats, et ils sont par leur origine sociale, leur manière de parler, de se vêtir, le contraire des sans-culottes.

Ils l'emportent peu à peu dans les affrontements qui les opposent.

Le quartier général des muscadins est au Palais-Royal, redevenu le foyer du luxe, de l'élégance, du jeu, de l'agiotage, des filles à louer.

Ils se retrouvent aux cafés de Chartres et des Canonniers. On y acclame Fréron, Tallien et sa Notre-Dame de Thermidor, Thérésa Cabarrus.

Ils molestent les colporteurs des feuilles jacobines, brûlent leurs journaux, puis ils s'enhardissent, manifestent chaque jour aux Tuileries, au théâtre.

Ils n'attaquent que s'ils sont en nombre, alors ils insultent les acteurs accusés d'avoir été « terroristes ». Ils battent les hommes, fouettent les femmes.

Puis ils s'éloignent, chantant, faisant tourner leur gourdin, les jambes serrées dans une culotte si moulante qu'« autant vaudrait aller nu ».

« Ils fourmillent partout », dit un rapport de police. Leur façon de parler les distingue.

Ils se dandinent dans une attitude pâmée en répétant d'une voix mourante *Ma pa-ole d'honneu-*.

Point de « R », la lettre maudite qui rappelle le mot « Révolution ».

Ils attaquent à quatre contre un les *te-o-istes*. Ils font la cour aux *me-veilleuses*, qui se montrent nues dans des fourreaux de gaze, c'est, dit-on, le « système des nudités gazées ».

« Il eût fallu leur ôter bien peu de vêtements pour les faire ressembler à la Vénus des Médicis. »

Et ces me-veilleuses commencent à porter des perruques blondes tressées avec art.

« Les femmes du peuple les ridiculisent, y portent la main pour en défaire l'arrangement. »

Mais les muscadins, ces *inc-oyables*, les pourchassent, les fouettent puis font la roue devant les me-veilleuses. Ils portent un habit étriqué, vert bouteille, ou « couleur de crottin » avec dix-sept boutons de nacre pour rappeler l'*orphelin du Temple*, ce Louis XVII dont le sort émeut.

L'enfant de neuf ans a vécu, depuis la fin octobre 1793, surveillé par le cordonnier Simon.

Enfermé dans une des grandes salles de la tour principale du Temple, il est obligé de faire ses besoins dans un coin de la pièce dont on n'enlève les ordures qu'une fois par mois.

Mal nourri, enfumé par un vieux poêle dont il entretient le feu, sale, ne changeant de linge que toutes les quatre semaines, son sort s'est un peu amélioré après le 12 thermidor.

Trop tard, ce n'est plus qu'un enfant rongé par une maladie osseuse, « sa poitrine est aussi violemment attaquée, son estomac est rétréci, il ne respire et ne digère qu'avec peine. Le malheureux enfant royal descend lentement au tombeau », écrit un témoin.

Pour les muscadins Louis XVII n'est qu'un emblème, dix-sept boutons de nacre, un élément de leur parure, comme ces perruques enfarinées, constituées par les cheveux des guillotinés.

Ils portent un bicorne en demi-lune, et leur visage émerge d'une espèce de cornet de mousseline mouchetée de rouille, dont le sommet doit caresser la lèvre inférieure, et qu'on appelle la « cravate écrouellique ».

Le col de velours noir qui évoque la mort du roi, les grands revers pointus en châle, les basques carrées taillées en queue de morue, la culotte serrée qu'on agrafe sous le genou dans un flot de rubans, les bas chinés, les escarpins découverts qui ne cachent que les doigts de pied, et sur l'œil, ce monocle énorme et insolent, tout cet accoutrement les oppose aux sans-culottes.

Aux uns, le musc, la propreté méticuleuse, l'extravagance élégante, recherchée, et aux autres, dit un muscadin, « les façons grossières et la saleté officielle du costume des Jacobins, ce cynisme de malpropreté des terroristes ».

Et l'orgueil pour les inc-oyables d'avoir été arrêtés sous la Terreur :

Je mettais de la poudre et mon linge était fin
Et mon écrou porta que j'étais muscadin.
On sait qu'il n'en fallait alors pas davantage
Pour aller en charrette ou tout au moins en cage.

Maintenant, on se venge.

La main du muscadin, blanchie à la pâte d'amande, ressemble à une main de femme mais elle manie le « gourdin plombé », le « rosse-coquin ».

Et pour tenir la rue parisienne, si longtemps occupée par les sans-culottes, les Jacobins, et avant eux par les Enragés, les hébertistes, les maratistes, la Jeunesse dorée est bien utile à Fréron, à Tallien, à Barras, à Fouché, à ces anciens terroristes qui ont rompu avec la Montagne, et qu'inquiète un Billaud-Varenne qui ose dire encore au club des Jacobins :

« Le lion n'est pas mort quand il sommeille et à son réveil il extermine tous ses ennemis. »

Les muscadins répondent en chantant *Le Réveil du peuple.* Et Fréron et Tallien ne cherchent pas à savoir qui ils sont.

« On faisait semblant de ne pas s'apercevoir, raconte l'un d'eux, que nous étions tous ou presque tous des réquisitionnaires insoumis. On se disait que nous servirions plus utilement la chose publique dans les rues de Paris qu'à l'armée de Sambre-et-Meuse, de Rhin-et-Moselle ou des Pyrénées-Orientales, et qui eût proposé de nous envoyer battre l'estrade aux frontières eût été fort mal reçu, croyez-le bien. »

Et cependant, malgré ces bandes de la Jeunesse dorée, qui commencent à fréquenter les sections de la Commune de Paris et y faire adopter des décisions, en contraignant les Jacobins à se taire, les Thermidoriens les plus lucides sont inquiets.

Le maximum des prix des denrées n'est plus respecté. Le pain augmente. Et les paysans refusent de livrer leur grain.

« L'aristocratie marchande relève la tête avec audace », dit un rapport de police.

À Marseille, les représentants en mission font arrêter un instituteur qui appelle les patriotes à de nouvelles « septembrisades ».

Dans une *Adresse à la Convention*, les Jacobins de Dijon réclament un « retour à la politique de Robespierre ».

Le « lion » jacobin va-t-il se réveiller comme le souhaite Billaud-Varenne ?

Le 14 fructidor (31 août), la poudrière établie dans la plaine de Grenelle a sauté en l'air et dévasté d'une manière horrible tous les environs. La commotion a été si forte qu'elle s'est fait sentir depuis le faubourg Saint-Germain jusqu'à Passy et au-delà... On retire deux heures après l'événement les morts et les mourants par centaines. On compte qu'environ deux mille personnes y ont perdu la vie et que plus de mille en seront estropiées tout le reste de leurs jours... Déjà, le 19 août, le magasin de salpêtre à l'abbaye de Saint-Germain avait explosé.

Tout Paris est épouvanté.

S'agit-il de malheurs ? S'agit-il de crimes ?

Dans la nuit du 24 fructidor an II (10 septembre 1794), Tallien est attaqué, blessé par un agresseur qui réussit à s'enfuir. Est-ce un « chevalier de la guillotine », un Jacobin ?

Peut-être faut-il apaiser ce peuple sans-culotte qui se tait, mais qui peut se remettre à gronder et dont on perçoit déjà, ici et là, le murmure.

Les Jacobins demandent le transfert du corps de Marat au Panthéon, la Convention hésite, puis, prudente, le décrète.

Et solennellement, le 21 septembre, anniversaire de Valmy et de la proclamation de la République en 1792, Marat est conduit au Panthéon. C'est le dernier jour de l'an II.

Demain, 1er vendémiaire, c'est l'an III.

17.

C'est l'automne 1794, mais ces mois de vendémiaire et de brumaire an III grelottent déjà dans un froid glacial qui annonce un hiver rude.

Quand on piétine durant des heures devant les boulangeries, les comestibles, on se croirait en frimaire et nivôse (novembre-décembre).

Les lèvres gercées, les doigts gourds, on ne proteste même pas contre les prix du pain, de la viande, du bois, du charbon, des chandelles et du savon, qui ont augmenté, depuis la chute de Robespierre, de plus d'un tiers.

Plus personne ne respecte le maximum des prix, et bientôt – le 24 décembre – il sera aboli. Et les prix s'envoleront encore, et bienheureux les jours où le boulanger fait plusieurs fournées. Car le grain manque. L'Angleterre serre le nœud coulant du blocus. Et les paysans qui n'ont aucune confiance dans l'assignat, cette monnaie dont les billets perdent jour après jour de leur valeur, gardent leur grain, attendant la hausse prochaine, exigeant d'être payés en pièces d'or, ou bien échangeant leurs sacs de céréales contre de la viande ou des biens. Le troc vaut mieux que le paiement en assignats.

Mais l'ouvrier, lui, n'a à vendre et à échanger que sa force et son habileté. Et jamais il n'y a eu autant de bras qui ne savent comment s'employer. Le travail est rare.

Le 6 décembre, le Comité de salut public décide que la République n'emploie plus d'ouvriers à la journée. Et dans les jours qui suivent, on en licencie un grand nombre. On les invite à quitter Paris, à aller chercher du travail dans les départements. Le 12 décembre, ils protestent contre ces décisions. Mais le Comité de salut public ne cède pas. Les manifestants sont d'ailleurs peu nombreux, plus accablés et désespérés que résolus.

Ils vont grossir les rangs des indigents, de ceux qui quand une patrouille lance, la nuit, un « Qui vive ? » répondent « Ventre creux ».

Ces mots sont ceux de l'impuissance, du scepticisme, du désespoir.

« L'opinion publique flotte incertaine sur bien des choses et des gens », écrit le témoin avisé et réfléchi qu'est le libraire Ruault. Le désarroi, dit-il, ne frappe pas seulement les humbles, voués à la disette et à l'indigence, mais aussi les patriotes éclairés et qui ont du bien.

Trop de sang versé. Trop de luttes à mort entre révolutionnaires, et la question qui dès lors hante bien des citoyens :

« Faut-il aimer ou trahir le jacobinisme ? Le jacobinisme a-t-il été utile ou nuisible à l'établissement de la République ? Voilà la discussion à l'ordre du jour et qui fait fermenter toutes les têtes d'un bout de la France à l'autre. Il paraît certain, néanmoins, que la République a été fondée par les Jacobins, ceux qui aiment cette nature de gouvernement ne doivent donc point les détester. »

Mais entre les Jacobins, il faut choisir.

« Quoi qu'il en soit, poursuit Ruault, les vrais républicains ne donneront aucun regret à Robespierre… Il était lâche, il se cachait dans le danger, il trahissait, il livrait, il abandonnait ses amis. Robespierre était ambitieux, jaloux, vindicatif dans le genre bas et odieux… Il n'en est pas ainsi de Georges Danton, le contraire en tout de Maximilien Robespierre, Danton n'était pas un homme ordinaire, avec son éloquence colossale… Danton doit être en horreur aux royalistes mais je parle ici en républicain… »

Mais l'an III, et dès ces premiers mois de vendémiaire et de frimaire, n'est pas favorable aux opinions mesurées, ni à la juste appréciation du rôle des Jacobins.

Dans les rues, les muscadins et leur gourdin plombé – « rosse-gredin » – font la chasse aux Jacobins, aux « crétois » – la crête de la Montagne – à la « queue de Robespierre » et même aux « crapauds du Marais ».

Les journaux antijacobins se multiplient, et la fortune de Thérésa Cabarrus les finance. Leurs articles comme les innombrables pamphlets accablent ceux des conventionnels qui, bien qu'ayant contribué à la chute de Robespierre, continuent de se dire jacobins, montagnards, patriotes républicains.

Alors on écrit que Barère, « plat et dégoûtant », porte des bottes de cuir humain, tanné à Meudon !

Que Billaud-Varenne est un « tigre » qu'il faut dépecer ! Les Jacobins, les sans-culottes n'ont-ils pas, en septembre 1792, mangé les cœurs des victimes des massacres, cuits sur le gril ?

Collot d'Herbois est « sépulcral ».

Carrier n'est qu'un « aquatique », qui toute sa vie n'aura fait de bien qu'aux poissons de la Loire en leur offrant des condamnés, voués à la noyade.

« Donnez-nous ces têtes, ou bien prenez les nôtres », conclut un libelle.

La Jeunesse dorée, Tallien et Fréron, se repaissent de ces propos, de ces désirs de vengeance qu'ils suscitent et entretiennent. Ils se rassemblent dans les cafés du Palais-Royal ou encore dans les bals les plus inattendus.

On danse au cimetière Saint-Sulpice où, à l'entrée, un transparent rose, marqué « Bal des Zéphyrs », surmonte une tête de mort et deux os en sautoir gravés dans la pierre. Les couples virevoltent sur les tombeaux.

Au « Bal des victimes » ne sont admis que ceux et celles qui ont perdu un parent sur l'échafaud.

On y vient la nuque rasée, dégagée pour le bourreau, un fil rouge autour du cou, et on salue « à la victime » en imitant le mouvement d'une tête qui tombe sous le couperet.

On se rencontre dans les « salons », où se côtoient des émigrés que la nouvelle législation a autorisés à rentrer en France, et les nouveaux maîtres du pouvoir que sont les Thermidoriens.

« Les grâces et les ris que la Terreur avait mis en fuite sont de retour à Paris. Nos jolies femmes en perruques blondes sont adorables, les concerts tant publics que de société sont délicieux, lit-on dans *Le Messager du soir*. Les hommes de sang, les Billaud, les Collot et la bande enragée appellent ce revirement d'opinion “la contre-révolution”. »

Toute une société nouvelle apparaît. Les Thermidoriens ont des liaisons avec des ci-devant comtesses, des veuves, des épouses ou des filles d'émigrés.

Il y a les « épouseurs de femmes nobles » et ceux qui préfèrent les actrices.

« Les spectacles sont remplis de prostituées, concubines de députés qui étalent effrontément les bijoux volés dans les hôtels des émigrés », constate Mallet du Pan.

Les Montagnards constatent que l'opinion leur échappe et avec elle le pouvoir. Collot d'Herbois tente de résister. Il a averti les Jacobins.

« Des scélérats ont promis nos têtes à leurs concubines, dit-il. Vous êtes dans une telle situation que c'est dans les lieux les plus méprisables qu'on conspire contre vous. C'est dans les boudoirs impurs des courtisanes, chez les veuves de l'état-major des émigrés et au milieu des orgies les plus dégoûtantes qu'on balance les grandes destinées de la République. »

Et Gracchus Babeuf, l'ancien clerc chargé d'examiner les « terriers » – les droits féodaux des seigneurs –, réclamant en 1790 l'abolition de la plupart des taxes et impôts, emprisonné, hostile à Robespierre, mais toujours fidèle à son rêve égalitaire, écrit dans son journal – sans doute financé par Fouché –, *Le Tribun du peuple* :

« Français, vous êtes revenus sous le règne des catins, les Pompadour, les Du Barry, les Antoinette revivent et c'est elles qui vous gouvernent. C'est à elles que vous devez en grande partie toutes les calamités qui vous assiègent et la rétrogradation déplorable qui tue votre Révolution...

« Pourquoi taire plus longtemps que Tallien, Fréron décident du destin des humains couchés mollement dans l'édredon et les roses, à côté des princesses. »

Mais *Le Tribun du peuple* est un journal éphémère, Gracchus Babeuf et ceux qui le suivent ou l'inspirent ont peu d'influence.

Ainsi le ci-devant marquis Antonelle, ancien officier, ayant embrassé la cause du tiers état. Il a été juré au Tribunal révolutionnaire ; emprisonné, libéré par la chute de Robespierre, « épicurien, libertin, un cerveau brûlé dans toute l'étendue du terme », il s'étonne du rôle que Tallien, Fréron font jouer aux muscadins.

Ils ne font pas seulement la chasse aux Jacobins, ils occupent les tribunes de la Convention après en avoir interdit l'accès aux sans-culottes. Et ils donnent de la voix, ils menacent. Ils sont l'armée thermidorienne.

Et Antonelle écrit :

« N'est-ce pas une véritable frénésie que cette jeunesse frivole qu'on fanatise comme pour une croisade... Curieux hommage à l'humanité, à la vertu, à la justice, que les fureurs déchaînées des jeunes gens à collets noirs ! »

Ils sont maîtres de la rue. Ils agressent les passants isolés qui leur semblent appartenir à l'« infernale société », le club des Jacobins.

« Il suffit d'avoir l'air jacobin pour être apostrophé, insulté et même battu », confirme un rapport de police.

Dans la soirée du 19 brumaire, des rassemblements de jeunes gens armés de bâtons et de sabres se forment aux environs du Palais-Égalité, ci-devant Palais-Royal, et de l'église Saint-Roch. On les harangue. Ils sont une centaine – dont certains n'ont pas dix-sept ans.

Ils attaquent le club des Jacobins, rue Saint-Honoré. Ils jettent une grêle de pierres dans les croisées, ce qui provoque la panique dans les tribunes.

« On veut nous tuer, on veut nous assommer », crient les femmes en s'enfuyant.

« Ce sont des scélérats, des coquins, il faut les égorger », répond la petite foule qui frappe à coups de sabre sur la tête et les épaules ceux qui sortent du club.

« Eh ma bougresse, toi je te connais », dit l'un des jeunes gens en donnant des coups de pied à la citoyenne Caudry, originaire de Nantes.

Elle est cernée par deux cents hommes armés de bâtons qui « voulurent lever sa jupe et la fouetter ».

Le 20 brumaire (10 novembre 1794), une nouvelle escarmouche oppose aux abords du club Jacobins et Jeunesse dorée.

Et le lendemain 21 brumaire, le bruit se répand que les Jacobins s'apprêtent à marcher contre la Convention.

Fréron est au Palais-Royal, il harangue les muscadins venus en grand nombre :

« Pendant que les Jacobins discutent sur la question de savoir s'ils vous égorgeront dans la rue ou à domicile, dit-il, prévenons-les tandis qu'il est encore temps ! Marchons en colonnes serrées, allons surprendre la bête dans son antre et mettons-la pour jamais dans l'incapacité de nous nuire. Braves jeunes gens, marchons ! »

Ils sont près de deux mille à se diriger vers le club des Jacobins, à crier « Vive la Convention ! À bas les Jacobins ! », à tenter de forcer les portes de la salle, à y pénétrer par les fenêtres.

Les Jacobins ont le dessous. Ils abandonnent sur place carmagnoles et bonnets rouges, et s'enfuient par la rue Saint-Honoré, insultés, sous les crachats et les coups de plat de sabre ou de gourdin.

Le 22 brumaire (12 novembre), la Convention décide la fermeture du club des Jacobins.

L'« infortunée jacobinaille » est dispersée. L'« infernale société » fermée.

On se gausse dans les pamphlets thermidoriens.

« De vigoureux athlètes munis de larges mains saisissent les Jacobines éplorées et sans pitié pour leur vertu, sans égard pour le froid de l'air, découvrent leur postérieur oppressé. »

Il s'agissait de venger les bonnes sœurs de l'Hôtel-Dieu qui avaient été fouettées par les femmes de la Halle, le 7 avril 1791...

Une époque de la Révolution se termine.

Le club des Cordeliers avait été frappé à mort par le club des Jacobins.

Celui-ci est à son tour annihilé. Comme Robespierre avait rejoint dans la mort Danton.

La voie est libre pour les Thermidoriens.

On prétend que Thérésa Cabarrus, Notre-Dame de Thermidor, Notre-Dame du Bon Secours, devenue épouse Tallien, a elle-même fermé les portes du club des Jacobins. En fait, c'est un commissaire de police qui a apposé un cadenas sur la porte de la rue Saint-Honoré. Mais la fable, après la scène des « Jacobines fessées », est symbolique.

Le journaliste Claude Beaulieu, monarchiste, emprisonné sous la Terreur, promis à la guillotine, sauvé par la chute de Robespierre, commente, sarcastique :

« Voilà de quelle manière se décidait le sort de la France et même de l'Europe car c'était précisément de cela qu'il était question. »

Mais désormais les Thermidoriens peuvent agir sans entraves. Les mesures se succèdent.

Les députés girondins survivants sont accueillis à la Convention. Et dans leurs yeux et leurs propos brille le désir de vengeance et de revanche :

« Votre cercueil est creusé, malheureux, lancent-ils aux Montagnards du Comité de salut public. Vous vous débattez en vain sur les bords de la tombe... Point de paix pour la patrie tant que votre odieuse existence souillera la nature. »

Carrier est décrété d'arrestation, pour ses « crimes » de Nantes.

Après lui, ce sont les « grands coupables » que l'on vise

Dans *Le Patriote*, journal thermidorien, on peut lire :

Lequel fut le plus sanguinaire
De Billaud, d'Herbois ou Barère ?
Lequel des trois est aux abois
De Billaud, Barère ou d'Herbois ?
Lequel mérite l'échafaud ?

Le 27 décembre, ces trois-là, en compagnie de Vadier, sont décrétés d'accusation. Leur participation active, décisive même, à la chute de Robespierre, n'a fait que retarder leur mise en cause.

Et la passion politique, la volonté d'en finir avec ces hommes qui ont seulement voulu condamner le « tyran » Robespierre et non une politique, est telle qu'on oublie ce que l'on doit au Comité de salut public.

Or, les décisions que prend la Convention dans le domaine de l'Instruction publique (création des grandes écoles, École normale, Conservatoire des arts et ateliers, École centrale des travaux publics – future École polytechnique), le rapport Lakanal qui institue une école publique pour mille habitants sont le fruit des Comités de l'instruction, qui ont siégé et travaillé pendant la période terroriste.

De même les succès militaires – toute la rive gauche du Rhin est conquise, par Kléber et Marceau, les Pays-Bas occupés, par Pichegru, la flotte hollandaise, emprisonnée par les glaces au Texel, capturée par la cavalerie de Pichegru – résultent des mesures prises par Carnot, au Comité de salut public. Après la reconquête de Condé-sur-l'Escaut, il n'y a plus une seule place française aux mains de l'étranger.

Et la coalition commence à se fissurer. La Diète de l'Empire germanique se prononce en faveur de l'ouverture de négociations.

Et l'agent anglais Wickham, qui vient d'arriver en Suisse, ne peut empêcher cette évolution.

Ces succès de la Convention aux frontières affaiblissent Vendéens et chouans. Le général Hoche entreprend de négocier, de pacifier la Vendée.

Le 2 décembre (12 frimaire an III), la Convention « promet le pardon et l'oubli à toutes les personnes connues dans les arrondissements de l'Ouest, des côtes de Brest et de Cherbourg, sous le nom de Rebelles de la Vendée et de Chouans qui déposeront les armes dans le mois suivant le présent décret ».

Et l'évêque Grégoire réclame la liberté complète des cultes, s'opposant ainsi à Marie-Joseph Chénier qui veut organiser en lieu et place des cérémonies chrétiennes un « culte décadaire ».

Mais le peuple écrasé par la misère, le peuple qui a faim murmure, selon un rapport de police, « qu'on ferait bien mieux de lui procurer de la farine que de décider des fêtes ».

La farine, le pain, la viande, les subsistances essentielles à la survie dans l'hiver cruellement glacial de l'an III, voilà ce qui préoccupe les Thermidoriens.

Pour avoir organisé, suivi ou subi dès 1789 toutes les « journées révolutionnaires », ils savent d'expérience le rôle que jouent la disette et la misère dans l'explosion de colère du peuple. Ils essaient d'éteindre la mèche qu'ils entendent grésiller.

Fréron, avec les fonds du Comité de sûreté générale, fait inviter des sans-culottes par ses jeunes partisans. On régalera ceux du faubourg Saint-Marceau et du faubourg Saint-Antoine. Le vin doit couler à flots, en même temps que les bonnes paroles.

Fréron endoctrine ses troupes.

« Dites-leur qu'on veut les égarer, que l'on cherche à les porter à quelque excès, dites-leur que tout ce que les malveillants cherchent à leur inspirer de haine et d'aigreur contre les marchands n'est qu'un piège tendu à leur bonne foi. Dites-leur que le renchérissement des denrées vient du renchérissement de la main-d'œuvre. Que le marchand qui paie beaucoup plus cher leurs frères, les ouvriers, doit nécessairement vendre plus cher.

« Qu'ils exigent eux-mêmes avec raison un salaire beaucoup plus fort de leurs travaux. Qu'ils doivent donc bien se garder de tout ce qu'on cherche à leur insinuer. Que le moindre mouvement dans ces temps d'orage perdrait la patrie... »

Et s'il n'y a pas de farine, pas de hausse de salaires, on doit instituer des fêtes, pour tenter de dissimuler que la politique suivie par les Thermidoriens, avec l'appui des députés girondins – Isnard, Louvet, Lanjuinais – qui siègent de nouveau à la Convention, « fait rebrousser chemin à la Convention ».

Alors on organise, le 20 vendémiaire an III, la translation en grande pompe du corps de Jean-Jacques Rousseau au Panthéon.

Ce Jean-Jacques si cher au cœur de Maximilien !

Un décret, voté le 10 janvier 1795 (21 nivôse) institue que le 21 janvier, « jour de la juste punition de Louis Capet, dernier roi des Français, sera fête nationale annuelle ».

Et on commémorerait aussi chaque année le 9 thermidor.

La fête célébrant la mort de Louis XVI eut bien lieu.

Mais ce 21 janvier 1795 (2 pluviôse an III), les muscadins firent dans la cour du Palais-Royal l'autodafé d'un mannequin figurant un Jacobin.

Les cendres du mannequin furent recueillies dans un pot de chambre et jetées à l'égout de Montmartre, garni d'un écriteau portant l'épitaphe :

De Jacobin je pris le nom
Mon urne fut un pot de chambre
Et cet égout mon Panthéon.

On peut lire dans *Le Messager* du lendemain :

« Quelques drôleries qui se trouvaient au fond du vase répandaient au loin une odeur infecte, mais chacun s'accordait à dire que c'était le Jacobin qui avait empoisonné les matières fécales et que c'était l'odeur des vertus jacobites qui s'exhalait dans les airs. »

18.

En cet hiver et ce printemps de 1795, de janvier à avril, les Thermidoriens ne se contentent pas de verser chaque jour des propos orduriers sur tous ceux qu'on soupçonne d'être des Jacobins, des « buveurs de sang », des « chevaliers de la guillotine ». Les muscadins les traquent. On tue les « terroristes » dans les prisons de Lyon. Dans toute la vallée du Rhône, des bandes de la « Compagnie de Jésus » assassinent en plein jour les « mathevons » (les Jacobins) et on jette leurs cadavres dans le Rhône.

On les tue à Nîmes, à Marseille, à Toulon.

Dans cette dernière ville, ce sont les sans-culottes qui ont assassiné sept émigrés qui viennent de rentrer, comme la loi les y autorise. La répression est impitoyable. Les représentants en mission font distribuer des armes aux bandes royalistes de la « Compagnie du Soleil ». L'un de ces émigrés confie au cours d'un dîner, à Benjamin Constant récemment arrivé de Suisse : « Ah, si j'étais grand prévôt de France, je ferais exécuter huit cent mille âmes. »

Il espère, après avoir puni les régicides, les modérés, tous ces « quatre-vingt-neuvistes » qui ont été à l'origine du mal, le retour au temps d'autrefois.

« Nous balayerons les immondices constitutionnelles », dit-il.

Dans les sections où les Thermidoriens ont pris le pouvoir, on entend les mêmes propos.

« Frappez ces tigres », dit-on à la section du Temple.

Le conventionnel Rovère, député du Vaucluse, régicide, qui au cours de ses missions dans son département s'est servi de la Terreur pour pourchasser ses ennemis personnels, a comme Tallien, Fouché, Fréron, Barras, changé de camp. Il est un ardent Thermidorien, et, le 22 février, à la Convention, il réclame la répression des « buveurs de sang ».

« Si vous ne punissez pas ces hommes, il n'est pas un Français qui n'ait le droit de les égorger », déclare-t-il.

« À Paris, on ne les massacre pas encore, mais il ne faut désespérer de rien », s'exclame, amer, le libraire Ruault.

Mais les scènes dont il a été témoin le révulsent.

« Des jeunes gens qui se qualifient de *Jeunesse française* ou de *Jeunesse de Fréron* courent les maisons publiques, les places, les carrefours pour y détruire les bonnets de la Liberté. Ils entrent dans les cafés et demandent catégoriquement s'il y a des Jacobins. Hier ils sont entrés ainsi par bandes de vingt et trente dans les cafés de notre faubourg, en jetant la terreur dans ces maisons de rendez-vous.

« Eh mon Dieu, poursuit-il, quand cela finira-t-il ? Quel parti peuvent donc prendre les patriotes de bonne foi ? Tantôt vainqueurs, tantôt vaincus, seront-ils éternellement le jouet de l'intrigue et des passions des chefs de l'entreprise ? Il serait à souhaiter qu'il vînt un homme qui terminât tout cela d'un coup. »

Nombreux sont ceux qui, comme Ruault, pensent à cet homme qui pourrait surgir, imposer le rétablissement de l'ordre, et mettre fin aux violences, au chaos.

Pourquoi ne serait-ce pas l'un des généraux victorieux ? Et certains s'inquiètent de cette éventualité.

Pourquoi pas le général Hoche ? Il vient d'ouvrir avec Charrette, le chef des Vendéens, des négociations à La Jaunaye, près de Nantes. Et les concessions faites aux Vendéens sont considérables. La République accordera des indemnités à toutes les victimes de la guerre, elle participera à la reconstruction des villages, les biens confisqués seront rendus, même aux émigrés et aux héritiers des condamnés à mort. La liberté de culte en Vendée sera garantie. Les jeunes gens seront dispensés du service militaire. Et chacun pourra conserver ses armes.

Pourquoi pas le général Pichegru, qui a commandé l'armée Rhin-et-Moselle et dont les victoires font surgir peu à peu une République batave, « République sœur », qui servira de glacis à la République française ?

Et la Convention s'enthousiasme !

« La République après avoir reculé ses limites jusqu'au Rhin dictera les lois à l'Europe », déclare le conventionnel Merlin de Thionville, ancien Jacobin, devenu « ventre doré », « Jacobin nanti » et... Thermidorien.

Et déjà le grand-duc de Toscane, Ferdinand III, signe la paix avec la République française.

Or, il est le propre frère de l'empereur germanique François II. Et celui-ci est le neveu de Marie-Antoinette, dont le fils, le pauvre Louis XVII, agonise dans la prison du Temple.

Et à Bâle, le représentant de la Prusse signe lui aussi la paix et reconnaît à la France le droit d'engager des négociations avec le Saint Empire romain germanique pour l'annexion de la rive gauche du Rhin !

Succès militaires décisifs, succès politiques immenses : les monarchies s'inclinent devant la République.

Et Carnot, au sein du Comité de salut public, a été l'« organisateur de la victoire ». Et quand on voudra l'accuser, l'arrêter, le condamner, une voix anonyme le rappellera à la Convention. On renoncera à le poursuivre, on ne l'associera pas à Barère, Billaud-Varenne, Collot d'Herbois et Vadier, les « grands coupables ».

Alors, un de ces généraux à Paris ?

Pourquoi pas Marceau, commandant l'armée du Nord ?

Mais personne ne pense à ce général de vingt-six ans, Napoléon Bonaparte, auquel on vient de retirer son commandement à l'armée d'Italie, parce qu'il est toujours soupçonné de « robespierrisme ».

On veut le nommer, lui, le général d'artillerie, dans l'infanterie en Vendée. Il refuse et s'installe à Paris, son sabre battant les flancs de sa redingote usée, pauvre et dévoré d'ambition.

Oui, pourquoi pas un homme nouveau pour en finir avec ces temps de violence et d'intrigues ?

« Car cette situation est bien faite pour dégoûter les bonnes gens de prendre à l'avenir aucun parti dans les affaires publiques et les engager à laisser les fous marcher seuls et sans suite… »

Et, ce 6 mars 1795, Ruault conclut :

« La nature des choses actuelles rend une forte secousse inévitable. Mais je ne vois goutte dans tout ce chaos. Je suis devenu athée en fait de révolution, c'est vous dire tout en deux mots. »

Comment les citoyens ne seraient-ils pas tous, comme le libraire Ruault, gagnés par le scepticisme et l'incrédulité quand ils apprennent, au mois de février 1795, que la Convention décide de « dépanthéoniser » Marat qu'au mois de septembre 1794, elle avait, en grande pompe, accompagné au Panthéon ?

Et les bandes de muscadins s'en vont dans les théâtres, les cafés, dans les logis même, et sur les places, briser les bustes de l'Ami du peuple.

Au lendemain de son assassinat par Charlotte Corday, on récitait : « Le cœur de Jésus, le cœur de Marat. »

Et les Thermidoriens, après la mort de Robespierre, avaient accepté l'entrée de Marat au Panthéon.

Mais cinq mois plus tard, aux égouts les bustes brisés de Marat ! Il est « l'évangéliste des massacres de septembre 1792, le patron des hommes de sang, l'homme qui réclamait deux cent mille têtes ».

Sur la scène des théâtres, un acteur déclame :

Des lauriers de Marat, il n'est point une feuille
Qui ne retrace un crime à l'œil épouvanté.

Le Messager du soir se déchaîne contre ce « cynique dégoûtant qui vivait publiquement avec ces misérables filles qu'on rencontre dans les rues les plus sales et qu'un honnête homme ne voudrait pas toucher du bout de son soulier… Pourquoi un pareil être n'est-il pas mort de pourriture ?… Les scélérats devraient mourir comme ils ont vécu, dans la fange. Nos pères enterraient dans la boue les assassins et les hommes immoraux et nous leur élèverions des autels ? »

La Jeunesse dorée s'enflamme. Six cents jeunes gens, maniant le gourdin plombé, font le tour des limonadiers pour y briser les bustes de Marat, envahissent la salle de la Convention, en criant :

« À bas les sacrés buveurs de sang ! À bas les sacrés scélérats ! À bas les sacrés avaleurs d'hommes ! À bas tous ces sacrés coquins ! Nous les foutrons tous dans l'égout ! »

On les applaudit.

Ça, la Convention ! ricanent certains patriotes. Une pétaudière pour les « ventres dorés », « ventres pourris ».

Car les sans-culottes sont attachés au souvenir de Marat, l'Ami du peuple.

Certains murmurent qu'il faut « prêcher sa sublime morale ». Et peut-être n'a-t-on pas assez tranché de têtes !

Un rapport de police indique que le « public commence à se lasser de la conduite des jeunes gens. Il s'étonne que le gouvernement paraisse approuver ces jeunes gens. »

Un autre mouchard de police signale que les Jacobins tentent de pousser les « petites gens » à la révolte.

« Ils parcourent les greniers, les tavernes, les ateliers pour soulever la classe ouvrière et crédule du peuple contre ce qu'ils appellent le "million doré", les muscadins, les boutiquiers et la Jeunesse de Fréron... Les hommes simples ont la faiblesse d'ajouter foi à ces horribles calomnies. Déjà les haines, les partis, la division. Les brigands espèrent se débarrasser de la vigilance importune des jeunes gens qui les harcèlent, en les mettant aux prises avec les hommes estimables et laborieux que, sous le nom de sans-culottes, ils espèrent encore tromper, pour régner de nouveau sous leur nom... »

Mais il n'est point besoin d'imaginer des « intrigues » jacobines pour expliquer la colère qui monte dans le peuple des humbles.

Ils sont démunis et affamés.

Peu importe qu'ils ignorent que Gracchus Babeuf, dans un *Projet d'adresse du peuple français à ses délégués*, appelle à une insurrection pacifique des *ventres creux* contre les ventres « pourris » et « dorés ».

Que dans un journal éphémère, qui a pris pour titre celui de la publication de Marat, *L'Ami du peuple*, on prêche « la guerre sociale contre le million doré ».

Les sans-culottes, les ouvriers, leurs femmes, tous ceux qui cherchent en vain du pain, car il manque à Paris, à Lyon, savent que les « ventres pourris » vivent dans le luxe.

On murmure, dans les queues énormes qui se forment devant les boulangeries, que la ration de pain n'est plus que d'une livre par jour. Que la municipalité de Paris n'a plus en réserve, à la fin mars, que cent quinze sacs de blé.

Voilà ce qui compte : le pain !

Mallet du Pan le note : « La masse du peuple devenue indifférente à la République comme à la royauté ne tient qu'à ses avantages locaux et civils de la Révolution. »

On veut du pain !

Les manifestants le crient quand leurs délégations sont reçues à la Convention : « Du pain, du pain, du pain ! »

Un sans-culotte des faubourgs lance aux députés :

« Nous sommes à la veille de regretter tous les sacrifices que nous avons faits pour la Révolution. »

Un autre ajoute :

« Si les riches mangeaient comme nous, il y a longtemps que la Convention n'existerait plus ! »

Ils voient le luxe s'étaler, impudique, arrogant.

On danse, on se pavane. On mange avec gourmandise.

« Les garçons restaurateurs de la Maison-Égalité – le Palais-Royal – disent que jamais il ne s'était fait autant de dépenses. »

Et les fortunes ne se gagnent pas seulement dans les tripots de plus en plus nombreux et où l'or roule. La corruption devient générale.

On prend sa part sur les marchés des munitionnaires qui sont chargés d'approvisionner en vivres, en uniformes, en munitions, les troupes.

Mais le soldat est mal vêtu, mal chaussé, mal nourri, car on se paye sur la qualité et la quantité de ce qui lui est attribué sur les registres et les contrats.

« Le luxe a reparu dans les armées, remarque Hoche. Et, semblables à des pachas, nos généraux ont huit chevaux à leurs voitures. »

À Paris les me-veilleuses étalent leur luxe dans les salons.

Un témoin écrit :

« L'effronterie du luxe, celui de la parure, surpasse à Paris tout ce que le temps de la monarchie offrait en ce genre de plus immoral. Dernièrement la femme d'un député nommé Tallien a payé douze mille livres une robe grecque. »

Fréron a réclamé dès le lendemain du 9 thermidor « la mise en liberté du citoyen Vilkers qui lui a toujours fourni des bretelles très élégantes » !

Et Madame Tallien, dans sa robe grecque à douze mille livres, peut dire « Paris est heureux ».

Elle n'entend pas les cris désespérés des femmes des faubourgs : « Prenez un fusil et tuez-nous plutôt que de nous laisser mourir de faim ! »

Et d'autres, apprenant que l'on vient de décréter d'arrestation Billaud-Varenne, Collot d'Herbois, Barère, Vadier, et que Carrier a été décapité, crient :

« Pas de baïonnettes, du pain ! »

On s'en prend à Boissy d'Anglas, le député du centre, qu'on appelle *Boissy-famine*, parce qu'il a la charge des subsistances. Et l'on se rend en foule à la Convention pour l'interpeller, le sommer de donner de la farine aux boulangers, afin qu'ils puissent cuire des fournées.

On enfonce les portes de la Convention au cri de : « Du pain ! Du pain ! »

C'est ce 12 germinal an III (1er avril 1795) la première émeute de la faim.

Les députés montagnards – ceux qu'on appelle les « crétois » – sont désorientés.

« Mes amis, dit l'un, vous voulez du pain et de la liberté des patriotes, vous l'aurez, mais filez, parce qu'on suffoque ! »

C'est le tumulte. Des hommes, « la poitrine débraillée et les bras nus », crient :

« Nous demandons du pain et la chasse aux muscadins ! À bas la jeunesse de Fréron ! À bas les royalistes du café de Chartres ! »

Quand un député commence à parler, on couvre sa voix :

« Point de pain ! Point de parole ! »

« Faites-nous donc justice de l'armée de Fréron, de ces messieurs à bâton ! »

Dans les rues, on fait la chasse aux jeunes gens à « cheveux tressés ». On frappe de plusieurs coups dans la figure ceux qui invitent les sans-culottes à se disperser.

Mais peu à peu, dans les rues voisines de la Convention et dans la salle de celle-ci, on hésite. On ne sait pas quel parti prendre. Pas de chef. Pas de but. Simplement des pétitionnaires qui réclament du pain !

Et tout à coup voici, entrant dans l'Assemblée, le « bataillon doré » armé de fusils, de fouets, de bâtons, et accompagné de quelques gendarmes.

Le conventionnel Legendre le guide, et vers sept heures du soir « les furies et les séditieux » sont chassés de la Convention. Les tribunes se remplissent du « peuple des honnêtes gens » ! Aux abords de la Convention, on chante *Le Réveil du peuple*. Et dès que la séance est reprise, on décide d'arrêter les conventionnels – une dizaine – qui ont semblé approuver les séditieux.

Les tribunes applaudissent et elles acclament Tallien qui leur demande de « seconder la Convention de leur énergie ».

Les « ventres dorés » l'ont si facilement emporté, au soir du 12 germinal, que le Montagnard Barère se demande si les manifestants n'ont pas été « ameutés à cinq francs la tête » par les Thermidoriens afin d'avoir un prétexte pour écraser les Montagnards.

Barère n'a pas le temps de rechercher et de présenter des preuves.

Sans discussion, la Convention décrète que Billaud-Varenne, Vadier, Barère, Collot d'Herbois, seront déportés immédiatement en Guyane.

Et le général Pichegru, qui se trouvait à Paris, est chargé de l'exécution du décret.

Il lui faudra prendre la tête du détachement de trois cents jeunes gens et de gendarmes, car les sans-culottes se rassemblent et tentent d'arrêter les voitures où l'on a entassé les prisonniers.

Pichegru fait dégager le convoi à la baïonnette.

Le 13 germinal au soir, il se présente à l'Assemblée.

« Représentants, vos décrets sont exécutés », dit-il.

On l'acclame. Il est admis aux honneurs de la séance.

Pour la première fois, un général est ovationné et honoré au cœur de la République.

Comme un « sauveur ».

19.

Il suffit de quelques jours pour que le Paris des faubourgs, tenaillé par la faim, en quête de pain, grogne de nouveau, maudissant les « ventres dorés », les « ventres pourris », ces « riches et ces députés » qui viennent d'acclamer le général Pichegru.

On lit sur les murs, faubourg Saint-Antoine et faubourg Saint-Marcel, des affiches qui crient : « Peuple, réveille-toi ! »

Et la Convention déjà s'inquiète.

Les rapports des « mouches », ces indicateurs de police, recueillent, dans les queues plus longues que jamais qui se forment devant les boulangeries, des propos menaçants :

« Le 9 Thermidor devait sauver le peuple et le peuple est victime de toutes les manœuvres, murmure-t-on. On nous avait promis que la suppression du maximum – du prix des denrées – ramènerait à l'abondance et la disette est au comble. Où sont les moissons ? Pourquoi les assignats sont-ils avilis ? Il faut employer tous les moyens de subvenir à l'affreuse misère du peuple. »

La disette devient famine et les suicides de femmes affamées qui ne peuvent nourrir leurs enfants se multiplient.

« On ne verra bientôt plus que des cadavres ambulants occupés à rendre les derniers devoirs à ceux qui les précèdent dans les tombeaux », écrit un observateur de police.

La nourriture est si rare qu'on vend place Maubert des poissons pourris. Et la famine rend fou !

On arrête un boulanger de la rue Saint-Denis qui « se flatte d'avoir chié dans son pain, et examen fait de celui-ci on y trouva effectivement de la merde » !

« Cas pathologique et extrême, mais il n'y a point de froment dans les deux bouchées qu'on nous donne, c'est un ramassis de farine faite avec des pois gris, de l'avoine et des haricots : il est de la couleur du cuir bouilli. »

Et en même temps les pâtissiers étalent des brioches, des pâtés et des gâteaux !

« Nous sommes gorgés, empâtés de brioche et nous n'avons pas de pain », s'étonne, scandalisé, un familier du Palais-Royal et de ses cafés.

Les muscadins de la Jeunesse dorée s'empiffrent. On les voit chez les pâtissiers, ils se pavanent chez les traiteurs. *Au veau qui tète, À la marmite perpétuelle*, dans les quinze restaurants du Palais-Royal.

Ils paient jusqu'à cinquante livres pour un dîner.

D'élégants équipages conduits par des cochers en livrée y amènent les me-veilleuses couvertes de parures. L'une d'elles a payé cent francs pour un chapeau à condition que la modiste lui en réserve l'exclusivité jusqu'à l'heure du concert, concert qui n'est qu'une parade d'élégance.

Ou bien l'on se retrouve au théâtre qui donne sous les acclamations la pièce *Les Jacobins du 9 thermidor*, qui parodie les mœurs de l'« infernale société ». Chaque acteur déclame devant le public ravi, enthousiaste, ses « qualités » de Jacobin : assassin, massacreur, buveur de sang, chevalier de la guillotine, banqueroutier, empoisonneur. Et la salle reprend en chœur :

Bon ! Bon ! C'est un coquin !
C'est un excellent Jacobin.

Mais à la porte Saint-Martin, sur les quais, sur la place de Grève des attroupements se forment, profèrent des menaces.

La Convention réagit, décrète le désarmement « des hommes connus dans les sections comme ayant participé aux horreurs commises sous la tyrannie ».

On les désigne ainsi à la vindicte. Ils deviennent les nouveaux suspects victimes de la *Terreur blanche.*

On les massacre dans certaines villes. On en aurait tué ainsi plusieurs centaines – près d'un millier en quelques jours – à Lyon, Marseille, Tarascon, Saint-Étienne, Bourg-en-Bresse, Lons-le-Saunier.

« Le massacre, note le libraire Ruault, a été reçu à la Convention avec un sang-froid qui caractérise l'esprit qui la dirige aujourd'hui... On n'a pas remarqué cette fois de frémissement et de mouvements d'indignation... Ce n'est pas tout. Les royalistes et les dévots, poursuit Ruault, insultent publiquement ceux qui ont pris le parti de la liberté républicaine. Vous avez bien mérité, disent-ils à haute voix, le sort où vous êtes réduits et qui menace encore.

« Vous avez tué ou laissé tuer votre roi ; vous avez assuré son supplice par votre présence sous les armes dans la Garde nationale. Vous périrez tous d'une mort lente ou infâme ainsi que la horde des assassins qui l'ont condamné. Ceux qui vous survivront feront amende honorable, la corde au cou, le 21 janvier. Ils institueront ce jour-là une fête funèbre pour effacer, s'il se peut, la honte de leurs frères.

« Tels sont à peu près les discours que l'on tient dans les groupes au coin des rues, le soir et dans les marchés », conclut Ruault.

À ceux-là, royalistes, répondent les sans-culottes des faubourgs.

« C'est le million doré qui règne aujourd'hui. Ces scélérats qui prétendaient ne pas vouloir de sang étouffent les enfants dans le ventre de leurs mères et les font mourir de faim. »

On chantonne :

Ah les beaux messieurs vraiment !
Mais le peuple les attend !

Des femmes pillent rue de Sèvres des voitures transportant des grains. Barras, qui vient d'être chargé d'assurer le ravitaillement de Paris, est impuissant à trouver des paysans qui acceptent de livrer leur récolte en échange d'assignats qui chaque jour perdent de leur valeur.

Et l'agitation gagne Rouen, Amiens.

L'on entend crier : « Voudrait-on nous forcer à demander un roi ? », et parfois, on scande : « Du pain et un roi ! »

À Paris, d'autres citoyens réclament « du pain et la Constitution de 93 », ce texte « sacré » de l'an I de la République, que précisément la Convention vient de décréter inapplicable. Elle a chargé une commission dont le rapporteur est le modéré Boissy d'Anglas – « Boissy-famine » – d'en rédiger une nouvelle.

Les citoyens, préoccupés de trouver du pain, ne prêtent pas attention à ces manœuvres juridiques.

Un espion de police note :

« Le peuple las de tout ceci ne prend plus à cœur rien. Il a perdu toute confiance. Les affaires publiques ne sont plus pour lui qu'une charge et un chaos insupportables. On crie de tous côtés que cela finisse n'importe comment ! Tel est l'esprit public à Paris ; je crois bien qu'il est à peu près le même partout dans les départements. La liberté sera bien tôt au diable. Aurait-on pu croire en 1789 que cela finirait ainsi ? »

Mais « la faim est factieuse ».

« Je n'ose vous rapporter, écrit Ruault, tous les propos, tous les "maudissons" qui sortent des groupes, des longues queues qui se forment tous les soirs, toutes les nuits aux portes des boulangers pour obtenir après cinq ou six heures d'attente tantôt une demi-livre de biscuits par tête, tantôt une demi-livre de mauvais pain, quatre onces de riz... »

On entend une voix rageuse dire dans la pénombre :

« Que le sang coule, celui des riches, des monopoleurs, et des spéculateurs. Du temps de Robespierre la guillotine fonctionnait, on mangeait à sa faim... »

Chacun sent que ce chaos ne peut plus durer longtemps, qu'il faut en effet « en finir », que la violence montre son groin ensanglanté.

Le 7 mai 1795 (18 floréal an III), le procureur du Tribunal révolutionnaire de l'an II, Fouquier-Tinville, son président Herman et quatorze jurés sont guillotinés.

Et la Convention se prépare à l'épreuve de force.

Elle réorganise la garde nationale, écartant les sans-culottes au profit des jeunes gens « dorés », créant des compagnies d'élite vêtues d'un uniforme spécial et armées à leurs frais.

Mais la Jeunesse dorée ne s'engage pas, abhorre la discipline.

Et le journal thermidorien *Le Messager du soir* condamne « ces jeunes gens qui n'ont d'énergie contre les brigands et les terroristes que dans les spectacles où ils sont assurés de pouvoir se prononcer sans danger... ».

Il faut donc faire appel aux troupes régulières qu'un décret autorise désormais à stationner dans la banlieue de Paris. Mais cavaliers, fantassins, carabiniers sont peu à peu gagnés par l'atmosphère rebelle des faubourgs.

Les femmes les apostrophent :

« Vous mangez donc du pain des députés et des muscadins ? Vous avez donc le ventre plein ? Donnez-nous du pain, et nous resterons chez nous ! »

On fait appel à deux divisions de gendarmerie, qu'on tient éloignées de cette « populace » qui corrompt les soldats les plus résolus.

Et le climat se tend parce que l'incertitude règne, que la peur d'être balayés par l'une de ces journées révolutionnaires qu'ils connaissent bien pour y avoir participé jadis, ou en avoir souffert, étreint les conventionnels.

Ils savent que le peuple les hait, jalouse leurs « ventres dorés », méprise leurs « ventres pourris ».

La Jeunesse dorée elle-même n'est plus sûre, de plus en plus pénétrée par les idées royalistes.

Quant à l'armée, elle est pour l'ordre républicain, et les soldats mal nourris n'aiment ni les muscadins, ni les « ventres dorés ».

Il reste à faire appel au désir de vengeance contre les « terroristes ».

Isnard, un ancien Girondin, en mission dans les Bouches-du-Rhône, où la Terreur blanche sévit, appelle au meurtre :

« Si vous n'avez pas d'armes, prenez des bâtons ! Si vous n'avez pas de bâtons, déterrez les ossements de vos parents et frappez les terroristes. »

Le 19 mai 1795 (30 floréal an III), cet appel qu'un inconnu jette sur la scène du théâtre de la Gaîté lui répond :

Réveille-toi peuple de frères
Et frappe ces affreux tyrans
Qui sans pitié de ta misère
Te font languir, toi, tes enfants.
Réveille-toi je le répète
De la foudre, arme ton bras.
Elle gronde déjà sur leurs têtes
Et bientôt elle les écrasera.

Et la rumeur court d'une insurrection pour le lendemain, 20 mai 1795, 1er prairial an III.

Et en effet, le tocsin sonne dès cinq heures du matin, ce 1er prairial. Des femmes courent dans les rues, entraînant d'autres femmes, entrant dans les maisons et les ateliers, interpellant celles qui hésitent, comme cette artiste de l'Opéra-Comique, la citoyenne Gonthier :

« Viens Gonthier, si tu es bonne citoyenne, viens avec nous. Tiens regarde, mon enfant, au lieu de lait, ne tire plus de mes mamelles que du sang ! »

À dix heures une troupe de quatre cents femmes, précédées de tambours qui battent la générale, marche sur la Convention.

Elles crient : « Du pain ! Du pain ! et la Constitution de 93 ! » Certaines d'entre elles ont été fouettées, insultées par les muscadins, et notamment lors des violences qui ont conduit à la fermeture du club des Jacobins.

« Mais ce soir, disent-elles, les cravates des muscadins seront à bon marché. Nous aurons de belles chemises. Nous verrons comme ils ont le corps fait. Leurs têtes feront un bel objet au bout des piques ! »

Des groupes d'hommes les rejoignent devant les Tuileries.

« C'est la lutte entre les mains noires et les mains blanches, crient-ils, il faut que ces coquins-là pètent. »

Les portes de la Convention sont forcées, la foule fait irruption dans la salle :

« Les voilà, les gredins ! » dit l'une des femmes en désignant les députés.

Elle est marchande de tabac dans le couloir qui conduit à la salle des séances.

« Je les connais, crie-t-elle. Ce sont des scélérats qui nous font mourir de faim. Ils vont chez les restaurateurs. Nous allons les arranger. »

Des gendarmes, des militaires tentent de résister au flot, de le refouler. En vain.

On crie : « Du pain ! Du pain ! »

On bouscule les soldats, on les insulte.

« À bas les épaulettes, il n'y a plus d'autorité, le peuple est en insurrection. Il n'y a plus besoin d'ordre, le peuple commande. »

Un autre sans-culotte crie :

« Égorgeons tous ces coquins-là ! Il faut battre le fer pendant qu'il est chaud. C'est aujourd'hui le grand coup de chien, il ne faut pas les manquer. »

Les heures passent, la tension monte. Des muscadins tentent de repousser les manifestants, y parviennent, puis sont à leur tour submergés.

Boissy d'Anglas occupe le fauteuil de la présidence.

Des coups de feu au pied de la tribune.

Un député, Féraud, s'élance, fait face, tente d'empêcher une nouvelle bande d'entrer dans la salle. Il est assommé à coups de sabots, traîné hors de l'enceinte, achevé par un marchand de vin qui lui « coupe la tête comme une rave », la prend par les cheveux, la jette à la foule qui la porte au bout d'une pique dans l'Assemblée, la présente à Boissy d'Anglas qui, le visage blanc, la salue.

On aurait confondu Féraud avec Fréron.

On promène sa tête place du Carrousel.

Il est onze heures et demie du soir, on crie :

« Voilà les muscadins foutus ! Voilà Fréron tué ! On porte sa tête ! Quel triomphe pour les patriotes ! »

Dans la salle de la Convention, la « crête » de la Montagne, ces quelques députés – Romme, Duquesnoy, Goujon – se décident à agir, à présenter des décrets qui sont adoptés.

Bref succès. Une petite troupe armée de baïonnettes et de sabres conduite par Legendre et composée de « bons citoyens » disperse les « crétois », et la foule qui n'oppose aucune résistance quitte l'Assemblée.

« Je ne puis concevoir comment ils purent disparaître d'une manière si instantanée », dit La Révellière-Lépeaux.

La peur serrant encore leurs ventres dorés, les Thermidoriens, Fréron, Tallien, Barras, Legendre hurlent :

« À bas les assassins ! », « Vengeance prompte ! »

On décrète l'arrestation des députés de la crête de la Montagne qui se sont placés du côté des émeutiers.

On rassemble la Jeunesse dorée.

Il est deux heures du matin, ce 2 prairial an III (21 mai 1795).

Rien n'est encore joué alors que commence cette deuxième journée insurrectionnelle.

On entend, dit un témoin, les « féroces hurlements » des insurgés. Ils ont occupé l'Hôtel de Ville, fraternisé avec les canonniers qui le défendaient.

Ils crient « Du pain et la Constitution de 93 ! », mais sans agir, incertains, envoyant à la Convention des pétitionnaires, imaginant qu'ils ont gagné la partie, alors qu'au contraire, Barras, Tallien, Fréron rassemblent des troupes, sous le commandement de plusieurs généraux, Dubois, Montchoisi, Menou.

Et les insurgés sont surpris quand tombent sur les faubourgs les premiers obus.

Mais le 3 prairial, troisième journée insurrectionnelle, les sans-culottes réussissent à étriller, à chasser des faubourgs une troupe de muscadins qui s'y est aventurée, imaginant vaincre facilement.

Et la panique est grande dans leurs rangs.

« Mes amis, crie un député, tout est perdu ! Les factieux ont le dessus. La Convention n'existe plus. Songez donc à votre sûreté. Partez donc si vous ne voulez pas tomber sous les coups des scélérats. »

Il a vu, dit-il, la Convention menacée par les canons commandés par un Noir de Saint-Domingue, Delorme, grosse figure, embonpoint considérable, haï par les muscadins qui le qualifient de « monstre vomi par la plage africaine », de débauché, entouré d'un « sérail ».

Delorme a voulu ouvrir le feu sur la Convention, allumant la mèche d'un canon, mais un sans-culotte s'est précipité pour éteindre la flamme.

Le lendemain, à l'aube du 4 prairial an III (23 mai 1795), le martèlement des sabots des chevaux sur les pavés, les voix des officiers lançant des commandements, le grincement des roues des canons réveillent les citoyens du faubourg Saint-Antoine. Ils découvrent ces masses compactes de soldats qui cernent leur quartier.

Les généraux Menou et Montchoisi caracolent, devant leurs hommes. Les femmes du faubourg se rassemblent, marchent vers les soldats, les interpellent, tentent de les convaincre de quitter les rangs, de les rejoindre comme cela s'est toujours produit, depuis ces journées de juillet 1789, quand les gardes françaises pointaient leurs canons sur la Bastille et se mêlaient aux émeutiers. Et il en était allé ainsi à chacune des journées révolutionnaires.

Et les femmes crient d'une voix aiguë comme on appelle au secours.

Mais les dragons les repoussent, obéissent aux ordres, et l'un des soldats lance à ces femmes qui gesticulent :

« Quand je suis de service je ne parle qu'avec mon sabre. »

C'est l'affolement, la fuite, le désespoir.

On dresse des barricades. Au faîte de l'une d'elles se tient le Noir Delorme, que les soldats invitent à se rendre. Il refuse.

Le général Menou s'avance, l'interroge :

« Es-tu républicain, citoyen ? »

« Je le suis. »

« Rends ton sabre aux armées de la République. »

Delorme hésite, bégaie. Il s'y prend à plusieurs fois pour dire :

« As-tu du pain à me donner ? »

Menou s'approche encore sans répondre, et Delorme tend son sabre.

Puis le faubourg tout entier capitule.

À quelques pas de ces barricades que les citoyens entourés de soldats démantèlent se dressait la Bastille.

Les citoyens et les gardes françaises l'avaient conquise, ouvrant la route à la Révolution.

C'était il y a bientôt six ans.

Mais en ce début de prairial an III, pour la première fois, les soldats ont refusé de pactiser avec les insurgés.

L'armée de la République a brisé une insurrection populaire, la dernière émeute sans-culotte.

SIXIÈME PARTIE

4 prairial an III - 13 vendémiaire an IV
23 mai 1795 - 5 octobre 1795

« Cette Vendée s'étend partout et devient chaque jour plus effrayante »

« Nous devons être gouvernés par les meilleurs,
c'est-à-dire par ceux qui possèdent une propriété...
« Un pays gouverné par les propriétaires est dans l'ordre social,
celui où les non-propriétaires gouvernent
est dans l'état de nature, c'est-à-dire dans la barbarie. »

BOISSY D'ANGLAS
5 messidor an III (23 juin 1795)

« La garde nationale ne sera plus composée que de gens sûrs
ayant quelque chose à perdre dans un bouleversement,
au lieu que ceux qui en formaient une partie
jusqu'ici avaient tout à y gagner. »

Benjamin CONSTANT
10 prairial an III (29 mai 1795)

20.

Cent vingt mille soldats qui le 4 prairial an III (23 mai 1795) ont encerclé puis occupé le faubourg Saint-Antoine campent plusieurs jours durant dans le quartier.

Les patrouilles parcourent les rues, entrent dans les locaux des sections, les fouillent, jettent sur le pavé les piques, les sabres, les fusils, surveillent les assemblées générales au cours desquelles les « honnêtes citoyens » désignent ces « tyrans », ces « révoltés », ces sans-culottes qui les ont fait trembler depuis plus de deux ans, les ont contraints au silence, les ont insultés, battus, chassés des sections et souvent arrêtés, les ont « terrorisés ».

Maintenant ce sont eux que, dès les 24 et 25 mai, on entraîne, on enferme.

Les soldats les houspillent, les poussent à coups de crosse, les menacent de leurs baïonnettes, les forcent à se mettre en rang et les dirigent vers les prisons.

Ils sont ainsi près de dix mille sans-culottes à être arrêtés.

On recherche les gendarmes et les soldats qui le 1er et le 2 prairial, quand l'insurrection paraissait près de l'emporter, ont pactisé avec les insurgés.

On les licencie, on les incarcère. Et on chasse de la garde nationale les ouvriers, les artisans, les manouvriers.

« Cette classe utile de citoyens qui ne vivent que du travail de leurs bras ne doit pas être distraite de son labeur quotidien », dit-on.

D'ailleurs cette « classe » n'a pas l'argent nécessaire pour payer son équipement. Place aux bourgeois qui s'armeront et s'équiperont à leurs frais, et seront cavaliers, canonniers, piquiers de la garde nationale.

Et le Suisse Benjamin Constant qui vient d'arriver à Paris, en compagnie de sa maîtresse, Germaine Necker – la fille de l'ancien ministre de Louis XVI – devenue Madame de Staël, écrit :

« La garde nationale ne sera plus composée que de gens sûrs ayant quelque chose à perdre dans un bouleversement, au lieu que ceux qui en formaient une partie jusqu'ici avaient tout à y gagner. »

Et Benjamin Constant commence à rédiger une brochure, qui fait l'éloge des vainqueurs de prairial et qu'il intitule *De la force du gouvernement actuel et de la nécessité de s'y rallier.*

C'est ce que pense ce général de brigade de vingt-six ans, Napoléon Bonaparte, sans affectation depuis qu'on lui a retiré son commandement à l'armée d'Italie.

On le voit hâve, maigre dans son costume élimé, mal taillé, hanter les bureaux du ministère de la Guerre, expliquer qu'il est un général d'artillerie, qu'il ne peut accepter de commander dans l'Ouest une unité d'infanterie comme on le lui propose.

Et d'ailleurs que faire là-bas, puisque le général Hoche a réuni à La Prévalaye, près de Rennes, cent vingt et un chefs royalistes – Cadoudal, Frotté, d'Andigné – et une vingtaine de ces chefs des chouans ont signé avec lui un accord de paix.

On rétorque à Bonaparte que les espions de la République à Londres sont persuadés que les émigrés, transportés par des navires anglais, vont effectuer un débarquement en masse dans la presqu'île de Quiberon.

Mais Bonaparte s'obstine, refuse sa nomination, devine qu'on le suspecte d'être toujours un robespierriste. Ne l'a-t-on pas arrêté à la chute du tyran ? Et les vainqueurs de prairial veulent que ces journées achèvent ce qui a commencé le 9 thermidor. Ils veulent faire place nette.

Ils ont eu peur en ce mois de mai 1795. Ils partagent l'analyse de Mallet du Pan :

« Si les Jacobins eussent eu des chefs de quelque habileté et si au lieu de tuer un député, ce malheureux Féraud, ils en eussent tué dix, la Convention disparaissait pour toujours. »

Il faut donc sévir, condamner, emprisonner, exécuter, massacrer même, comme on le fait dans les départements du Sud, où, à Marseille, quatre-vingt-huit « terroristes » viennent d'être égorgés dans leur prison.

« La Convention nationale, écrit Fréron dans *L'Orateur du peuple*, doit donc hâter la punition des députés jacobins, Romme et ses complices, qui ont rallié, encouragé les émeutiers. On se demande partout pourquoi leur sang impur est si longtemps respecté tandis que celui de quelques scélérats subalternes a été versé sans ménagement. Qu'ils périssent et que leur sang venge enfin la France et cimente le règne de la liberté pure et raisonnable. »

Napoléon Bonaparte, ses cheveux de jais mal peignés, mal poudrés, encadrant son visage osseux, à la peau si jaune qu'elle semble bistre, observe, écoute.

Il loge en compagnie de son jeune frère Louis, et avec ses aides de camp, dans un petit appartement meublé qu'il loue à l'hôtel de la Liberté, rue des Fossés-Montmartre.

Parfois les regrets le tenaillent.

Peut-être n'aurait-il pas dû rompre ses fiançailles avec Désirée Clary, cette jeune Marseillaise dont la sœur aînée Julie a épousé Joseph Bonaparte.

Il serait à l'abri du besoin, alors qu'il traîne sa misère dans ces bureaux, ces salons, où se presse une foule d'élégants et d'élégantes, inc-oyables et me-veilleuses.

Il rentre à l'hôtel de la Liberté, amer.

Il écrit un court roman, *Clisson et Eugénie.*

Les jours se succèdent et il n'obtient rien. D'un pas rapide il parcourt les rues, retourne dans les bureaux, jaloux de ces généraux, Hoche, Marceau, Jourdan, Pichegru, qui sont honorés parce que victorieux et non suspects de robespierrisme.

Dans l'Ouest, Hoche semble réussir à pacifier la Bretagne après la Vendée.

À l'Est et au Nord, les Provinces-Unies ont été contraintes de conclure à La Haye un traité de paix. Et elles doivent payer une indemnité considérable de cent millions de florins à la République et entretenir un corps d'armée de vingt-cinq mille soldats. Et cet argent ruisselle sur ceux qui à Paris détiennent le pouvoir.

Ils achètent les biens nationaux. Ils s'enrichissent avec les fournitures de guerre aux armées.

Barras règne au palais du Luxembourg. C'est le « roi de la République ». Madame Tallien est sa maîtresse officielle. Mais d'autres jeunes femmes, la citoyenne Hamelin, Madame Récamier, et la veuve d'un général guillotiné pendant la Terreur, Joséphine de Beauharnais, une créole encore belle, bien qu'âgée de plus de trente ans, se partagent ses faveurs.

Et c'est dans l'antichambre de Barras que le général Bonaparte attend en solliciteur. Il quémande aussi auprès de Fréron et de Boissy d'Anglas, les nouveaux maîtres de la République.

Boissy d'Anglas le reçoit, lui explique qu'un « pays gouverné par les propriétaires est dans l'ordre social, celui où les non-propriétaires gouvernent est dans l'état de nature, c'est-à-dire dans la barbarie ».

Bonaparte pense aussi cela. Il rôde comme un loup affamé d'argent, de femmes, de fonctions, de gloire.

Il décrit à son frère Joseph ce Paris où « le luxe, le plaisir et les arts reprennent d'une manière étonnante. Hier on a donné *Phèdre* à l'Opéra au profit d'une ancienne actrice. La foule était immense depuis deux heures après-midi, quoique les prix fussent triplés. »

« Les voitures, les élégants reparaissent ou plutôt ils ne se souviennent plus que comme d'un long songe qu'ils aient jamais cessé de briller. »

« Les femmes sont partout : aux spectacles, aux promenades, aux bibliothèques. Dans le cabinet du savant vous voyez de très jolies personnes. Ici seulement de tous les lieux de la terre elles méritent de tenir le gouvernail ; aussi les hommes en sont-ils fous, ne pensent-ils qu'à elles et ne vivent-ils que par et pour elles. »

« Une femme a besoin de six mois de Paris pour connaître ce qui lui est dû et quel est son empire... »

« L'aisance, le luxe, le bon ton, tout a repris ; l'on ne se souvient plus de la terreur que comme d'un rêve. »

Mais le « roi de la République » Barras, et Fréron et Tallien, et Sieyès, eux, ont la mémoire encore hantée de cauchemars. Ils veulent en finir avec les Montagnards.

Tous les membres encore libres des grands Comités de l'an II sont décrétés d'arrestation, à l'exception de trois d'entre eux, dont Carnot l'« organisateur de la victoire ».

Quarante-trois députés sont incarcérés, traduits devant le Tribunal criminel qui a remplacé le Tribunal révolutionnaire aboli.

Le mot même, d'ailleurs, de « révolutionnaire » est par décret de la Convention proscrit.

Et c'est devant une Commission militaire que sont traduits les suspects. Il y aura trente-six condamnations à mort, douze à la déportation.

Même en tenant compte de la Terreur blanche qui fait couler le sang en province, la répression est mesurée, si on la compare à la Grande Terreur de l'an II.

Billaud-Varenne et Collot d'Herbois sont embarqués pour la Guyane. Barère s'enfuit, échappe ainsi à la déportation. Mais d'autres députés – Rühl, Maure – se suicident au moment de leur arrestation.

Quant aux députés qui sont jugés, six d'entre eux sont condamnés à mort par la Commission militaire.

Dès que le jugement est prononcé, aux acclamations de la Jeunesse dorée, les Montagnards se passent de main en main deux couteaux et se poignardent.

Trois d'entre eux – dont Romme – meurent. Les trois autres sont transportés moribonds à l'échafaud et décapités.

« On a été étonné du courage de ces six brigands », commente un journaliste.

Mais aucune « émotion » populaire n'accompagne le geste de ceux que leurs partisans appellent les « martyrs de prairial ».

La rue appartient à la Jeunesse dorée, dont le « royalisme » commence à inquiéter les « rois de la République ».

Ils ne veulent plus du retour de la Terreur ni d'une restauration monarchique. Or, les muscadins foulent aux pieds la cocarde tricolore, abattent des arbres de la Liberté.

Et festoient quand la Convention ordonne que les bâtiments des ci-devant Jacobins de la rue Saint-Honoré soient démolis et que sur leur emplacement soit construit un marché.

Les danses, l'arrogance, les applaudissements des muscadins autour des ruines du club des Jacobins font pressentir aux vainqueurs de prairial qu'ils vont devoir livrer une autre bataille :

« Depuis le 9 thermidor, écrit Thibaudeau, la lutte était restée entre les terroristes et les Thermidoriens. » Ceux-ci ont triomphé mais un nouvel ennemi se présente à eux : c'est « le royalisme que l'on avait cru mort des coups terribles qu'on lui avait portés ».

Le revoici renaissant, souhaité par la Jeunesse dorée, et de nombreux députés du Marais, ce Ventre de la Convention.

C'est dans ce Paris-là qu'erre, inactif et impatient, le général de brigade Napoléon Bonaparte. Il rêve de se faire envoyer en mission à Constantinople pour réorganiser l'armée turque.

Mais cet espoir n'est que mirage vite dissipé.

« Moi, écrit Napoléon à son frère Joseph, très peu attaché à la vie, en la voyant sans grande sollicitude, me trouvant constamment dans la situation d'âme où l'on se trouve la veille d'une bataille, convaincu par sentiment que, lorsque la mort se trouve au milieu pour tout terminer, s'inquiéter est folie. Tout me fait braver le sort et le destin. Et si cela continue, mon ami, je finirai par ne pas me détourner lorsque passe une voiture.

« Ma raison en est quelquefois étonnée mais c'est la pente que le spectacle moral de ce pays et l'habitude des hasards ont produite sur moi. »

21.

C'est la fin du mois de mai 1795, ce mois de prairial an III, et parce que les sans-culottes sont vaincus, pourchassés, souvent arrêtés et parfois massacrés, on ose se proclamer royaliste.

Le mot « révolutionnaire » est proscrit, on peut donc donner son sentiment sur ces « années de sang » durant lesquelles on n'avait pas seulement « terrorisé » les « honnêtes citoyens » en les menaçant du « rasoir national » mais conçu et voté la Constitution de 1793, dont Boissy d'Anglas dit aujourd'hui qu'elle n'était que l'« organisation de l'anarchie ».

Plus personne n'appelle Boissy d'Anglas *Boissy-famine* !

Il est le rapporteur d'une commission de onze membres chargée de préparer une nouvelle Constitution.

C'en est fini des belles déclarations de 1793, qui n'évoquaient que les « droits » et jamais les « devoirs ».

La Constitution nouvelle ne parlera pas de droit d'assistance et de droit d'insurrection.

Boissy observe : « Lorsque l'insurrection est générale, elle n'a plus besoin d'apologie, et lorsqu'elle est partielle elle est toujours coupable ! »

Alors pourquoi y faire référence dans un texte constitutionnel ? C'est l'individu qui est la source du « bien » et non l'action collective ou l'État.

« Faites constamment aux autres le bien que vous voudrez en recevoir », voilà ce que la nouvelle Constitution doit affirmer.

Et répéter que c'est sur le « maintien des propriétés » que repose tout l'ordre social.

Boissy d'Anglas écrit dans son rapport du 23 juin 1795 (5 messidor an III) :

« Nous devons être gouvernés par les meilleurs, c'est-à-dire par ceux qui possèdent une propriété, qui sont attachés à la tranquillité qui la conserve et qui doivent à cette propriété et à l'aisance qu'elle donne l'éducation qui les a rendus propres à discuter avec sagacité et justesse... Un pays gouverné par les propriétaires est dans l'ordre social, celui où les non-propriétaires gouvernent est dans l'état de nature, c'est-à-dire dans la barbarie. »

Les onze membres de la commission sont tous des députés du Ventre de la Convention, souvent d'anciens Girondins, des modérés, tel Pierre Claude François Daunou, prêtre et professeur de théologie avant 1789, puis prêtre jureur. Il a refusé de voter la mise en accusation et la mort du roi.

La Constitution de 1793 est pour lui la « Constitution du faubourg Saint-Antoine ». Il prend la plume au nom de la commission des onze pour rédiger le nouveau texte constitutionnel.

Il rejette l'idée que le pouvoir exécutif, qui sera composé de cinq membres, puisse être élu par le peuple :

« Le peuple pourrait désigner un Bourbon ! » s'exclame-t-il.

Les cinq membres qui composeront ce *Directoire* de la République seront désignés par deux *Conseils*, l'un, celui des *Cinq-Cents* (*l'Imagination*), aura le droit de proposer la loi, l'autre, celui des *Anciens* (*la Raison*), deux cent cinquante membres, de la voter.

Et ce sont les Anciens qui, dans une liste de cinquante noms proposés par les Cinq-Cents, choisiront les *Cinq Directeurs*. Ceux-ci – renouvelables tous les ans par cinquième – seront vêtus d'un costume chamarré, « protestation, dit Boissy d'Anglas, contre le sans-culottisme ».

Pour voter, au scrutin secret, le citoyen doit avoir vingt et un ans accomplis et payer une « contribution directe, foncière ou personnelle » : le suffrage n'est donc plus universel, mais « censitaire ». Les soldats qui ont lutté pour l'établissement de la République sont dispensés de cette condition. Mais, « les domestiques à gages attachés au service de la personne ou du ménage, comme les fous, les faillis, les accusés, ne peuvent être électeurs ».

Les onze membres de la commission sont inquiets. Ils veulent que « leur enfant », la Constitution, « l'enfant aux onze pères », lit-on dans les journaux, protège le pays d'un « pouvoir exécutif fort » comme ils l'ont connu sous la monarchie, mais aussi sous la Convention.

Ils se défient donc du pouvoir d'un seul, qu'il s'agisse d'un homme ou d'une Assemblée, comme l'a été la Convention durant la Terreur.

Et ils mesurent aussi la haine du peuple pour les « ventres pourris », les « ventres dorés », car la misère et la disette sont toujours là, à serrer la gorge des plus humbles.

La « soudure » avec la récolte de 1795 – abondante – tarde à se faire.

Une mouche de police signale dans un rapport de fructidor an III (août 1795) que « les estomacs vides battent la générale et sonnent le tocsin de la Constitution ».

On veut chasser les conventionnels, à quelque clan qu'ils appartiennent.

« On ne réélira pas ces coquins », dit-on.

Pis : le peuple est si exaspéré, qu'il crie : « Vive le roi ! »

Ces mots qui font trembler les régicides, on les entend à Chartres, où un représentant en mission est assiégé par une foule qui hurle : « Vive le roi ! Vive le roi ! »

Le représentant est forcé de signer un arrêté qui taxe le pain à trois sous. Le soir, il se suicide.

La troupe doit intervenir, livrer bataille pour rétablir l'ordre et disperser ces rebelles en tuant une dizaine.

Et ce cri de « Vive le roi ! », les jeunes gens qui jadis suivaient Fréron, cassaient leurs gourdins noués et plombés sur le dos des sans-culottes, le poussent contre la Convention dont ils se défient.

Il leur semble qu'elle ménage les sans-culottes. Ne célèbre-t-elle pas le 14 juillet, décrété une fête nationale ?

Ne fait-elle pas chanter *La Marseillaise* ? Ne regroupe-t-elle pas autour de Paris des troupes nombreuses ?

Or, contre qui ces soldats pourraient-ils intervenir, sinon contre cette Jeunesse dorée que Tallien, Barras, Fréron ont utilisée et qui maintenant les inquiète ?

Car les muscadins sont désœuvrés.

« Paris offre, écrit un témoin, un assez étrange phénomène. C'est celui d'un assez grand nombre de jeunes gens qui souvent sans autre nom que celui qu'ils usurpent et sans autres ressources connues que celles du jeu font une dépense annuelle de deux à trois cent mille francs. À ces aventuriers se sont jointes des personnes de marque mais diffamées qui, trouvant le métier assez bon, se livrent au même genre d'industrie. »

Ils vivent donc de l'« agiotage », du jeu, et se retrouvent au Palais-Royal.

Et ils vivent d'expédients, dans un luxe précaire. Que seront-ils demain ?

Ils rêvent d'un roi.

« Les espérances les plus folles se manifestent de toutes parts, lit-on dans le journal *Le Moniteur*. C'est à qui jettera plus promptement le plus ouvertement le masque. On dirait, à lire les écrits qui paraissent, à entendre les conversations de gens qui se croient dans la confidence, que c'en est fait de la République. Parce que la Convention secondée, poussée même par le zèle et l'énergie des bons citoyens, a remporté une grande victoire sur les terroristes, sur les successeurs de Robespierre, il semble qu'elle n'ait plus qu'à proclamer la royauté… »

Les rapports de police signalent que des « petites gens sans ressources regrettent hautement l'Ancien Régime ».

Dans un journal qui s'intitule *Le Ventriloque ou Ventre affamé*, on lit :

« Lorsqu'il y avait un roi mon ventre n'avait jamais été réduit à la disette qu'il éprouve, et mon ventre conclut qu'il vaut mieux un roi qu'une Convention. »

Dans les théâtres, les jeunes gens exigent qu'on chante *Le Réveil du peuple*, et non cette horrible *Marseillaise*.

On entonne : « Ne faisons qu'une hécatombe de ces cannibales affreux. »

Et en bande, on se rend sous les fenêtres de la maison d'un des onze membres de la Commission, l'ancien Girondin Louvet, homme modéré, qui a voté lors du procès du roi en faveur de l'appel au peuple.

Il s'indigne :

« Où sommes-nous ? Un citoyen paisible troublé dans l'asile de sa demeure ! Un représentant du peuple abreuvé d'outrage et violemment menacé ! Où sommes-nous ? Les chouans ont-ils vaincu ? Les cohortes anglaises sont-elles dans nos murs ?... Faut-il pour ne pas être un terroriste se réunir par bandes, aller effrayer dans leurs maisons et dans les rues les citoyens paisibles, arracher les affiches de nos frères des armées, et menacer de mort quiconque oserait chanter une chanson qui ne serait pas la sienne ? Je ne me sens pas, je l'avoue, la force de porter à ce point l'amour de la paix et de la tranquillité publique. »

Mais Louvet, comme les autres conventionnels modérés, ne veut pas se laisser égorger par les « royalistes » de retour. Et tous les républicains, même ceux qui ont été victimes de Tallien et de Fréron, de Barras et de Legendre, lors des journées de prairial sont prêts à se réunir, à oublier leur haine, pour faire front aux royalistes.

« Pour moi, écrit le libraire Ruault, je crois qu'il n'y a point assez de troupes près de Paris et dans Paris ; les voleurs, les chouans peuvent en approcher de si près que nous serions dans la plus fâcheuse situation s'il n'y avait pas assez de forces accoutumées à vaincre pour les repousser. Cette Vendée s'étend partout et devient de jour en jour plus effrayante... »

Et Louvet s'écrie à l'adresse de ces jeunes gens que les Thermidoriens ont utilisés contre les sans-culottes mais qui leur paraissent aujourd'hui menaçants, avec leurs refrains royalistes :

« Misérables, réfléchissez. Cent mille républicains peuvent être facilement distraits des armées. Que le sentiment de notre existence vous rende sages. Obéissez aux lois ou craignez que la Convention nationale parle, et vous n'êtes plus... »

Mais la Jeunesse dorée continue de manifester, de crier que la Convention contient encore dans son sein des « égorgeurs », des « buveurs de sang ».

Et le conventionnel Merlin de Thionville, qui a voté la mort du roi, combattu contre les Vendéens, s'est enrichi, a aux côtés du général Pichegru pris la tête des bandes de la Jeunesse dorée, le 1er germinal, pour faire rentrer dans leurs faubourgs les émeutiers, écrit :

« Soyez persuadés que si vous souffriez à Paris le retour d'un roi, tous les soldats dont je connais l'esprit et les intentions se disputeraient l'honneur de venir vous anéantir, vous et votre roi. »

Ce roi, ce n'est plus Louis XVII.

Le fils de Louis Capet est mort le 20 prairial an III (8 juin 1795). Tous ceux qui l'avaient vu au cours des mois précédents avaient été effrayés par son corps difforme qui n'était plus qu'une plaie.

Barras – le « roi de la République ! » – avait été frappé par « son visage tout bouffi et tout pâle », ses genoux, ses chevilles, ses mains enflées, son regard innocent d'enfant de dix ans, exprimant souffrance et désespoir. Barras avait demandé que l'on nettoie la chambre où Louis XVII était maintenu, qu'on le fît promener, qu'on le soignât.

Mais aucun des Thermidoriens ne doutait de la prochaine issue fatale.

Et cependant, à l'annonce de la mort de Louis XVII, ils laissèrent courir la rumeur – et sans doute la favorisèrent-ils – d'une évasion de Louis XVII.

C'était manière pour ces régicides, craignant une restauration, de gêner l'oncle de Louis XVII, ce comte de Provence qui, installé à Vérone, régent du royaume, se proclama, dès qu'il apprit la nouvelle de la mort de Louis XVII, Louis XVIII, mais décidant que tant qu'il serait contraint de vivre en exil, il se ferait appeler « comte *de Lille* », du nom d'une seigneurie qu'il possédait à proximité de Toulouse et qui se nommait l'« *Isle* Jourdain »...

Le comte d'Artois devient « Monsieur », frère du roi, rêvant déjà de succéder un jour à son aîné. Mais le comte d'Artois applaudit la *Proclamation de Vérone*, que rend publique Louis XVIII.

Elle annonce un retour complet de l'Ancien Régime.

Louis XVIII veut « le rétablissement de la religion catholique et de notre ancienne Constitution. Ma maxime est tolérance pour les personnes, intolérance pour les principes. »

Les trois ordres (*clergé*, *noblesse*, *tiers état*) doivent être rétablis comme les parlements, ainsi que tous les symboles – le drapeau blanc à fleurs de lys naturellement – de l'autorité royale, le souverain étant de droit divin.

Et Louis XVIII promet le châtiment des régicides, coupables d'un crime qui est aussi un sacrilège.

Les « royalistes de l'intérieur sont au désespoir », écrit Mallet du Pan. Ils comprennent que les régicides, se jugeant « impardonnables », vont être plus que jamais des adversaires d'un retour des Bourbons.

Tallien le répète. Il ne veut pas être pendu par le roi restauré. L'avènement de Louis XVIII et sa proclamation de Vérone « achèvent, continue Mallet du Pan, de déterminer la balance en faveur du gouvernement républicain ».

Tallien, Barras, Fréron, la Convention décident de renforcer encore les troupes qui stationnent dans les environs de Paris.

On les rapproche de la capitale. Elles s'installent aux Sablons, derrière Chaillot, non loin du bois de Boulogne.

Et les protestations des sections où les « royalistes » et la Jeunesse dorée sont majoritaires, confirment aux yeux des « républicains » la réalité du danger d'une restauration.

Ordre est donné à la police de « surveiller avec attention plusieurs quidams habitués du café de Valois et du jardin Égalité que l'uniformité et la singularité de leur costume font regarder comme suspects ».

Les jeunes gens « dorés » qui avaient servi les Thermidoriens sont désormais leurs ennemis.

Et les sans-culottes s'en réjouissent.

Un lieutenant de Gracchus Babeuf, le « partageux », l'apôtre « communiste » du *Manifeste des Égaux*, écrit ainsi à son correspondant parisien :

« Tu ne manqueras pas de donner encore des nouvelles. Oh, celles que tu m'as données et que j'ai reçues ce matin m'ont mis en goût. Et j'en éprouve le plus dévorant appétit. Donne-m'en toujours, je suis insatiable... Deux cents muscadins arrêtés m'annonces-tu ? Ainsi soit-il.

« Vous en tâterez donc aussi, messieurs, et vos cafés, vos habits carrés, vos chapeaux à la Cobourg, vos chats verts ne vous en garantiront point ! Quelle mine allongée et livide ils devaient avoir ! Ah, vous pensiez que tout vous était permis, messieurs de la Jeunesse dorée ! Allons, point de quartiers, qu'on les plie à l'égalité. Nul n'a le droit de dépasser le niveau. »

Et Fréron fait l'éloge de Rouget de l'Isle et de *La Marseillaise*.

Et le journal *Le Moniteur* écrit :

« La royauté, l'exécrable royauté, croyez-vous donc qu'on puisse la rétablir si facilement ? Est-ce pour nous donner un roi que nous avons abattu Robespierre ? Prétexte insensé qui couvre peut-être des intentions qu'il sera facile de dévoiler. »

Et l'on dénonce « une poignée de factieux, de royalistes, d'émigrés ».

La police constate qu'un émigré, le comte d'Antraigues, met à la disposition de Louis XVIII les réseaux royalistes qu'il a constitués dès l'été 1789 et qui avaient œuvré pour l'Angleterre, l'Autriche, l'Espagne, la Russie.

Des « agences » royalistes, l'une dite de *Souabe*, l'autre *La Manufacture*, ont infiltré leurs espions dans tous les Comités, les rouages gouvernementaux, et renseignent d'Antraigues.

Le général Pichegru est approché, le 29 thermidor an III (16 août 1795), par un libraire suisse, Fauche-Borel, agent de Louis XVIII.

Le roi propose à Pichegru le bâton de maréchal, le château de Chambord, le gouvernement de l'Alsace s'il se met au service de la monarchie et, pour gage de son ralliement à Louis XVIII, livre la place de Huningue au prince de Condé.

Pichegru écoute, hésite, déclare qu'il doit réfléchir.

Sans connaître les détails de ces propositions, Carnot et Tallien soupçonnent Pichegru et mesurent les périls qui les menacent.

Dans l'Ouest, Charette a rompu la trêve, comme Cadoudal.

Il a dit à ses compagnons :

« Vous ne croyez pas vous autres que je sois devenu républicain depuis hier ! J'ai joué la République par-dessous la jambe, je jouerai les Anglais par-dessous la cuisse. »

Car une flotte anglaise débarque à Carnac trois mille cinq cents émigrés et quinze cents prisonniers français enrôlés de force.

Charette les rejoint après avoir fait massacrer, en guise de déclaration de guerre, deux cents prisonniers « bleus », et une centaine d'autres soldats républicains qui ne se gardaient pas, confiants dans la trêve.

Un deuxième corps expéditionnaire royaliste de deux mille hommes débarque à Quiberon.

Mais en quelques semaines, Hoche, commandant de l'armée de l'Ouest, refoule méthodiquement cette « armée » disparate de près de quinze mille hommes dans la presqu'île, les forçant à mettre bas les armes et faisant douze mille prisonniers.

Tallien se précipite pour en finir avec ces « quiberonnades », qui ont pour les Thermidoriens régicides l'avantage de réunir autour d'eux le bloc républicain, des partisans de Babeuf aux anciens Girondins et à une bonne partie des conventionnels modérés.

Tallien veut, impose aux commissions qui jugent les émigrés une sévérité exemplaire.

On condamne à mort chouans, Vendéens, émigrés. Il y aura sept cent cinquante exécutions, dont celles de quatre cent vingt-huit gentilshommes émigrés.

Une dernière tentative de débarquement de quatre mille hommes, sous le commandement du comte d'Artois, a lieu à l'île d'Yeu.

Hoche empêche leur jonction avec les troupes de Charette, qui rend d'Artois responsable de l'échec et écrit à Louis XVIII :

« Sire, la lâcheté de votre frère a tout perdu. »

En fait, le comte d'Artois dépendait des Anglais, pressés de s'éloigner, de rembarquer ces troupes vouées à la défaite.

« Le voilà donc, Monsieur Pitt, le résultat de trois années de travaux, écrit Hoche dans un rapport du 22 juillet 1795. Il n'est pas aussi aisé de vaincre les républicains sur leur territoire que dans votre cabinet... »

À Paris, la victoire sur les émigrés et ce regain de « terreur » durcit les oppositions entre royalistes et républicains.

Et d'autant plus que, pour s'assurer d'une majorité dans le Conseil des Anciens et le Conseil des Cinq-Cents, et donc obtenir un Directoire de cinq républicains, les conventionnels par deux décrets – des 5 et 13 fructidor an III (22 et 30 août 1795) – décident que sur les sept cent cinquante membres des Conseils à élire, les électeurs ne choisiront que deux cent cinquante d'entre eux, les autres sièges – les *deux tiers* – reviendront aux conventionnels sortants.

Ces décrets des *deux tiers* sont un véritable coup de force parlementaire qui révolte les modérés, tentés par la monarchie, et la Jeunesse dorée qui espérait conquérir par l'élection le contrôle du Directoire.

Car la Constitution doit être approuvée par plébiscite, comme les décrets des deux tiers

Les royalistes appellent à voter pour la Constitution et contre les décrets, contre cette Convention, « écumée sur les égouts de la France et les cloaques étrangers », et dont les membres veulent se perpétuer.

Ah ! du moins par pudeur taureaux insatiables
Vous êtes engraissés, regagnez vos étables !

peut-on lire dans *Le Messager du soir*.

Tallien dénonce ces « misérables libellistes gagés », ces « insectes politiques », ces muscadins qui manifestent un « abâtardissement de l'espèce humaine », avec une « paralysie commencée de l'organe de la parole ».

Et les muscadins, les royalistes, réagissent, interpellent Tallien et Barras :

« Pourquoi ces troupes autour de Paris ? Sommes-nous assiégés ou à la veille de l'être ?... Est-on chouan parce qu'on porte un collet noir ouvert ? »

Le référendum va-t-il permettre de désigner le camp vainqueur ? Les résultats sont proclamés le 1er vendémiaire an IV (23 septembre 1795).

La Constitution est acceptée par 1 057 390 *oui* contre 49 978 *non* !

Il y a 5 millions d'abstentions !

Les décrets des *deux tiers* ont réuni 205 498 *oui* et 107 978 *non* !

Le pays réel ne veut plus des conventionnels, liés à des années sanglantes, et, que la Terreur soit rouge ou blanche, les conventionnels l'incarnent.

On les rejette, même s'ils viennent grâce aux décrets des *deux tiers* de réussir à se prolonger au sein des Conseils.

Mais pourront-ils résister à la colère que leur coup de force législatif a suscitée ?

Des troubles éclatent ici et là.

À Dreux, un représentant à la tête de deux cents hommes a défait une troupe de rebelles, dont dix ont été tués et trente faits prisonniers.

N'est-ce pas là le signe d'un retour aux méthodes terroristes ?

Des commissaires de la section Le Peletier se rendent dans toutes les autres sections de Paris, pour lire la pétition qu'ils comptent apporter à la Convention.

« Cette malheureuse patrie n'offrira-t-elle bientôt qu'un désert couvert d'ossements humains ? » disent-ils.

« Allons-nous voir renaître ces jours d'horreur et de carnage que nous avons passés ? »

« Les échafauds vont-ils se rétablir ?

« Verrons-nous encore une fois les vieillards et les enfants engloutis dans les flots ? »

« Entendrons-nous encore retentir les fusillades de Collot ? »

22.

Pluie, vent, en ce début du mois de vendémiaire an IV.

C'est la fin septembre et, à la nuit tombée, des bandes de jeunes gens parcourent les rues proches du Palais-Royal, en criant : « À bas les deux-tiers ! », ces décrets « scélérats » qui vont permettre de placer dans les deux Conseils issus de la nouvelle Constitution une majorité de conventionnels.

Mais cette Jeunesse dorée se heurte désormais à ce que les jeunes gens à collet vert ou noir appellent des « terroristes », et que Barras, Fréron, Tallien nomment maintenant des « patriotes ».

Et Fréron s'est même rendu faubourg Saint-Antoine pour recruter avec de beaux discours et des poignées d'assignats ceux-là mêmes que lors des journées d'insurrection de prairial il faisait pourchasser par la Jeunesse dorée et qu'il appelait « buveurs de sang », « massacreurs de septembre » ou « lécheurs de guillotine ».

La Convention rapporte même les décrets sur le désarmement des terroristes.

Et elle charge Barras, qui a tenu un rôle décisif lors du 9 Thermidor, qui a été « terroriste », lorsque, avec Fréron, il était représentant en mission dans les Bouches-du-Rhône, à Marseille et à Toulon, du commandement des troupes de Paris. Barras n'a-t-il pas été officier d'Ancien Régime ? N'est-il pas régicide, ce qui en fait un adversaire déterminé des royalistes ? Avec son grand sabre qu'il porte fièrement, il a l'allure martiale d'un chef de guerre.

Et son conseiller Pierre François Réal, qui a été hébertiste, écrit, pensant à Barras qu'il sert avec dévouement :

« Le salut de la patrie va dépendre de la formation du pouvoir exécutif. Il faut y porter des hommes brûlant de patriotisme, ennemis-nés de toute tyrannie, qui ont tué Capet et Robespierre. »

Mais Barras et les Thermidoriens républicains sont attaqués avec violence par les sections parisiennes pénétrées de royalisme, ainsi celle de Le Peletier qui prend la défense de ceux qui se dressent contre les « deux-tiers », contre la Convention.

« Vous osez les traiter d'intrigants, d'anarchistes, d'assassins ! Mais jetez les yeux sur vous-mêmes. Vos vêtements sont teints du sang de l'innocence. Des milliers de vos commettants égorgés, des villes détruites, le commerce anéanti, la probité proscrite, l'immoralité, l'athéisme, le brigandage divinisé, l'anarchie et la famine organisées, le trésor public dilapidé, voilà votre courage ! »

Ces sections-là préparent, à n'en pas douter, une insurrection contre la Convention, qui ouvrirait la porte à ce Louis XVIII qui veut punir les régicides.

« Il n'y avait rien de mieux à faire, écrit Barras, pour combattre de pareils adversaires, que de leur opposer leurs ennemis naturels, les patriotes incarcérés, par suite de la réaction de Thermidor. »

Et la Convention libère les « émeutiers de prairial », quinze cents d'entre eux, des « tape-dur », sont constitués en trois bataillons de volontaires : les « patriotes de 1789 ».

Ce « bataillon sacré » va renforcer les six mille hommes de l'armée de l'Intérieur, chargée de protéger la Convention.

Mais Barras, qui la commande en chef, ne fait pas confiance au général Menou. Ce ci-devant baron, qui a su mater le faubourg Saint-Antoine, en prairial, est un modéré. Ses sympathies vont aux sections « monarchistes ». Menou préfère négocier avec elles, qui réussissent à rassembler près de trente mille hommes, plutôt que de les affronter.

Barras constitue donc son état-major avec des généraux qui traînent, inactifs, dans Paris et sont suspects de robespierrisme, de jacobinisme.

Il s'entoure ainsi de Brune, Carteaux, Dupont et de ce général de brigade d'artillerie qu'il a connu au siège de Toulon, Napoléon Bonaparte.

Depuis plusieurs mois, ce Bonaparte a fait des offres de service, obstiné, faisant longuement antichambre, réussissant alors qu'il n'est qu'un officier sans fortune, sans gloire, sans affectation, vêtu d'un uniforme élimé, taillé dans une étoffe de mauvaise qualité, à être invité par Thérésa Tallien, la maîtresse de Barras.

Et ce Corse, au regard insistant et brûlant, a une sœur, Pauline, dont Fréron est amoureux au point de vouloir l'épouser.

Mais le Comité de salut public par un arrêté a « rayé Napoléon Bonaparte de la liste des officiers généraux employés, attendu son refus de se rendre au poste qui lui a été désigné ».

Car Bonaparte n'a pas voulu accepter un commandement à l'armée de l'Ouest.

Il rêve d'aller aider le sultan à réorganiser son armée.

Il n'est, en fait, qu'un général sans emploi parmi tant d'autres : soixante-quatorze suspects sont rayés comme lui des registres de l'armée active.

Mais Thérésa Tallien, mais Fréron, confirment que ce général de vingt-six ans est une personnalité singulière. Et Barras se souvient de cette « batterie des hommes sans peur », d'où Bonaparte, sous le feu ennemi, dirigeait les tirs de ses canons contre les forts de Toulon. Et Barras avait admiré l'intelligence de cet officier d'artillerie, et son sang-froid.

Barras va donc proposer à Bonaparte le commandement en second de l'armée de l'Intérieur.

« Je vous donne trois minutes pour réfléchir », dit-il à Bonaparte.

Le temps d'un regard, et Bonaparte répond d'une voix sèche qu'il accepte.

« Mais je vous préviens, ajoute-t-il, si je tire l'épée, elle ne rentrera dans le fourreau que quand l'ordre sera rétabli coûte que coûte. »

Et cela semble difficile.

Dans la nuit du dimanche 12 au 13 vendémiaire an IV (nuit du 4 au 5 octobre 1795), on entend dans tous les quartiers les tambours battre la générale.

Les sections « bourgeoises », « royalistes », comme celle de Le Peletier, appellent à résister aux Comités de la Convention qui, en créant les bataillons des « patriotes de 89 », ont réarmé les « buveurs de sang ».

Ces sections s'arment, et les trente mille hommes qu'elles rassemblent sont placés sous les ordres du général Danican, qui, officier d'Ancien Régime, est entré dans la garde nationale le 14 juillet 1789, s'est battu en Vendée comme général de brigade.

Il a dénoncé les atrocités commises par les républicains. Depuis, il est suspect de « royalisme ».

Le général Danican ne prend son commandement de l'armée sectionnaire que le 13 vendémiaire.

Il ne mesure pas que tout se joue en cette aube du lundi de vendémiaire. Bonaparte a en effet appris que, au camp des Sablons, se trouvent quarante canons. Il charge Murat, chef d'escadron, de partir avec trois cents cavaliers du 21e chasseur, de se saisir des pièces d'artillerie et de les ramener à Paris où elles seront placées autour des Tuileries, prenant les rues en enfilade.

Les cavaliers de Murat, parvenus au camp des Sablons, se heurtent à une colonne de sectionnaires venus eux aussi avec la volonté de s'emparer des canons. Mais ils sont contraints de reculer devant les trois cents cavaliers qui ramènent, à bride abattue, les pièces d'artillerie aux Tuileries.

À six heures du matin, ce lundi 13 vendémiaire, le général d'artillerie Bonaparte, auquel Barras fait confiance, place les canons aux abords des Tuileries qui deviennent ainsi une forteresse.

Les pièces sont disposées de la place de la Révolution, ci-devant Louis XV, au Palais-Égalité, ci-devant palais-Royal, tout au long de la rue Saint-Honoré.

D'autres sont mises en batterie sur la rive gauche, du pont de la Révolution au pont National. Les troupes de la Convention ne risquent plus d'être cernées et submergées par le nombre des sectionnaires. Elles gênent les troupes de Danican dans leurs communications d'une rive à l'autre de la Seine.

Ainsi, lorsque vers dix heures du matin, Barras inspecte les postes de défense, il constate l'efficacité, l'œil d'aigle de ce général Bonaparte qui semble déjà subjuguer les soldats qui ne le connaissaient pas, quelques heures auparavant.

Bonaparte saute à cheval, va d'un poste à l'autre, s'arrête seulement quelques minutes, écoute les rapports des officiers. Il répète qu'il veut qu'on tire à mitraille et il promet qu'il suffira de quelques minutes pour balayer les troupes adverses.

Le général Danican n'a pas pris d'initiative, semblant compter sur le nombre.

Mais sur les trente mille sectionnaires, on n'en compte que sept ou huit mille résolus à se battre. Ils sont plus nombreux que les soldats de l'armée de l'Intérieur. Mais ceux-ci disposent de l'artillerie.

Et tout au long de la matinée, des sans-culottes des faubourgs, des « tape-dur », les rejoignent. Ils ont une revanche à prendre sur ces sectionnaires, cette Jeunesse dorée, qui les ont vaincus, dans les journées de prairial, et humiliés, pourchassés, depuis.

Et Barras, Tallien, Fréron savent qu'aux yeux des troupes républicaines, ces sans-culottes sont une caution révolutionnaire.

Or, ce que demande le général Danican dans un message à la Convention, c'est leur renvoi.

« La paix peut s'établir en un clin d'œil, écrit Danican vers trois heures de l'après-midi ce 13 vendémiaire, si la Convention nationale désarme ceux que les Comités ont armés la veille. »

Barras ne répond même pas à la proposition du général Danican.

Le temps passe. On s'observe l'arme au pied. Il pleut.

Quand l'averse cesse, le général Danican fait mouvement dans la rue Saint-Honoré, bientôt pleine de sectionnaires. Ils forment une masse compacte autour de l'église Saint-Roch.

Tout à coup vers quatre heures et demie, un coup de feu, tiré sans doute de l'une des maisons sur les sectionnaires, qui répondent par une salve. Les soldats aussitôt réagissent avec l'assurance de vieilles troupes aguerries par des mois de combat.

Ils tirent, écrit un témoin, « comme s'ils eussent été à la noce ».

Napoléon Bonaparte assure que les coups de fusil furent tirés de l'hôtel de Noailles où s'étaient introduits les sectionnaires.

« Les balles arrivaient jusqu'au perron des Tuileries, dit-il. Au même moment une colonne de sectionnaires déboucha par le quai Voltaire, marchant sur le pont Royal. Alors on donna l'ordre aux batteries de tirer. »

Dans les rues, sous le tir à mitraille des canons, c'est la débandade des sectionnaires. Ceux qui se regroupent sur les marches de l'église Saint-Roch sont fauchés. L'église est enlevée.

La colonne qui avançait quai Voltaire est dispersée.

Napoléon, qui se dirige rue Saint-Honoré vers le bâtiment des Feuillants, a son cheval tué sous lui.

Les soldats se précipitent pour l'aider à se relever. Il est indemne. Il donne l'ordre de balayer les rues à la mitraille, puis à l'arme blanche.

Il suffit de quelques obus pour que la centaine d'hommes qui résistent au théâtre de la République soient délogés.

« À six heures tout était fini », dit Bonaparte.

Il est entouré par les conventionnels qui viennent le féliciter d'avoir « sauvé la République ».

Il entend les discours de Barras puis de Fréron qui à la tribune de la Convention font acclamer son nom.

Il écrit à son frère Joseph :

« Enfin tout est terminé, mon premier mouvement est de penser à te donner de mes nouvelles. Comme à l'ordinaire je ne suis nullement blessé. »

Mais les éloges qu'on lui décerne ont leur contrepartie.

Il est le *général Vendémiaire*, celui qui a fait tirer au canon sur les sectionnaires et a brisé l'insurrection souhaitée et organisée par les royalistes, et à laquelle ils ont participé. Ils espéraient qu'elle ouvrirait la voie à la restauration. Bonaparte est dans le camp des régicides, de Barras, de Tallien, de Fréron, et aussi, même si les Thermidoriens ont renversé l'Incorruptible, du côté de Robespierre.

Et on lui imputera les morts dont le sang a rougi les escaliers de l'église Saint-Roch.

Combien sont-ils, les cadavres que l'on charge dans des charrettes ? Trois cents dans chaque camp ?

Un témoin, sans complaisance pour les royalistes, le libraire Ruault, trace un tableau bien plus sombre de ce 13 vendémiaire.

« On estime, écrit-il, qu'il a péri environ huit mille personnes : le 10 août a coûté moins cher. »

Il raconte comment, après que deux canonniers eurent été tués par des tirs sectionnaires :

« Une première charge à mitraille renversa une centaine d'hommes. Elle fut suivie de quatre ou cinq autres qui balayèrent la rue entière. Environ huit cents hommes de la plus belle jeunesse, de la plus riche bourgeoisie y furent tués en moins de deux minutes.

« Le bruit du canon qui surprit tout le monde de ce quartier, l'effroi de la mort, fit entrer dans Saint-Roch une foule considérable d'hommes, de femmes, d'enfants, que par curiosité le mouvement des troupes avait attirés dehors et ceux aussi qui allaient à leurs affaires. Ils croyaient y trouver un asile sûr et sacré. Mais environ trois cents grenadiers de la Convention se ruent à travers les morts de la rue du Dauphin, montent les degrés de Saint-Roch, entrent dans l'église, tuent et mutilent à coups de sabre et de baïonnette tout, ou à peu près, ce qui s'était réfugié en ce lieu. On y a compté le lendemain matin environ quatre mille morts, de tout âge, de tout sexe, dépouillés de leurs vêtements, compris ceux qui avaient péri dans la rue du Dauphin et dans celle de Saint-Honoré. »

Chiffres énormes, sans doute multipliés par la rumeur, mais qui révèlent au-delà de leur exactitude discutable le choc ressenti par un républicain patriote, ancien Jacobin, mais homme modéré.

Et Ruault s'interroge, relit Machiavel, « car nous sommes dans le cas posé par Machiavel, que le système républicain est inexécutable en France et que nous n'avons fait que des folies depuis trois années mais des folies d'un genre fort étrange... C'est un vrai typhon qu'un peuple républicain tel que nous, une vaste bête, une divinité malfaisante, une mer qui dévore ceux qui osent monter dessus... »

Et ce qu'il a vu le 13 vendémiaire le conforte dans cette vision pessimiste. Car le carnage a continué rue de Richelieu, quai Voltaire.

« Après la canonnade, la troupe de ligne fusilla tout ce qu'elle put fusiller jusqu'à minuit.

« Elle tirait en haut, en bas, de tous côtés, suivie des filles de joie de ce quartier qui les aidaient en ricanant à dépouiller les morts et à les porter dans la cour du Palais-Royal.

« Les vainqueurs et leurs filles mirent en vente le lendemain matin les dépouilles des Parisiens et les vendirent. »

L'émeute est donc écrasée sans pitié mais, dans les jours qui suivent, la répression est légère. Barras, Tallien, Fréron, les conventionnels se défient de ces « patriotes de 89 », qui ne sont pour ces Thermidoriens républicains que les alliés d'un jour.

On en congédie, en leur distribuant des assignats, en les rémunérant pour qu'ils achèvent à coups de gourdin de chasser la Jeunesse dorée des rues, en lui interdisant de jouer un rôle politique.

Et les « tape-dur » se mettent à l'œuvre.

Les protestations et les suppliques des muscadins ne servent à rien.

« Quoi, parce qu'un homme portera à son habit un collet noir, peut-on lire dans un libelle, il sera par cela même proscrit ? Et par qui ? Par cette classe abjecte, vile et méprisable, d'êtres sans mœurs, sans propriété, vendus au parti qui les paie, de vagabonds que la police ne devrait jamais perdre de vue. »

Mais les conventionnels invitent au contraire les militaires qui assurent le maintien de l'ordre à « rafler » ces jeunes gens le plus souvent « insoumis », et à les rappeler à leur devoir.

« Allez, commande le ministère aux soldats, parcourez tous les coins confiés à votre surveillance. Arrachez à la honte et à l'oisiveté, au crime de la rébellion cette jeunesse insensée qui, dans le sein de l'indifférence, oublie qu'elle a une patrie à défendre, des droits à soutenir, et des lauriers à partager. »

Les rafles se multiplient au café de Chartres, dans les théâtres et tous les lieux publics.

Les jeunes gens se réfugient dans les maisons de jeu, les « étouffoirs » clandestins ou tolérés par la police.

Les « étouffoirs » se multiplient boulevard des Italiens, surnommé le « Petit Coblence ».

Et la Jeunesse dorée se dissout dans les tripots, les salons, les mondanités.

Elle est la principale victime de Vendémiaire.

Ainsi, Paris change en même temps que triomphe Barras qui pousse Bonaparte dans les bras de Joséphine de Beauharnais, et fait de lui un général de division, d'abord commandant en second de l'armée de l'Intérieur, puis le commandant en chef, succédant à Barras lui-même.

Les deux hommes sont critiqués, Barras, vicomte de Fox-Amphoux, incarne la corruption du pouvoir.

On chante :

Si sa pourpre est le salaire
laire, laire, laire
Des crimes de Vendémiaire
Fox-s'Amphoux !
Il n'a pas quarante ans
Mais aux âmes damnées
Le crime n'attend pas
Le nombre des années.

Et les « honnêtes gens » trouvent Bonaparte « jacobin à l'excès », condamnent le « général Vendémiaire ».

Mais Napoléon Bonaparte hausse les épaules :

« Je tiens au titre de général Vendémiaire, dit-il, ce sera dans l'avenir mon premier titre de gloire. »

Il est un homme nouveau, surgissant au moment même où les conventionnels, même s'ils ont par le décret des deux tiers trouvé le moyen de prolonger leur vie politique, sont las.

« Quatre années toujours sous le fer des assassins ont épuisé nos facultés physiques et morales », dit le Montagnard Dubreuil.

« Il est bien temps que nous quittions la place », ajoute Merlin de Thionville.

Ils se savent rejetés, haïs, méprisés parce que la disette et la misère écrasent toujours le peuple des faubourgs.

Le peuple ne rêve même plus au rétablissement du maximum du prix des denrées. Que peut-on contre l'alliance des plus riches ?

Car le peuple constate que les « ventres pourris » de la Convention sont indulgents pour les « ventres dorés » qui ont « fait » Vendémiaire.

Un rapport de police indique :

« Dans les faubourgs, on observe que les révoltés de prairial étaient moins coupables que ceux du 13 vendémiaire puisque les premiers ne demandaient que du pain et que ceux-ci voulaient attaquer et anéantir la représentation nationale, et cependant ceux de prairial ont éprouvé une bien plus grande sévérité... Les patriotes de prairial allaient par charretées à l'échafaud et les rebelles du 13 vendémiaire ont apitoyé la Convention nationale et courent en poste sur les grandes routes... »

Mais le temps des insurrections est passé.

« Les Tuileries sont changées en un camp de guerre. On n'y voit que tentes, canons, et soldats qui font bouillir la marmite au pied des arbres et des murs des terrasses.

« Les Champs-Élysées offrent le même aspect. Toutes les avenues des Tuileries et de la Convention sont hérissées de fer et de soldats.

« Jamais appareil de guerre ne fut plus menaçant et plus formidable dans cette cité des arts et des plaisirs. »

L'Américain Gouverneur Morris, qui voit ces soldats de toutes les armes éparpillés dans les places, les rues, sur les ponts, conclut : « Je continue à être persuadé que les représentants de cette nation tomberont sous la domination d'un despote unique. »

Et Ruault est plus précis :

« Le canon qui a foudroyé les royalistes et les mécontents a tué aussi l'amour de la République dans un grand nombre de cœurs. Cette façon d'assumer une République en dégoûte tous les hommes sensibles, tous les amis de l'humanité. Le gouvernement militaire établi depuis huit jours épouvante tous les bons esprits.

« La Convention vient de se mettre dans la dépendance de soldats qui créeront peut-être demain un Imperator, un César. »

Pourtant, dans sa dernière séance, le 4 brumaire an IV (26 octobre 1795), la Convention décrète une amnistie générale pour « tous les faits relatifs à la Révolution », exception faite des prêtres réfractaires, des émigrés, et des « vendémiairistes ».

On crie « Vive la République ! ».

Puis les conventionnels déclarent qu'« à dater du jour de la publication de la paix générale, la peine de mort sera abolie dans la République ».

Et la place de la Révolution – où la guillotine avait été si longtemps dressée, où le bourreau avait tant de fois montré des têtes tranchées à la foule et d'abord celle du roi –, cette place ensanglantée, s'appellerait désormais place de la Concorde.

SEPTIÈME PARTIE

Brumaire an IV - Ventôse an V
Octobre 1795 - Février 1797

« L'audace est le plus beau calcul du génie »

« Il y a trois partis bien prononcés : les royalistes
avec les fanatiques, les anarchistes et les vrais républicains.
Le troisième a combattu et contenu
alternativement les deux autres. »

Un commissaire au Directoire
novembre 1795 (brumaire an IV)

« À la guerre, l'audace est le plus beau calcul du génie.
Il vaut mieux s'abandonner à sa destinée. »

Napoléon Bonaparte, général en chef de l'armée d'Italie
avril 1796 (germinal an IV)

« La Révolution française monte au Capitole.
L'Europe est finie, elle l'a voulu…
Toute espérance est bannie de mon âme.
Baissez la toile, la pièce est jouée.
La royauté n'est qu'une vague réminiscence…
Je n'aperçois ni jour, ni moyens, ni issues. »

Mallet du Pan
1797 (an V)

23.

Le règne de la Concorde ?

Qui peut y croire ou l'espérer, en ce 12 brumaire an IV (3 novembre 1795), en voyant le cortège des cinq Directeurs ?

Ils ont été choisis par le Conseil des Anciens dans une liste de cinquante noms établie par le Conseil des Cinq-Cents.

Barras, La Révellière-Lépeaux, Reubell, Letourneur et Sieyès – ce dernier refusera de siéger et sera remplacé par Carnot – sont tous des régicides.

Ils se sont installés dans deux fiacres escortés par cent vingt dragons et autant de fantassins.

Le cortège parti des Tuileries se dirige vers le palais du Luxembourg, où le Directoire va siéger.

Les Directeurs n'ont pas encore revêtu leur manteau et leur habit d'apparat.

Ils ne sont élus que depuis quatre jours et, dans le palais du Luxembourg dont ils parcourent les pièces, ils constatent qu'il n'y a plus aucun meuble, que depuis le départ du comte de Provence tout est à l'abandon. Les « détrousseurs » de palais sont passés par là.

Les Directeurs s'installent dans une petite pièce au premier étage, autour d'une table branlante. Les sièges sont des chaises de paille, que le concierge a prêtées. Il monte des bûches. La cheminée fume, et l'humidité persiste.

Mais on peut rédiger un procès-verbal d'installation, procéder au choix des ministres, qui sont tous des modérés. Le ministre de l'Intérieur serait même royaliste, comme bon nombre de députés, ce qui laisse présager des conflits entre les Directeurs régicides et les Conseils des Anciens et des Cinq-Cents.

Mais pour l'heure on parle costume. On veut de l'éclat, un manteau nacarat, rouge clair aux reflets de la nacre, à doublure blanche, écharpe bleue, broderie d'or, chapeau à panache tricolore.

Les députés porteront la toge, et ceux des Cinq-Cents un turban bleu avec un bouquet d'épis d'or.

La France est misérable, mais ses représentants et ses Directeurs sont résolus à jouir du luxe et des avantages du pouvoir.

Et tant pis pour le peuple, celui des faubourgs ou celui qui est sous les armes.

Les uniformes des soldats qui escortaient les deux fiacres directoriaux étaient usés, quant aux dragons ils montaient sans bottes et l'on voyait leurs bas troués.

Les troupes qui ont conquis la Belgique, celles qui en Italie ont battu sous le commandement du général Schérer les Austro-Sardes ne sont pas mieux loties !

Il en va de même sur les bords du Rhin.

« Les soldats de Pichegru sont dans une situation déplorable, écrit un voyageur. Ils n'ont ni souliers, ni bas, ni chapeaux et bientôt plus d'habits et de culottes. La misère les ronge et les fait déserter par milliers dans l'intérieur. Ceux qui restent dans cet état sont vraiment des héros. Il faut des millions en argent pour réparer ces maux. »

Mais les assignats valent à peine la valeur du papier !

Les Directeurs décident de cesser d'émettre cette monnaie sans valeur. Et le 19 février 1796 (30 pluviôse an IV), ils brûlent place Vendôme les planches servant à leur fabrication.

Les trente-neuf milliards d'assignats en circulation seront retirés, remplacés par des « mandats territoriaux ». Mais pourquoi les citoyens feraient-ils confiance à cette nouvelle monnaie-papier ?

Pourquoi souscriraient-ils l'emprunt de six cents millions que lance le Directoire ?

Le libraire Ruault, observateur toujours lucide, ne s'étonne pas de cet insuccès.

« Le Directoire répand de temps en temps, écrit-il, des homélies très civiques pour réchauffer les cœurs et leur redonner du ton en patriotisme, mais c'est la voix qui crie dans le désert. Elles n'ont pas plus de succès que l'emprunt de six cents millions en numéraire. Le Directoire ne dissimule son embarras ni aux jeunes [le Conseil des Cinq-Cents] ni aux vieux [Conseil des Anciens] ni à personne au monde !

« La machine des finances crèvera dans les mains de ses directeurs avec un fracas épouvantable. On ne voit point de remède à ce mal. »

Et plein d'une amertume désespérée, Ruault conclut :

« La France n'est qu'une plaie, pas un endroit sain dans tout le corps politique, ses gouverneurs marchent à tâtons comme dans une cave et n'ont de lumière que derrière eux. »

En fait, les Directeurs à l'exception de l'austère et rigoureux Carnot, sauvé le 9 Thermidor de l'arrestation parce qu'il a été reconnu comme l'organisateur de la victoire, et de son « double » Letourneur, se soucient d'abord d'eux-mêmes.

Lorsqu'ils apparaissent en grand costume de satin, avec leurs dentelles, leurs écharpes, leurs glaives, leurs bas de soie, les souliers à bouffettes et le chapeau rouge à panache, ils suscitent les moqueries, car personne n'est dupe de cette « mascarade luxembourgeoise », comme on dit dès le premier jour.

Personne ne les respecte.

Barras, roi de la République, est un noble corrompu, régicide et terroriste enrichi. Il place ses maîtresses, Joséphine de Beauharnais, Thérésa Tallien – l'une dans le lit de Bonaparte, l'autre dans celui de l'agioteur munitionnaire Ouvrard. Ainsi, il accroît son influence.

Barras est un cynique « flibustier », qu'attirent encore les Jacobins, comme si le régicide qu'il est ne voulait pas couper tout lien avec la Révolution, car il craint toujours une restauration monarchique qui ferait pendre haut et court les régicides.

Mais en dehors de cette inquiétude – et peut-être a-t-il sollicité de Louis XVIII une absolution –. chacun sait que

« Barras jetterait par la fenêtre la République dès demain si elle n'entretenait ses chiens, ses chevaux, ses maîtresses, sa table, sa salle de jeu ».

Les autres Directeurs sont des inconnus.

Reubell, avocat alsacien colérique, est l'un des artisans de l'annexion de la Belgique et de la rive gauche du Rhin. Il parle avec arrogance, jure qu'il faudrait « mettre les députés contre-révolutionnaires dans un sac et les jeter à la rivière ».

La Révellière-Lépeaux, ancien Girondin, s'occupe des questions religieuses. Il veut fonder une « religion naturelle ». Il voudrait détruire la papauté tout en étant hostile à l'unification de l'Italie.

Ces Directeurs ont en commun de vouloir combattre les « factions extrêmes », à la réserve près qu'étant tous régicides, ils sont de « farouches républicains ». Ils l'affirment dans la *Proclamation au Peuple français* datée du 14 brumaire an IV (5 novembre 1795).

« Le Directoire, écrivent-ils, a la ferme volonté de livrer une guerre active au royalisme, de raviver le patriotisme, de réprimer toutes les factions, d'éteindre tout esprit de parti, d'anéantir tout désir de vengeance, de faire régner la concorde, de ramener la paix, de régénérer les mœurs, de rouvrir les sources de la production, de ranimer l'industrie et le commerce, d'étouffer l'agiotage, de donner une nouvelle vie aux arts et aux sciences, de rétablir l'abondance et le crédit public, de remettre de l'ordre social à la place du chaos inséparable des révolutions, de procurer enfin à la République française le bonheur et la gloire qu'elle attend. »

Les Directeurs désirent en finir avec la Révolution et ses désordres.

Ils veulent être les arbitres au-dessus des factions.

« Il y a trois partis bien prononcés, écrit l'un des commissaires du Directoire, les royalistes avec les fanatiques, les anarchistes et les vrais républicains. Le troisième a combattu et contenu alternativement les deux autres. »

Les Directeurs sont... ces républicains du « centre »... du « Ventre », comme on disait sous la Convention.

Ils frappent les royalistes qu'ils ont écrasés le 13 vendémiaire grâce aux canons de Bonaparte.

Stofflet, le chef vendéen, est arrêté, fusillé, comme le sera quelques semaines plus tard Charette, capturé blessé.

Mais la guerre gagnée, Hoche proclame l'« édit de Nantes de la Vendée », autorisant partout la célébration du culte. Le Directoire se sent si fort qu'il envisage même un débarquement en Irlande, préparé par Hoche et Wolfe Tone, chef des Irlandais unis.

On rêve à une insurrection des Irlandais contre l'Angleterre.

On ne craint pas d'échanger la fille de Louis XVI, Marie-Thérèse, contre des prisonniers français détenus par les Autrichiens.

Et parmi eux, Drouet, l'ancien maître de poste de Sainte-Menehould qui avait permis l'arrestation de Louis XVI en juin 1791.

Drouet est aussitôt admis au Conseil des Cinq-Cents, et participe à la célébration, le 21 janvier 1796 (1er pluviôse an IV), de l'anniversaire de la décapitation du roi place de la Révolution, devenue place de la Concorde !

Ce jour-là « fut la juste punition du dernier roi des Français » et Reubell ajoute : « Que les bons citoyens se rassurent. »

Ceux qui ne sont que citoyens continuent d'avoir faim. Car les prix des denrées, qu'on imaginait avoir atteint leurs sommets, ont encore augmenté.

« On voit par les rues, lit-on dans un rapport de police, un grand nombre de malheureux sans souliers, sans vêtements, ramassant dans les tas d'ordures de la terre et autres saloperies afin de satisfaire la faim qu'ils éprouvent. »

Mais on est las. On hait les Directeurs, les membres des Conseils, les riches, qui affichent leur insolente et récente fortune.

« À quoi sert d'avoir détruit les rois, les nobles et les aristocrates, dit-on, puisque les députés, les fermiers, les marchands, les remplacent présentement ? »

Et *La Gazette* constate, le 25 brumaire an IV (16 novembre 1795) :

« Les événements ont desséché les cœurs ! Conseil des Anciens, Conseil des Cinq-Cents, Directoire, c'est vers vous que se tournent les regards de ces malheureux qui foulent de leurs pieds demi-nus la terre humide. Adoucissez d'abord nos maux, donnez-nous des mœurs ! »

Mais comment espérer encore ? Croire en la République ? Et mourir pour la patrie ?

On déserte les armées :

« Aller nous faire tuer pour des bougres qui nous volent et nous affament ? »

On s'y refuse. On ne fête plus les victoires. On veut du pain et la paix.

Mais les Directeurs souhaitent que la guerre continue.

Car on peut dans les pays conquis piller les œuvres d'art et les caisses remplies d'or des royaumes, des principautés et des villes.

« On serait perdu si on faisait la paix », explique Sieyès.

Le Directoire a besoin d'argent.

Ne fût-ce que pour maintenir, en dépit de la chute de l'assignat, les indemnités des députés.

« Et l'on travaille à loger les Cinq-Cents au Palais-Bourbon que l'on veut rendre magnifique. »

Et passant devant le Palais, les soldats va-nu-pieds, affamés comme les plus pauvres des citoyens, murmurent :

« Les députés devraient être dans un bois et qu'on y mît le feu. »

Les Directeurs s'inquiètent.

Barras et Reubell ont favorisé l'ouverture du club du Panthéon, où se retrouvent autour de Babeuf les « terroristes » que la défaite des royalistes le 13 vendémiaire a confortés.

Babeuf y est le principal orateur. Il prêche l'égalité, le partage de la terre, le « communisme », et il développe ses idées dans le journal qu'il anime, *Le Tribun du peuple*.

« Le parti se grossit considérablement, dit une note de police, les ouvriers surtout l'embrassent avec avidité. »

Carnot est le plus déterminé à lutter contre ces « anarchistes ». Il souligne que les « babouvistes » ne se contentent pas de prêcher pour le « bonheur commun », mais qu'ils s'infiltrent dans la légion de police chargée d'assurer l'ordre à Paris.

Le 5 décembre 1795 (14 frimaire an IV), il obtient que Babeuf soit décrété d'arrestation.

Mais Babeuf, bénéficiant peut-être de la protection de Barras, disparaît dans l'ombre de la clandestinité.

Le club du Panthéon continue de se réunir autour du Jacobin italien Buonarroti.

Il discourt, écrit, anime les journaux *Le Tribun du peuple* et *L'Égalitaire*, et publie une *Analyse de la doctrine de Babeuf et du Manifeste des Égaux.*

« L'*Analyse*, rapporte la police, dès qu'elle est affichée est applaudie par la plupart de ceux qui la lisent, notamment les ouvriers. »

Et Buonarroti réunit à chacune de ses conférences deux mille personnes.

Il faut briser cette « faction anarchiste », et le 8 ventôse an IV (27 février 1796) les Directeurs ordonnent la fermeture du club du Panthéon.

Napoléon Bonaparte, général en chef de l'armée de l'Intérieur, est chargé d'exécuter cette décision.

Bonaparte n'hésite pas. Il connaît Buonarroti.

Ils se sont rencontrés à Oneglia, sur la côte ligure, quand le Jacobin italien y résidait comme commissaire, et que Bonaparte, à la réputation de robespierriste, commandait l'artillerie de l'armée d'Italie.

Mais Robespierre est mort. Et Bonaparte est devenu le général Vendémiaire, commandant l'armée de l'Intérieur.

Il a un état-major, uniforme de bonne laine, revenus.

Il a distribué les places et l'argent à tous les membres de sa famille.

« La famille ne manque de rien, je lui ai fait passer argent et assignats », écrit-il à son frère Joseph

Il est souvent reçu dans le petit hôtel qu'occupe dans le quartier de la Chaussée-d'Antin Joséphine de Beauharnais. Elle est la preuve charnelle que l'avenir désormais lui appartient.

Il la désire avec la même fougue qu'il veut un commandement en chef, non plus d'une armée de l'Intérieur, qui n'est qu'une force de police, mais d'une armée qu'il mènera à la victoire, par des conquêtes fulgurantes.

Et de plus, le programme politique du Directoire, cette façon d'être au-dessus des factions, de frapper royalistes et anarchistes, lui convient.

Chaque jour il voit Barras, Carnot, les autres Directeurs. Il leur soumet le plan de campagne qu'il a élaboré pour l'armée d'Italie, ce pays où les trésors s'accumulent dans les palais. On peut y rafler des millions indispensables au Directoire.

Il sent que les Directeurs hésitent, que les députés proches des royalistes détestent et craignent en lui le général Vendémiaire.

« J'ai peine à croire que vous fassiez la faute de le nommer à la tête de l'armée d'Italie, écrit, à Reubell, Dupont de Nemours, membre du Conseil des Anciens.

« Ne savez-vous pas ce que c'est que ces Corses ? Ils ont tous leur fortune à faire. »

Mais Bonaparte a donné des gages, le 13 vendémiaire, puis en agissant avec célérité pour fermer le club du Panthéon.

Et il y a cette relation avec Joséphine, qui rassure Barras, cet amour naïf, cette vraie passion même que voue à la créole rouée ce Corse maigre et résolu.

Le 12 ventôse an IV (2 mars 1796), il est nommé général en chef de l'armée d'Italie, avec Alexandre Berthier comme chef d'état-major.

Le 19 mars (29 ventôse an IV), à dix heures du soir, avec un retard de près d'une heure tant il a été pris par ses tâches militaires, la préparation de son départ, Bonaparte épouse à la mairie de la rue d'Antin Joséphine de Beauharnais, mère de deux enfants – Eugène et Hortense. Tallien et Barras sont leurs témoins.

Il sait qu'on murmure qu'il a accepté ce mariage pour débarrasser Barras d'une vieille maîtresse, et obtenir en contrepartie le commandement de l'armée d'Italie.

Mais il suffit de voir Bonaparte regarder l'élégante créole, pour savoir que ce n'est là que calomnie.

Bonaparte est follement épris. Bonaparte désire follement ce commandement.

Le 11 mars 1796 (21 ventôse an IV), il quitte Paris pour Nice.

Dans la voiture de poste, Bonaparte relit les instructions que le Directoire lui a fait remettre.

Elles sont brutales et claires.

« Faire subsister l'armée d'Italie dans et par les pays ennemis... lever de fortes contributions... »

En somme, prendre tout ce que l'on peut aux Italiens, arracher par la force tout ce que l'on veut, et avec le butin nourrir, payer, armer les soldats, et remplir les caisses du Directoire !

Soit. Telle est la guerre. Tel est le pouvoir des armes.

C'est désormais cela, la guerre révolutionnaire. Elle brise les Constitutions et elle pille.

Il va le dire à ces soldats qu'il rassemble dès son arrivée à Nice et qu'il découvre dépenaillés, indisciplinés, affamés.

« Soldats, lance-t-il, vous êtes nus, mal nourris, le gouvernement vous doit beaucoup, il ne peut rien vous donner... Je veux vous conduire dans les plus fertiles plaines du monde. De riches provinces, de grandes villes seront en votre pouvoir. Vous y trouverez honneur, gloire et richesse. »

Il adresse aussi une proclamation aux patriotes italiens :

« Le peuple français a pris les armes pour la liberté. Le peuple français chérit et estime les nations libres. La Hollande est libre et la Hollande fut conquise... »

La campagne d'Italie peut commencer, ce 2 avril 1796 (13 germinal an IV).

« Hannibal a passé les Alpes, dit Bonaparte. Nous allons les contourner. »

C'est parole de conquérant.

24.

Bonaparte conquérant de l'Italie ?

Les Directeurs s'en félicitent. Ils sont étonnés par les succès de ce général d'à peine vingt-sept ans qui s'est imposé à ces « vieux généraux », une dizaine d'années de plus que lui, et qui sont déjà couturés de batailles, et dont les noms – Masséna, Augereau – ont été illuminés par la gloire.

Mais il a suffi de dix jours et trois batailles – Montenotte, Millesimo, Mondovi – pour que Bonaparte, franchissant les cols des montagnes alpines qui séparent la côte méditerranéenne du Piémont, s'ouvre la route de Turin.

Les Directeurs lisent les rapports du commissaire à l'armée d'Italie, Saliceti, que Bonaparte connaît bien. Ce Saliceti qui l'a fait arrêter comme robespierriste, après le 9 Thermidor, mais Bonaparte ne veut pas se souvenir de cet épisode. Et Saliceti ne tarit pas d'éloges sur ce général qui a su reprendre en main vingt-cinq mille hommes indisciplinés.

« Le général en chef, a dicté Bonaparte à Berthier, son chef d'état-major, voit avec horreur le pillage affreux auquel se livrent des hommes pervers… On arrachera l'uniforme de ces hommes. Ils seront flétris dans l'opinion de leurs concitoyens comme des lâches. »

Et il s'est montré d'un courage exemplaire en s'élançant sous la mitraille, sur le pont de Lodi, entraînant ses hommes qui l'ont acclamé, ont dit de lui qu'il avait le courage d'un « petit caporal »…

Il a le sens du verbe, et ses proclamations exaltent les Parisiens quand les journaux les publient.

« Soldats, s'est-il écrié, vous avez en quinze jours remporté six victoires, pris vingt et un drapeaux, cinquante-cinq pièces de canon, plusieurs places fortes, conquis la plus riche partie du Piémont. Dénués de tout, vous avez suppléé à tout, vous avez gagné des batailles sans canons, passé des rivières sans pont, fait des marches forcées sans souliers, bivouaqué sans eau-de-vie et souvent sans pain. »

Les Directeurs se félicitent de ses propos.

L'armée est la seule force qui leur permet de frapper les factions royaliste et anarchiste. Et il leur semble que Bonaparte est fidèle à la République. Il est ici le général Vendémiaire et celui qui a fait fermer le club du Panthéon.

Ne dit-il pas à ses soldats :

« Les phalanges républicaines, les soldats de la liberté étaient seuls capables de souffrir ce que vous avez souffert. Grâces vous en soient rendues, soldats ! »

Et pourtant, Carnot s'interroge quand il lit la conclusion de la harangue de Bonaparte :

« Mais, soldats, vous n'avez rien fait, puisqu'il vous reste encore à faire ! »

Cependant, Bonaparte annonce dans toutes ses lettres qu'il envoie des millions à Paris. Et cela suffit à étouffer les inquiétudes des Directeurs.

On l'invite même à piller davantage.

Les Directeurs lui écrivent :

« Ne pourrait-on enlever les trésors immenses que la superstition a amassés dans les couvents depuis quinze siècles ? On les évalue à dix millions de livres sterling. Vous ferez une opération financière la plus admirable et qui ne fera tort qu'à quelques moines. »

Et l'or et les œuvres d'art affluent au palais du Luxembourg.

« Vous êtes le héros de la France entière », lui répètent les Directeurs.

Et ils multiplient les éloges :

« Vous avez la confiance du Directoire. Les services que vous rendez tous les jours vous y donnent les droits. Les sommes considérables que la République doit à vos victoires prouvent que vous vous occupez tout à la fois de la gloire et des intérêts de la patrie. »

Ils approuvent que Bonaparte s'adresse aux patriotes italiens :

« Peuple d'Italie, l'armée française vient briser vos chaînes : le peuple français est l'ami de tous les peuples, venez au-devant de lui. »

Et ces patriotes, ceux-là que Buonarroti avait rassemblés à Oneglia au temps où Bonaparte n'était que le général d'artillerie de l'armée d'Italie, proclament la République.

Mais Bonaparte devance les inquiétudes des Directeurs en abandonnant ces patriotes dès lors qu'il peut signer un armistice avec le roi du Piémont.

La royauté est maintenue, le souverain cède la Savoie et Nice à la France, et verse une indemnité de guerre de trois millions.

Un autre armistice est conclu avec le duc de Parme – qui lui coûte deux millions de lires, des approvisionnements et vingt tableaux que viendra choisir une commission d'artistes français.

Ce Bonaparte est un homme comme les aiment les Directeurs, qui ne s'embarrasse pas de grands principes !

Après la victoire de Lodi, il est maître de la Lombardie. Et dans les salons Barras fait acclamer Joséphine de Beauharnais, qu'il qualifie de « Notre-Dame des Victoires » !

Ils n'imaginent pas que Bonaparte au lendemain de Lodi avoue qu'il « ne se regarde plus comme un simple général, mais comme un homme appelé à influer sur le sort d'un peuple ».

Et le peuple s'enflamme pour ce général et ses soldats.

« Tandis que nous souffrons mort et passion à l'intérieur, écrit le libraire Ruault, le 20 floréal an IV (9 mai 1796), nos soldats poursuivent dans les Alpes et au-delà le roi de Sardaigne, l'épée dans les reins... C'est une chose bien étonnante et qui sera une merveille dans la postérité que le courage et l'intrépidité de nos jeunes gens de la réquisition. Il fallait qu'il y eût une révolution en France pour apprendre à l'Europe que le Français libre est le peuple de la Terre le plus formidable. »

Et le contraste est accablant avec ce qui se passe à l'intérieur du pays.

La misère s'est encore aggravée.

Sans les distributions de pain organisées par le Directoire, à raison d'une livre de pain par jour pour quatre assignats – pour rien donc –, nombre de citoyens seraient morts de faim.

Mais les Directeurs sont contraints d'abaisser cette ration à soixante-quinze grammes ! On la complète avec du riz, mais on ne peut le cuire car le bois manque ! Et en cet an IV, on relève dix mille décès de plus que la moyenne des années précédentes.

L'opinion accable ce « gouvernement qui n'a jamais été si lâche que nous le voyons aujourd'hui... La probité, la vertu, une certaine austérité de mœurs qui ont toujours été dans les Républiques naissantes et sans lesquelles elles ne peuvent subsister longtemps, ne se trouvent point dans la nôtre.

« On ne voit dans les bureaux de ces messieurs que des hommes corrompus qui vendent à prix d'or les places, les emplois, les fonctions à la disposition des ministres. On marchande avec eux comme on fait des denrées du marché, et celui qui paie le plus obtient la préférence. Les députés eux-mêmes agiotent, trafiquent honteusement avec les agents de change, l'or et l'argent et toute espèce de marchandise. Ces pratiques infâmes corrompent l'esprit public à Paris et dans tous les départements. Elles avilissent tous les agents du gouvernement et des administrations. Le système républicain est tellement gangrené dans toutes ses branches diverses qu'il paraît impossible qu'il puisse aller plus loin qu'une année si la vertu et les bonnes mœurs ne prennent pas très incessamment la place de tant de vices. »

Tel est l'esprit public et si les Directeurs s'inquiètent de son évolution, c'est que dans les rapports des indicateurs de police on souligne que l'on entend de plus en plus souvent les citoyens les plus pauvres s'exclamer : « Au moins, du temps de Robespierre on avait du pain ! »

Et un homme raisonnable comme Ruault, éditeur et libraire, citoyen aisé et éclairé, écrit :

« La grossièreté des sans-culottes était rebutante, hideuse sans doute, mais ils n'avaient point la froide cruauté des agents actuels. Ils n'agissaient pas avec la réflexion et l'intention du mal, comme ces messieurs d'aujourd'hui. »

Mais ce sont surtout les propos de Babeuf qui paraissent dangereux aux Directeurs. Ils se répandent alors que Babeuf, depuis la fermeture du club du Panthéon, vit toujours dans la clandestinité.

Il aurait dit que « réveiller Robespierre... c'est réveiller tous les patriotes énergiques de la République et avec eux le peuple qui autrefois n'écoutait et ne suivait qu'eux... Le robespierrisme est la démocratie, et ces deux morts sont parfaitement identiques : donc en relevant le robespierrisme vous êtes sûr de relever la démocratie. »

Il affirme que la « Révolution française est une guerre déclarée entre les politiciens et les plébéiens, entre les riches et les pauvres ».

Il veut réaliser un « état de communauté ».

« Tout ce que possèdent ceux qui ont au-delà de leur quote-part individuelle de ces biens de la société est vol et usurpation, il est donc juste de le leur reprendre. »

Et il avance que « ce système est démontré praticable puisqu'il est celui appliqué aux douze cent mille hommes de nos douze armées : ce qui est possible en petit l'est en grand ».

Babeuf reçoit le soutien financier de Le Peletier de Saint-Fargeau, frère du conventionnel assassiné pour avoir voté la mort du roi, et l'appui du ci-devant marquis Antonelle.

Avec l'écrivain Sylvain Maréchal, Darthé – ancien accusateur public du tribunal révolutionnaire d'Arras –, Buonarroti, et le membre du Conseil des Cinq-Cents, l'homme de Varennes, Drouet, ils constituent un « Directoire de salut public ».

Les « babouvistes » cherchent à pénétrer l'armée. Le capitaine Grisel est chargé de recruter des affidés dans le camp militaire de Grenelle. D'autres s'occupent de la légion de police.

Des alliances sont conclues entre babouvistes et anciens Montagnards. Mais cette « conspiration des Égaux » est constamment surveillée par la police du Directoire. Et peut-être même favorisée par Barras, ou Fouché qui est lié à Babeuf. Ils peuvent l'utiliser comme force de manœuvre, épouvantail, ou bouc émissaire.

À la fin avril et au début du mois de mai 1796 (floréal an IV), les Directeurs se décident à agir.

Carnot, en effet, hostile aux babouvistes a reçu le capitaine Grisel qui a trahi ses compagnons.

Ils sont arrêtés le 10 mai, et sont promis à la Haute Cour de justice qui siégera à Vendôme.

Et toute la France, par ce procès devant la plus haute juridiction du régime, saura que le Directoire frappe – après les royalistes – la faction anarchiste : ce qui rassurera les « bons citoyens », en montrant que les Directeurs, régicides et anciens terroristes, sont les défenseurs des propriétés et de l'ordre contre ceux qui veulent « réveiller Robespierre ».

Cette preuve d'autorité est nécessaire car les succès et l'attitude de Bonaparte commencent à préoccuper les Directeurs.

Bonaparte a fait une entrée triomphale à Milan, le 15 mai 1796 (26 floréal an IV).

« Viva Buonaparte il liberatore dell'Italia ! » crie la foule. Les patriotes italiens ont constitué un Club jacobin, créé une garde nationale, Bonaparte écrit au Directoire : « Si vous me continuez votre confiance, l'Italie est à vous. »

Et il ajoute : « Je mets à la disposition du Directoire deux millions de bijoux et d'argent en lingots, plus quatre-vingts tableaux, chefs-d'œuvre de maîtres italiens. Et les Directeurs peuvent compter sur une dizaine de millions de plus. »

Or, il reçoit des Directeurs l'ordre de se diriger vers l'Italie du centre et du sud, Livourne, Florence, Rome, Naples cependant que le général Kellermann, commandant l'armée des Alpes, le remplacera à Milan et en Lombardie.

Bonaparte refuse.

« Persuadé que votre confiance reposait sur moi, répond-il aux Directeurs, ma marche a été aussi prompte que ma pensée. Chacun a sa manière de faire la guerre. Le général Kellermann a plus d'expérience et la fera mieux que moi ; mais tous les deux ensemble nous la ferons fort mal. Je crois qu'un mauvais général vaut mieux que deux bons. »

Et il offre sa démission.

Murat, qui s'est illustré le 13 vendémiaire et qui a suivi Bonaparte à l'armée d'Italie, l'interroge :

« On assure que vous êtes si ambitieux que vous voudriez vous mettre à la place de Dieu le Père. »

Napoléon Bonaparte le toise :

« Dieu le Père ? Jamais, c'est un cul-de-sac ! » répond-il.

Comment les citoyens Directeurs, ces messieurs du palais du Luxembourg, pourraient-ils accepter la démission d'un homme tel que lui ?

25.

Face aux prétentions de Bonaparte, les cinq Directeurs, en ce mois de mai 1796, hésitent à se renier.

Ils ont une stratégie.

Bonaparte doit marcher vers le centre et le sud, et Kellermann le remplacer au Piémont et en Lombardie.

Il y a d'autres généraux que ce Bonaparte, tonne Reubell. Jourdan et Moreau, l'un à la tête de l'armée de Sambre-et-Meuse, l'autre de l'armée de Rhin-et-Moselle, ont reçu l'ordre de traverser le Rhin, de marcher sur Vienne, et de prendre ainsi à revers, par le nord, les troupes autrichiennes qui sont encore puissantes en Lombardie.

Oui, mais c'est le nom de Bonaparte qu'on acclame à Paris !

Des officiers de l'armée d'Italie porteurs des drapeaux pris à l'ennemi viennent d'arriver dans la capitale.

Les journaux célèbrent les exploits de ce général dont les troupes sont entrées à Venise, Vérone, Brescia, Bologne, Ferrare, qui mate avec une extrême dureté une révolte antifrançaise à Pavie, qui signe un armistice avec le royaume de Naples, puis avec le pape.

Et les journaux détaillent le « butin ».

Le pape devra verser vingt et un millions, cent objets d'art, cinq cents manuscrits. Il livrera la place d'Ancône et laissera le libre passage à l'armée française sur ses États. Il fermera ses ports aux navires anglais.

Les troupes de Bonaparte occupent Livourne, et leur contrôle de ce grand port va contraindre les Anglais, qui se sont installés en Corse, à quitter l'île.

Bonaparte est bien le général qui apporte les victoires et la paix, la gloire et l'or.

Et l'on voudrait que Kellermann prenne sa place ? Et faire confiance aux généraux Jourdan et Moreau, qui essuient déjà de premières défaites, font retraite, alors que Bonaparte bat le général Wurmser, oblige les Autrichiens à s'enfermer dans la place forte de Mantoue.

L'opinion s'embrase : « Vive Bonaparte ! »

Les journaux tressent ses couronnes, reprennent le texte de ses proclamations habiles, écrites, non pour relater la vérité, mais bâtir sa légende.

En outre, chacun des cinq Directeurs, et aussi les commissaires du Directoire ou le général Clarke, chef du bureau topographique du Directoire qui établit les plans de campagne, sont bombardés de lettres de Saliceti, de Berthier, faisant l'éloge du « Petit Caporal » si populaire parmi ses soldats.

Napoléon Bonaparte, lui, écrit à Barras, en fait le confident de ses malheurs conjugaux, renforce ainsi leur complicité.

« Je suis au désespoir, dit Bonaparte, ma femme ne vient pas ! Elle a quelque amant qui la retient à Paris. Je maudis toutes les femmes mais j'embrasse mes bons amis... »

Les pressions sont si fortes que le Directoire va proclamer que l'armée d'Italie a « bien mérité de la Patrie », et déclarer en son honneur une « fête de la Victoire » qui doit être célébrée à la fin du mois de mai (floréal an IV) dans toutes les armées et dans tout le pays.

La majorité des cinq Directeurs (Barras, Carnot, Le Tourneur) conclue qu'il faut annuler la décision de nommer Kellermann à la place de Bonaparte. Et refuser la démission de ce dernier.

Ils ont cédé et aussitôt, ils sentent la poigne de Bonaparte.

« Il faut, leur écrit-il, une unité de pensée militaire, diplomatique et financière. La diplomatie est véritablement, dans ce moment-ci, toute militaire en Italie. »

Il ajoute qu'« aucune de nos lois ne règle la manière dont doivent être gouvernés les pays conquis ».

Autrement dit, Bonaparte veut les mains libres pour agir à sa guise.

Et ceux qui le rencontrent rapportent aux Directeurs ses propos, décrivant son regard où brillent l'intelligence, l'ambition et la détermination.

Le représentant de la République en Toscane, Miot de Melito, fasciné, l'écoute :

« Il ne ressemble pas aux autres généraux, note-t-il. Il est l'homme le plus éloigné des formes et des idées républicaines que j'aie rencontré. »

Mais il est déjà bien tard, pour retenir Bonaparte.

Il construit sa légende. L'imagination populaire s'empare de ses proclamations, de son *Adresse à la Patrie* et à ses « *frères d'armes* ».

« Soldats ! Vous vous êtes précipités comme un torrent du haut de l'Apennin, vous avez culbuté, dispersé, éparpillé tout ce qui s'opposait à votre marche... Que les peuples soient sans inquiétude, nous sommes amis de tous les peuples !... Le peuple français libre, respecté du monde entier, donnera à l'Europe une paix glorieuse qui l'indemnisera des sacrifices de toute espèce qu'il a faits depuis six ans. Vous rentrerez alors dans vos foyers, et vos concitoyens diront en vous montrant : il était de l'armée d'Italie. »

Seuls les royalistes plus ou moins déclarés, les modérés qui espéraient une restauration monarchique s'indignent, crient leur mépris, et même leur haine contre ce général Vendémiaire :

Mallet du Pan écrit à la cour de Vienne, dont il est le correspondant, et sa missive sera diffusée auprès de tous les souverains d'Europe :

« Ce Bonaparte, ce petit bamboche à cheveux éparpillés, ce bâtard de Mandrin que les rhéteurs appellent jeune héros et vainqueur d'Italie, expiera promptement sa gloire de tréteaux. »

Et les monarques et les princes croient à cette prophétie hargneuse et méprisante au moment même où Bonaparte établit à Milan une administration générale de la Lombardie, composée de patriotes italiens venus de toutes les régions de la péninsule, et que se dessinent ainsi les contours d'une République lombarde et même italienne.

Le patriote et Jacobin italien Buonarroti, enfermé avec Babeuf et les babouvistes, se réjouit de cette initiative. Il avait invité tous les patriotes italiens à aider l'armée de Bonaparte, républicain. Et Buonarroti voudrait rejoindre Milan.

Mais la Haute Cour qui doit le juger, à Vendôme, le laissera-t-elle en vie, ou bien l'enverra-t-elle à la guillotine ?

En ce mois de septembre 1796 (fructidor an IV), les babouvistes emprisonnés craignent la sévérité de la Haute Cour.

Les Directeurs et les juges veulent montrer qu'ils sont impitoyables contre les « anarchistes ».

Or, l'homme de Varennes, Drouet, arrêté avec Babeuf, s'est évadé. Et l'on soupçonne Barras, ou Fouché d'avoir favorisé la fuite du maître de poste qui a permis l'arrestation de Louis XVI.

Il y a plus grave encore.

Une bande se réclamant de Babeuf, des Égaux, et rassemblant entre deux cents et sept cents hommes – comment savoir avec précision ? – vient d'attaquer le camp militaire de Grenelle. Les assaillants sont persuadés d'y être attendus par des soldats prêts à rejoindre la cause de l'Égalité.

Traquenard ! Piège tendu par Carnot. Les babouvistes qui se sont élancés aux cris de « Vive la Constitution de 1793 ! », « À bas les Conseils et les nouveaux tyrans ! » ont été chargés par la cavalerie et sabrés.

Une vingtaine d'entre eux ont été tués, et le chef d'escadron Malo, qui menait la charge, a pu ramener au camp cent trente-deux prisonniers.

On affirme que « Carnot était d'accord pour laisser les anarchistes faire une échauffourée alors qu'il était aisé de les prévenir et d'arrêter leurs projets puisqu'ils étaient bien connus ». Mais Carnot veut une répression exemplaire, et la décapitation de ce « serpent anarchiste ».

Il y a parmi les prisonniers d'anciens conventionnels, qui devraient, puisqu'ils sont civils, échapper aux commissions militaires qui sont pourtant chargées de les juger.

Mais l'illégalité n'arrête pas les juges.

En six séances, les commissions militaires, implacables, prononcent trente-deux condamnations à mort et des peines de prison et de déportation. Les jugements sont sans appel.

Les pelotons d'exécution sont déjà alignés dans la plaine de Grenelle, et les condamnés à mort sont exécutés aussitôt le verdict rendu, leurs corps criblés de balles tombant les uns sur les autres.

Le bruit des détonations étouffant les voix qui crient : « La Constitution de 93 ou la mort ! »

C'est la mort qui l'emporte, laissant les Directeurs divisés sur les conséquences politiques de cette machination réussie.

Carnot s'en félicite.

Barras et Reubell craignent qu'en détruisant la faction « anarchiste » on n'ait renforcé la royaliste.

« Où sont les terroristes ? s'exclame même le général Hoche. Je vois des chouans partout. »

Il a pris acte de l'abandon par les chefs chouans de la lutte armée. L'un des derniers insurgés, Cadoudal, vient lui aussi de déposer les armes.

Mais aucun de ces chouans ou de ces Vendéens n'a renoncé à rétablir la monarchie.

Ils condamnent et méprisent la politique du Directoire.

Ils la jugent complice des Jacobins.

Ils partagent l'avis de Mallet du Pan qui écrit :

« Un jour l'autorité destitue un Jacobin en place, tantôt elle en place un autre pire que le précédent. »

Et les royalistes n'oublient pas que les Directeurs sont des régicides, des ennemis du Trône et de l'Autel.

Alors ils mêlent leurs voix à celle du peuple, qui, tous les observateurs de police le confirment, « continue de vomir mille imprécations contre le gouvernement ».

26.

En cet automne de l'an IV, les Directeurs entendent ces propos hostiles que ne font cesser ni les exécutions des assaillants « anarchistes » du camp de Grenelle, ni les concessions faites aux royalistes.

Il semble au contraire qu'en frappant les deux factions extrêmes, le Directoire s'affaiblisse.

Sa seule force, ce sont les armées. Mais la plus glorieuse, celle dont on chante les exploits, l'armée d'Italie, lui échappe.

Napoléon Bonaparte expédie à Paris œuvres d'art, caisses remplies de lingots, trésors de toutes sortes, mais il mène « sa » politique, ignorant les ordres du Directoire, menaçant à nouveau de démissionner quand on lui envoie le général Clarke pour le surveiller, et gardant tout le pouvoir sur ses troupes comme il avait déjà réussi à le faire quand Carnot lui avait demandé de laisser la place au général Kellermann.

Les Directeurs s'affolent devant les initiatives diplomatiques et politiques de ce général que l'opinion célèbre.

Bonaparte écrit sur un ton de commandement à Sa Majesté l'empereur d'Autriche :

« L'Europe veut la paix, cette guerre désastreuse dure depuis trop longtemps... »

Et Bonaparte menace de combler le port de Trieste, et de « ruiner tous les établissements de Votre Majesté sur l'Adriatique »...

Il réunit à Bologne, puis à Reggio d'Émilie, un congrès de patriotes italiens qui l'acclament comme le libérateur et le fédérateur de l'Italie, et proclament la République cispadane, qui adopte, à l'image de la France, un drapeau tricolore, vert, blanc, rouge.

Et en même temps il doit affronter des armées autrichiennes, aux effectifs deux fois plus nombreux que ceux dont il dispose. Il demande au Directoire des armes, des approvisionnements, des renforts.

« Je vous prie de me faire passer au plus tôt des fusils, vous n'avez pas idée de la consommation qu'en font nos gens... Il est évident qu'il faut des secours ici... Je fais mon devoir, l'armée fait le sien. Mon âme est déchirée mais ma conscience est en repos. Des secours ! Des secours ! »

Mais il est seul, en avant de ses troupes, quand il marche les 15 et 17 novembre 1796 (25 et 27 brumaire an V) dans les marais d'Arcole, qu'il s'élance sur le pont criblé par la mitraille, que son aide de camp, Muiron, se place devant lui pour le protéger d'une décharge, et se fait tuer, Bonaparte tombant dans la rivière, menacé d'être pris par des cavaliers croates.

Au terme de combats acharnés c'est la victoire, la légende du pont d'Arcole, les journaux qui exaltent le général Bonaparte, et la rue Chantereine, où habite Joséphine de Beauharnais, rebaptisée « rue de la Victoire ».

Et dans la nuit du 14 janvier 1797 (25 nivôse an V), Bonaparte écrase les Autrichiens sur le plateau de Rivoli, faisant vingt-deux mille prisonniers.

La place forte de Mantoue capitule, Napoléon Bonaparte est le maître de l'Italie du Nord.

Il va traiter avec les envoyés du pape Pie VI, obtenir de Sa Sainteté la cession d'Avignon et du Comtat Venaissin à la France, sans compter les caisses remplies de pièces d'or et d'argent, de lingots, et les centaines de tableaux et de statues.

Bonaparte a repoussé d'un geste de dédain la lettre des Directeurs, inspirée par La Révellière-Lépeaux, qui lui avaient conseillé d'aller « éteindre à Rome le flambeau du fanatisme. C'est un vœu que forme le Directoire. »

Il ne l'a pas accompli.

Il n'a même pas exigé du pape qu'il retire ces « brefs » qui condamnent les prêtres qui ont prêté serment à la Constitution.

Il n'est plus l'exécutant de la politique du Directoire.

Il est le général victorieux qui fait vibrer ses troupes lorsqu'il dit :

« Soldats, vous avez remporté la victoire dans quatorze batailles rangées et soixante-dix combats !

« Vous avez fait plus de cent mille prisonniers, pris à l'ennemi cinq cents pièces de canons de campagne, deux mille de gros calibres... Vous avez enrichi le Muséum de Paris de plus de trois cents objets, chefs-d'œuvre de l'ancienne et de la nouvelle Italie... »

Et lorsque les journaux, à Paris, publient cette proclamation, les citoyens se rassemblent, rue de la Victoire, et alors que la maison est vide, Joséphine ayant rejoint l'Italie, ils crient « Vive Bonaparte ! », et saluent en lui le général victorieux et le faiseur de paix.

Il est le seul parmi les généraux à apporter fierté et espérance au peuple.

Hoche a échoué dans sa tentative de débarquement en Irlande.

Moreau et Jourdan n'ont pu marcher vers Vienne.

Pichegru se dérobe au combat, et les Directeurs sont de plus en plus persuadés qu'il a noué des liens avec les envoyés de Louis XVIII.

Reste donc Bonaparte, dont l'indépendance s'accroît chaque jour, qui limite les pouvoirs des commissaires du Directoire :

« Les commissaires n'ont rien à voir dans la politique, dit-il. Je fais ce que je veux. Qu'ils se mêlent de l'administration des revenus publics, à la bonne heure, du moins pour le moment, le reste ne les regarde pas. Je compte bien qu'ils ne resteront pas longtemps en fonction et qu'on ne m'en enverra pas d'autres ! »

Mais il ne rompt pas avec les Directeurs.

Il leur envoie le fruit de ses pillages.

Et il offre même à ces « cinq sires » des chevaux jeunes et nerveux, au pelage brillant, afin, dit-il, de « remplacer les chevaux médiocres qui attellent leurs voitures ».

Les Directeurs acceptent les dons, le butin, mais ils commencent à regarder avec effroi ce général populaire. Et dans les Conseils, tant celui des Anciens que celui des Cinq-Cents, tous les modérés, les royalistes masqués qui constituent le « Ventre » de ces assemblées, sont hostiles au général Vendémiaire.

Mais on ne veut pas, pas encore, l'affronter. Il faut d'abord conquérir le pouvoir, et ce n'est qu'ensuite qu'on domptera ce général ambitieux, celui que les royalistes considèrent comme un « Jacobin à cheval ».

Il n'est donc plus question de tenter de s'emparer du gouvernement par l'émeute. On se souvient du 13 Vendémiaire.

Mais des élections aux Conseils doivent avoir lieu en mars-avril 1797 (germinal an V). Les royalistes sont persuadés qu'ils peuvent les gagner. Et dans cette perspective, il faut convaincre les électeurs.

« Puisque l'opinion fait tout, il faut chercher à la former », dit Antoine Dandré, ancien constituant, royaliste, intelligent, souple, habile.

Peu à peu, il gagne la plupart des royalistes à l'idée que les « voies légales » peuvent seules permettre de s'emparer du pouvoir.

Le roi Louis XVIII s'y rallie.

Dans une proclamation aux Français, « du 10 mars de l'an de grâce 1797 et de notre règne le deuxième », il promet l'oubli des erreurs, des torts et des crimes, et attend « de l'opinion publique un succès qu'elle seule peut rendre solide et durable ».

Le chevalier des Pomelles est chargé d'organiser cette propagande pacifique dans toute la France. Et l'agent anglais Wickham s'en félicite :

« Le plan est vaste et lointain, écrit-il à Londres. Il s'étend à toute la France. Je n'ai cependant pas hésité à l'encourager dans son ensemble. J'avoue que c'est la première fois que je dispose des fonds publics avec une pleine satisfaction pour moi-même. »

Des Pomelles, avec l'argent anglais, fonde un « Institut des amis de l'ordre », ou « Institut philanthropique », avec dans chaque département un « Centre de correspondance ».

Il s'appuie sur les émigrés qui rentrent en grand nombre, en dépit de la législation rigoureuse et des peines qu'ils encourent.

Le 26 décembre 1796, un émigré, le comte de Geslin, « prévenu d'émigration et autres délits », a été passé par les armes.

Il a suffi qu'une commission militaire constate son identité. Elle n'a pas eu à juger, seulement à ordonner son exécution.

Mais la plupart des émigrés échappent aux poursuites. Il suffit de verser cinquante ou cent louis pour obtenir des employés des bureaux gouvernementaux des certificats de résidence.

Toute l'administration est corrompue, vénale jusqu'au sommet de l'État. L'entourage de Barras – avec l'accord du Directeur – vend toutes les pièces nécessaires à une radiation des listes de l'émigration. Et surtout, l'opinion change.

On joue une pièce de théâtre, *Défense des émigrés français*, qui met en scène un émigré à qui son ancien fermier restitue respectueusement le domaine dont il s'était rendu acquéreur. Et le fait s'est réellement produit en Normandie.

Les prêtres déportés ou exilés qui rentrent dans leurs villages sont accueillis avec enthousiasme.

« J'ai vu une foule de peuple, raconte l'un d'eux. Je ne savais que penser. J'étais déguisé et habillé en séculier. On crie : Le voici ! Tout de suite ce n'est plus qu'embrassement et cris de joie… Hier il est arrivé deux autres prêtres ; on leur a fait le même accueil. »

Souvent on lance : « Vive le roi ! »

Dans certains hôpitaux, les religieuses reprennent leur habit, remplacent les infirmières.

Les processions se déroulent même dans les villes.

Et les cloches recommencent à résonner dans les campagnes.

On les entend dans les Conseils des Anciens et des Cinq-Cents.

Les députés du Ventre – modérés, royalistes masqués – se réunissent à *Clichy*, dans les jardins d'un membre du Conseil des Cinq-Cents – Gilbert Desmolières. Le général Mathieu Dumas, un député du Conseil des Anciens, est présent à chaque réunion. Nombreux parmi ces *clichyens* sont favorables à l'idée d'une restauration, par les voies légales, sans les excès d'un affrontement.

Et ils sont accablés quand la police du Directoire, à la plus grande satisfaction de Barras, démasque des agents royalistes – l'abbé Brottier en est le chef – qui, dûment accrédités par des lettres de Louis XVIII, signées du monarque, préparent un coup d'État royaliste.

Les conjurés ont pris contact avec des officiers, tel ce colonel Malo, le chef d'escadron qui a dispersé les babouvistes lors de l'attaque du camp de Grenelle.

Et Malo aussitôt les dénonce.

Ils sont traduits devant le Conseil de guerre permanent de la division militaire de Paris, et la lenteur du procès, l'indulgence dont font preuve les juges – dix ans de détention et non la mort dont ils sont passibles – tranchent avec la brutalité expéditive des commissions militaires qui avaient jugé les babouvistes.

Mais Barras et Reubell sont satisfaits.

Le Directoire frappe toutes les factions, qu'elles soient anarchistes ou royalistes.

Et on annonce pour le mois de février 1797 (ventôse an V) l'ouverture à Vendôme devant la Haute Cour du procès des babouvistes.

Le Directoire est au-dessus des factions. Il les combat toutes.

Jeu de rôle.

Loin de ces manœuvres d'habile politique et de cette stratégie des apparences, qui n'arrachent pas le peuple et la nation à la misère, à leur lassitude et à leur dégoût, Bonaparte, en ce mois de février 1797, occupe le port d'Ancône.

Il marche en compagnie de son chef d'état-major, Berthier, sur les quais, regardant vers le large.

« En vingt-quatre heures, dit-il, on va d'ici à la Macédoine. »

Un silence, puis plus bas :

« La Macédoine, terre natale d'Alexandre le Grand. »

HUITIÈME PARTIE

Pluviôse an V - Fructidor an V
Février 1797 - Septembre 1797
« Signez la paix... »

« La France est fatiguée d'avoir
roulé de révolution en révolution. »

BAILLY, réquisitoire au procès de Babeuf et des « Égaux »
devant la Haute Cour réunie à Vendôme
26 avril 1797 (7 floréal an V)

« Tous, mon cher général, ont les yeux fixés sur vous.
Vous tenez le sort de la France dans vos mains.
Signez la paix... et alors mon général venez jouir
des bénédictions du peuple français tout entier qui vous appellera son bienfaiteur. Venez étonner les Parisiens
par votre modération et votre philosophie. »

Lettre de LA VALETTE, aide de camp
du général Napoléon Bonaparte
mai 1797 (prairial an V)

« La loi, c'est le sabre. »

Un officier arrêtant un député du Conseil des Anciens
le 18 fructidor an V (4 septembre 1797)

27.

Bonaparte, en ce mois de ventôse an V (février-mars 1797), ne traverse pas la mer pour s'élancer sur les traces du Grand Alexandre.

Il se contente de rêver au destin fulgurant du Macédonien, d'imaginer qu'un jour viendra, peut-être, où lui aussi comme Alexandre sera dans l'éclat d'une gloire aveuglante.

Mais pour cela il faut, à partir de l'Italie, marcher vers Vienne, franchir les cols des Alpes, les vallées encaissées de la Piave, du Tagliamento et de l'Isonzo, afin de s'enfoncer dans l'empire des Habsbourg.

Il le dit à ses soldats. Il l'écrit aux Directeurs :

« Il n'est plus d'espérance pour la paix qu'en allant la chercher dans les États héréditaires de la maison d'Autriche. »

Il sait qu'il joue une partie décisive.

Le Directoire a nommé le général Hoche à la tête de l'armée de Sambre-et-Meuse. Et avec celle du général Moreau, elle devrait se diriger vers Vienne.

Mais elles piétinent, et Bonaparte craint que les Directeurs n'aient choisi de le laisser affronter seul les troupes autrichiennes, afin qu'il s'y brise les reins.

Il n'a pas confiance dans ces « badauds » de Paris, ces Directeurs que sa gloire naissante inquiète.

Carnot, auquel il écrit que « si l'on tarde à passer le Rhin il sera impossible que nous nous soutenions longtemps », fait mine de ne pas comprendre.

Sans doute Carnot est-il, comme tous les « badauds » bien à l'abri dans leurs fonctions politiques, seulement préoccupé par les élections aux Conseils des Anciens et des Cinq-Cents, qui ont lieu les 1er et 15 germinal an V (le 21 mars et le 4 avril 1797).

Et les républicains du Directoire craignent qu'une vague royaliste ne les chasse du pouvoir.

Ils sentent bien que les électeurs sont las de ceux qu'ils appellent les « scélérats », anciens Jacobins, anciens conventionnels qui ont réussi grâce au décret des deux tiers à continuer de dominer les Conseils.

Ce sont ceux qui ont désigné comme Directeurs cinq régicides. Le peuple dans sa majorité veut rompre avec ces hommes dont le nom seul rappelle la Révolution.

Il choisit des candidats qui, quand on leur pose la question : « Les cloches chanteront-elles si vous êtes élu ? », répondent par l'affirmative.

On veut le retour des prêtres, on veut entendre les carillons, retrouver la religion traditionnelle, et l'on rejette cette religion dite naturelle, cette « théophilanthropie » qu'un La Révellière-Lépeaux veut imposer à la nation, et qui n'est qu'un culte de l'Être suprême agrémenté de quelques cérémonies.

Et les résultats des élections de ce printemps 1797 confirment et avivent les craintes des Directeurs.

Tous les députés élus dans le département de la Seine sont des royalistes, plus ou moins masqués.

L'un d'eux est même un ancien ministre de Louis XVI !

À Lyon, en Provence, ce sont des hommes qui ont mis en œuvre la Terreur blanche qui sont désignés. Quant aux deux cent seize ex-conventionnels qui se représentaient, deux cent cinq ont été battus !

C'est bien le triomphe des « honnêtes gens » sur les « scélérats » qui est publié à Paris : « Le Directoire ne pourra gouverner avec les Conseils, il devra ou conspirer ou obéir ou périr. »

Et déjà, par tirage au sort, l'un des Directeurs, proche de Carnot, Le Tourneur, est remplacé par le ci-devant marquis de Barthélemy, royaliste dissimulé, confirmant ainsi la victoire des clichyens.

Cette révolution de l'opinion s'affiche et se chante dans les rues de Paris, autour des Tuileries où siègent les Conseils, et de ce palais du Luxembourg où se réunissent les Directeurs :

On dit que vers les Tuileries
Est un chantier très apparent
Où 500 bûches *bien choisies*
Sont à vendre dans ce moment.
500 bûches pour un Louis
Mais bien entendu mes amis
Qu'on ne les livre qu'à la corde !

Sur le boulevard des Italiens plus que jamais « boulevard de Coblence », les « honnêtes gens » mêlés aux inc-oyables et aux me-veilleuses se pavanent.

« Il faut être sans cocarde, porter collet noir sur habit gris aux 18 boutons, en l'honneur de Louis XVIII, sur habit carré, et grosse cravate, au nœud bouffant, démesuré. Il faut avoir toujours à la bouche les qualifications de "Monsieur le Marquis", de "Monsieur le Bailli", de "Monsieur le Président", de "Monsieur le Curé". »

On se retrouve dans les salons, dans des réunions rue de Lille, à l'ancien hôtel de Montmorency ou à l'hôtel de Salm.

Dans ce dernier se réunit autour de Benjamin Constant un « cercle constitutionnel ».

Les femmes élégantes et brillantes attirent, mais dans les salons huppés l'on se détourne désormais de Thérésa Tallien.

Et ce sont Mesdames de Récamier et de Staël, la royaliste Madame de Montesson qui gouvernent le plus d'invités influents.

Mais le pouvoir attire toujours.

Barras reçoit au palais du Luxembourg, Sieyès, chez lui rue du Rocher, et l'ancien évêque d'Autun Talleyrand, dont on murmure qu'il sera bientôt ministre des Affaires étrangères, en son hôtel particulier, proche du Luxembourg.

Les journaux rapportent les propos tenus dans ces soirées, les racontent.

« Chez Madame de Viennais ? On joue. Chez Madame Tallien ? On négocie. Chez Madame de Staël ? On s'arrange. Chez Ouvrard ? On calcule. Chez Antonelle ? On conspire. Chez Talleyrand ? On persifle. Chez Barras ? On voit venir. À Tivoli ? On danse. Aux Conseils ? On chancelle. À l'Institut ? On bâille ! »

La vie mondaine, les intrigues de salon, paraissent n'être que parades, futilités, bavardages sans conséquence. Mais ce n'est qu'apparence.

« Tout semble calme, commente *Le Courrier républicain*, et cependant il n'est personne qui ne s'attende à quelque prochain événement. »

Il se produit dès le 20 mai 1797 (1er prairial) quand les nouveaux Conseils des Anciens et des Cinq-Cents portent à leur présidence respective, l'un le ci-devant marquis de Barbé-Marbois, ancien diplomate de Louis XVI, et l'autre le général Pichegru, soupçonné d'être entré en relation avec les envoyés de Louis XVIII.

Et aussitôt la nouvelle majorité propose des mesures en faveur des prêtres, et la liberté de « sonner des cloches », et le contrôle des comptes du Directoire, qu'on accuse de dilapider – à quelles fins ? – les millions que lui envoie Bonaparte.

Celui-ci n'ignore rien de ce qui se trame à Paris. Il s'est enfoncé en territoire autrichien. Il a atteint la ville de Leoben, et il a proposé à l'Autriche que s'engagent des « préliminaires de paix ».

Il n'a pas consulté les Directeurs. Il a décidé de proposer à l'Autriche un troc : Venise paiera à Vienne la rive gauche du Rhin et la Belgique abandonnée à la France, car c'est l'Italie « padane » qui importe à Bonaparte.

Il a aidé les patriotes italiens à créer une République cisalpine. Il a écrasé une révolte antifrançaise à Vérone, « quatre cents soldats français massacrés ».

Et ces « Pâques véronaises » ensanglantées – peut-être suscitées par les services secrets de l'armée d'Italie, pour fournir à Bonaparte un prétexte – ont permis d'investir et d'occuper Venise, le gage pour l'Autriche, d'y arrêter un agent monarchiste, le comte d'Antraigues, de saisir ses papiers et de commencer à les lire, d'y découvrir le nom de Pichegru, et le détail des négociations conduites entre Louis XVIII et le général aujourd'hui président du Conseil des Cinq-Cents !

Bonaparte médite.

Il dispose avec les « papiers » d'Antraigues d'une arme puissante contre les royalistes présents désormais dans les Conseils de la République.

Et il sent bien que parmi les Directeurs, Carnot et le ci-devant marquis de Barthélemy sont disposés à aider le Ventre, ces députés modérés, à faire lentement glisser la République vers une restauration.

Même si Carnot, régicide, est sincèrement républicain, et même si le ci-devant Barthélemy est un homme timoré.

En face de ces « modérés », il y a ces triumvirs, Barras, Reubell, La Révellière-Lépeaux, ce dernier exaspéré par le regain de foi catholique, ce que les modérés appellent l'« antique culte de nos pères ».

Et La Révellière-Lépeaux d'appuyer les républicains qui s'indignent, protestent, déclarent :

« Vous qui parlez sans cesse de la religion de nos pères, non, vous ne nous ramènerez pas à d'absurdes croyances, à de vains préjugés, à une délirante superstition. »

Bonaparte sait que ces triumvirs, et d'abord Barras, ne sont pas hommes à se laisser déposséder du pouvoir.

Mais Bonaparte ne veut plus être seulement le glaive, le bras armé de Barras, comme il l'a été le 13 Vendémiaire.

Il veut jouer sa partie, à son profit, apparaître comme l'homme qui a conclu la paix, avec le pape Pie VI, et maintenant avec l'Autriche.

Et ses courriers déjà parcourent les routes d'Europe, vers les états-majors des généraux Moreau et Hoche, pour leur annoncer que les préliminaires de paix ont été ouverts à Leoben.

D'autres courriers apportent les propositions au Directoire qui ne pourra que les approuver.

Voudrait-il, alors que tout le pays aspire à la paix, apparaître comme le gouvernement partisan de la continuation de la guerre ?

Le Directoire sait-il que, à chaque halte, les courriers de Bonaparte ont clamé que le général en chef de l'armée d'Italie avait ébauché avec Vienne une paix victorieuse ? Et la foule d'acclamer.

Bonaparte a envoyé à Paris son aide de camp, La Valette.

L'officier est porteur d'une lettre pour les Directeurs qui leur annonce que les préliminaires de paix avec l'Autriche sont engagés, aux conditions fixées par Bonaparte.

« Quant à moi, je vous demande du repos, conclut Bonaparte. J'ai justifié la confiance dont vous m'avez investi et acquis plus de gloire qu'il n'en faut pour être heureux... La calomnie s'efforcera en vain de me prêter des intentions perfides, ma carrière civile sera comme ma carrière militaire, une et simple... »

Ces derniers mots font trembler les Directeurs.

Que veut ce Bonaparte qui demande un « congé pour se rendre en France » ?

Et en même temps, cc général Vendémiaire peut être indispensable, avec son armée victorieuse et chantée par le peuple, pour briser ces Conseils pénétrés de royalisme.

Le Directoire, dans ces conditions, ne peut qu'approuver le dernier état des préliminaires de paix : Venise – occupée par les Français – sera livrée à l'Autriche en échange de la rive gauche du Rhin et de la Belgique.

Quant à la Lombardie, à l'Émilie, cette riche plaine du Pô, elles deviennent le cœur d'une République cisalpine.

Bonaparte reçoit enfin le premier courrier que lui adresse de Paris son aide de camp La Valette.

« Tous, mon cher général, ont les yeux fixés sur vous, écrit l'officier. Vous tenez le sort de la France entière dans vos mains. Signez la paix et vous la faites changer de face comme par enchantement. Et alors, mon général, venez jouir des bénédictions du peuple français tout entier qui vous appellera son bienfaiteur.

« Venez étonner les Parisiens par votre modération et votre philosophie. »

Napoléon Bonaparte aime ce printemps 1797.

L'an V est pour lui une année faste.

28.

Bonaparte, en ce printemps de l'an V, rêve donc de rentrer en France avec la gloire du général vainqueur et l'aura rassurante du faiseur de paix.

Mais il ne veut pas brûler ses chances, et ne jouer que les utilités, en se mettant au service de ces triumvirs, Barras, Reubell, La Révellière-Lépeaux, républicains certes mais surtout décidés à conserver le pouvoir.

Ces Directeurs recherchent un « bon » général, pour disperser à coups de plat de sabre les membres du Conseil des Cinq-Cents ou des Anciens, ce Ventre royaliste ou tenté de se rallier à une restauration.

Pour Bonaparte, point question de n'être que cet instrument.

Il répète :

« Je ne voudrais quitter l'armée d'Italie que pour jouer un rôle à peu près semblable à celui que je joue ici et le moment n'est pas encore venu... »

Il va observer les « badauds de Paris ». Il veut être indispensable sans pour autant se compromettre en leur compagnie. Il sait bien que l'opinion les méprise, comme elle rejette les députés du Ventre.

Elle veut des hommes – un homme nouveau.

Il peut être celui-là.

Il a lu avec attention les papiers contenus dans le portefeuille rouge saisi sur ce comte d'Antraigues qui tentait de fuir Venise.

Il s'agit de rapports faits à d'Antraigues par un agent royaliste, Montgaillard.

Y est consigné le détail de toutes les négociations conduites par le général Pichegru avec les envoyés de Louis XVIII. Pièces accablantes pour Pichegru devenu président du Conseil des Cinq-Cents !

Il avait obtenu pour prix de sa trahison le titre de maréchal, la croix de commandeur de Saint-Louis, le château de Chambord, deux millions en numéraire payés comptant, cent vingt mille livres de rentes, réversibles pour moitié à sa femme, pour quart à ses enfants, et même quatre pièces de canon !

Bonaparte veut obtenir de D'Antraigues qu'il recopie ces documents en excluant toutes les indications qu'ils contiennent quant aux relations conclues entre des officiers de l'armée d'Italie et des envoyés de Louis XVIII. Il faut que ces pièces expurgées, réécrites, n'aient pour cible que Pichegru et les royalistes qui le suivent.

« Vous êtes trop éclairé, vous avez trop de génie, dit Bonaparte à d'Antraigues, pour ne pas juger que la cause que vous avez défendue est perdue. Les peuples sont las de combattre pour des imbéciles et les soldats pour des poltrons. La révolution est faite en Europe, il faut qu'elle ait son cours. Voyez les armées des rois : les soldats sont bons, les officiers mécontents et elles sont battues. »

Napoléon pousse les papiers vers d'Antraigues :

« Une nouvelle faction existe en France, dit-il. Je veux l'anéantir. Il faut nous aider à cela et alors vous serez content de nous. Tenez, signez ces papiers, je vous le conseille. »

Si d'Antraigues signe, Bonaparte disposera d'une arme redoutable contre Pichegru et les royalistes.

Mais Bonaparte attend avant de l'offrir à Barras, dont il connaît la détermination et l'habileté, le sens politique.

C'est à l'évidence Barras qui mène le jeu. C'est Barras qui prend contact avec le général Hoche, commandant l'armée de Sambre-et-Meuse.

Hoche est nommé ministre de la Guerre, et autorisé, au prétexte de la préparation d'un débarquement en Angleterre, à conduire quinze mille hommes du Rhin à la Bretagne.

Ils passeront par Paris, violant les lois qui interdisent aux troupes d'entrer dans la capitale.

« Nous sommes convenus avec le général Hoche, reconnaît Barras, que son armée se prononcera. »

C'est-à-dire dispersera les royalistes.

Et en même temps, Barras veille à rassurer l'opinion modérée.

Il ne veut pas apparaître comme l'homme par qui la violence, les journées révolutionnaires ensanglanteront de nouveau Paris.

Barras sait que le peuple est las, aspire à l'ordre, à la paix civile. Les citoyens ne veulent le retour ni des « terroristes », ni des « anarchistes ».

Et le procès des babouvistes – des républicains montagnards –, tous confondus dans la même appellation d'« anarchistes » qui se tient devant la Haute Cour réunie à Vendôme, en ce printemps de l'an V, sert Barras.

Il se montre ainsi partisan de l'ordre et des propriétés.

On compte soixante-cinq accusés.

Mais Drouet, l'ancien conventionnel Lindet et le général Rossignol, tous montagnards, sont parmi les dix-huit contumaces.

Les accusés, dont Babeuf, Buonarroti, Darthé et les anciens conventionnels Vadier et Amar, n'ont pas tous participé à la conspiration des Égaux.

Mais le Directoire veut profiter de ce procès pour en finir avec la « faction anarchiste ».

Le procès va durer trois mois – du 20 février au 26 mai 1797 (du 2 ventôse au 7 prairial an V).

Les débats sont violents.

Les accusés crient « Vive la République ! », proclament :

« Un seul sentiment nous anime, une même résolution nous unit, il n'y a qu'un principe : celui de vivre et mourir libres, celui de nous montrer libres de la Sainte Cause pour laquelle chacun de nous s'estime heureux de souffrir. »

Ils entonnent des chants patriotiques et le public mêle sa voix à celles des accusés.

On insulte le « traître » Grisel qui a dénoncé la conspiration à Carnot : « Bois la ciguë, scélérat », lui lance-t-on.

Du côté du tribunal, l'accusateur national Bailly est impitoyable.

« La France est fatiguée d'avoir roulé de révolution en révolution. Les anarchistes sont une faction de crime et de sang, dont le triomphe aurait abouti à ensevelir la République sous les monceaux de cadavres, dans les flots de sang et de larmes, dit-il... La France ne serait plus qu'un désert affreux si la Convention, délivrée le 9 Thermidor, n'avait pas précipité Robespierre et son abominable Commune dans le gouffre qu'ils avaient eux-mêmes creusé. »

Dans la nuit du 26 au 27 mai, le verdict tombe : presque tous les accusés sont acquittés – Buonarroti est l'un d'eux – mais Babeuf et Darthé sont condamnés à mort.

« Aussitôt que le jugement est prononcé, Darthé crie : "Vive la République !" Il s'est déjà percé le sein et le sang jaillit de sa plaie, raconte *L'Écho des hommes libres et vrais*. Babeuf sans rien dire imite son exemple et s'enfonce dans le corps un fil de métal aiguisé. Il tombe mourant. Un sentiment d'admiration pour les suicidés et d'horreur pour leurs bourreaux se répand dans toute l'assemblée. Une foule de citoyens de tous âges et de tous sexes sort de la salle épouvantée, effrayée d'avoir soutenu la présence des meurtriers du patriotisme. Une partie y est retenue par un religieux respect pour les illustres condamnés. »

Le lendemain 28 mai, malgré leurs blessures Babeuf et Darthé sont conduits à l'échafaud.

Darthé refuse d'obéir au bourreau et est traîné sanglant sur la guillotine.

« Babeuf parle de son amour pour le peuple auquel il recommande sa famille... Il s'est présenté et a reçu le coup fatal avec le calme de l'innocence, presque même de l'indifférence. »

Il avait écrit dans sa dernière lettre à sa femme : « Les méchants sont les plus forts. Je leur cède. »

Quelques jours plus tard, Bonaparte charge un courrier de remettre à Barras les documents qui accusent le général Pichegru. Menacé d'être exécuté, d'Antraigues les a finalement signés.

L'épouse du comte s'est écriée, s'adressant à Joséphine de Beauharnais dont elle est l'amie :

« Madame, vous m'avez dit : "Robespierre est mort !" Le voilà ressuscité. Il a soif de notre sang. Il fera bien de le répandre car je vais à Paris et j'y obtiendrai justice. »

Voyage vain puisque d'Antraigues a cédé.

Dans le portefeuille rouge du comte d'Antraigues, Bonaparte a trouvé le portrait que l'agent royaliste a tracé de lui, sans doute pour Louis XVIII.

« Ce génie destructeur, écrit d'Antraigues, pervers, atroce, méchant, fécond en ressources, s'irritant des obstacles, comptant l'existence pour rien et l'ambition pour tout, voulant être le maître et résolu à périr ou à le devenir, n'ayant de frein pour rien, n'appréciant les vices et les vertus que comme des moyens et n'ayant que la plus profonde indifférence pour l'un ou l'autre, est le cachet de l'homme d'État. »

Bonaparte lit, relit, se regarde dans ce portrait comme dans un miroir.

« Naturellement violent à l'excès, poursuit d'Antraigues, mais se réfrénant par l'exercice d'une cruauté plus réfléchie qui lui fait suspendre ses fureurs, ajourner ses vengeances, et étant physiquement et moralement dans l'impossibilité d'exister un seul moment en repos... [...]

« Bonaparte est un homme de petite stature, d'une chétive figure, les yeux ardents, quelque chose, dans le regard et la bouche, d'atroce, de dissimulé, de perfide, parlant peu, mais se livrant à la parole quand la vanité est en jeu ou qu'elle est contrariée ; d'une santé très mauvaise par suite d'une âcreté de sang. Il est couvert de dartres, et ces sortes de maladies accroissent sa violence et son activité. [...]

« Cet homme est toujours occupé de ses projets et cela sans distraction. Il dort trois heures par nuit et ne prend des remèdes que lorsque ses souffrances sont insupportables.

« Cet homme veut maîtriser la France et par la France, l'Europe. Tout ce qui n'est pas cela lui paraît, même dans ses succès, ne lui offrir que des moyens.

« Ainsi il vole ouvertement, il pille tout, se forme un trésor énorme en or, argent, bijoux et pierreries. Mais il ne tient à cela que pour s'en servir : ce même homme qui volera à fond une communauté, donnera un million sans hésitation à l'homme qui peut le servir... Avec lui un marché se fait en deux mots et deux minutes. Voilà ses moyens de séduire. »

Pourquoi Bonaparte récuserait-il ce portrait ?

Ceux qui ne sont pas haïs ne font rien. Ne sont rien.

Bonaparte veut être tout.

29.

S'il veut être tout, Napoléon Bonaparte sait, en ces mois de prairial, messidor et thermidor an V (mai, juin, juillet 1797), qu'il doit associer l'audace, l'action et la prudence.

La partie qui se joue à Paris entre Barras, Reubell, La Révellière-Lépeaux, d'une part, et d'autre part les deux Directeurs, Carnot et Barthélemy, modérés, sensibles aux arguments des députés du Ventre, et même des royalistes, est feutrée.

Et autour des cinq Directeurs, grouillent les intrigants, les hommes et les femmes d'influence.

Les uns sont des clichyens souvent ouvertement royalistes, les autres modérés mais républicains se rencontrent au Cercle constitutionnel, qui ne peut plus se réunir à l'hôtel de Salm, rue de Lille.

Les députés des Conseils ont voté une disposition qui interdit les réunions politiques hors des « salons » privés !

Mais Madame de Staël, Sieyès, Benjamin Constant, Talleyrand, continuent de se voir, et même le 9 thermidor (27 juillet) organisent un grand banquet où l'on boit « à la folie des ennemis de la République, au général Bonaparte, et au Directoire » !

Et il faut compter aussi avec le président du Conseil des Anciens, Barbé-Marbois, et surtout avec le général Pichegru, président du Conseil des Cinq-Cents.

On s'observe au cours de cette longue partie d'échecs politique.

Et tout à coup, Barras dispose d'une pièce maîtresse. Le 23 juin, un courrier de Bonaparte lui remet les documents signés par d'Antraigues. Ils ne laissent aucun doute sur la trahison du général Pichegru.

Barras les communique à Reubell et à La Révellière-Lépeaux, et les trois Directeurs sont persuadés que la majorité des Conseils, et naturellement Pichegru, vont restaurer la monarchie, offrir le trône à Louis XVIII.

Et Barras décide de faire lire ces pièces accablantes à Carnot, car l'« organisateur de la victoire » est hostile à toute idée de restauration.

Carnot a souvent stigmatisé « l'alliance entre l'anarchie et le despotisme, entre l'ombre de Marat et Louis XVIII ».

Les triumvirs et Carnot sont donc prêts à accueillir les troupes de Hoche, qui sont, en violation de la Constitution, à quelques kilomètres de Paris, alors qu'elles doivent s'en tenir éloignées d'au moins soixante kilomètres.

Les membres des Conseils l'apprennent, protestent, dénoncent une menace de coup d'État, et contraignent Hoche à démissionner de son poste de ministre de la Guerre.

Barras n'a plus de sabre à sa disposition sinon celui de Bonaparte. Le général est populaire, et Barras sait que l'homme n'hésite pas à faire ouvrir le feu sur les royalistes.

Barras se souvient du 13 Vendémiaire et des tirs à mitraille sur la foule des sectionnaires modérés, agglutinés devant l'église Saint-Roch.

Et Bonaparte paraît disposé à agir.

Des hommes de plume à son service ont créé à Paris et à Milan de nombreux journaux, qui exaltent le général en chef de l'armée d'Italie.

« Il vole comme l'éclair, et frappe comme la foudre. Il est partout et il voit tout », lit-on dans le *Courrier de l'armée d'Italie*, dans *Le Patriote français*, *La France vue d'Italie*, ou le *Journal de Bonaparte et des hommes vertueux*.

Toutes ces publications s'opposent aux quatre-vingts journaux royalistes, où l'on dénonce au contraire « Buonaparte, bâtard de Mandrin », alors que les journaux « bonapartistes » publient les harangues du général.

« Soldats, a dit Bonaparte le 14 juillet, je sais que vous êtes profondément affectés des malheurs qui menacent la patrie, mais la patrie ne peut courir de dangers réels. Les mêmes hommes qui ont fait triompher la nation de l'Europe coalisée sont toujours là. Des montagnes nous séparent de la France, vous les franchiriez avec la rapidité de l'aigle s'il le fallait pour maintenir la Constitution, défendre la liberté, protéger le gouvernement et les républicains… »

Le propos est clair : l'armée d'Italie est prête à agir contre les royalistes.

Et Bonaparte demande à tous ses généraux de faire rédiger des *Adresses* qu'ils expédieront au nom des divisions qu'ils commandent au palais du Luxembourg.

Il faut que les Directeurs et les députés sachent que les soldats se « prononcent ».

« Il faut que les armées purifient la France », dit l'une de ces *Adresses*.

« Les royalistes dès l'instant qu'ils se montreront auront vécu. »

L'*Adresse* de la division du général Augereau est l'une des plus violentes :

« Des hommes couverts d'ignominie, saturés de crimes, s'agitent et complotent au milieu de Paris, quand nous avons triomphé aux portes de Vienne ! Ils veulent inonder la patrie de sang et de larmes, sacrifier encore au démon de la guerre civile et marchant à la lueur du flambeau du fanatisme et de la discorde arriver à travers des monceaux de cendres et de cadavres jusqu'à la liberté qu'ils prétendent immoler…

« Nous avons contenu notre indignation, nous comptions sur les lois. Les lois se taisent. Qui parlera désormais si nous ne rompons le silence ? »

Les soldats de l'armée d'Italie interpellent, menacent les députés du Ventre :

« Vos iniquités sont comptées et le prix est au bout de nos baïonnettes. »

Dans une autre de ces *Adresses*, le général Lannes, au nom de ses divisions, s'indigne que certains, à Paris, se « laissent intimider par une poignée de brigands. Ils ont sans doute oublié qu'il existe trois cent mille républicains qui sont prêts à marcher pour écraser ces misérables. Nous avons soumis toute l'Europe et un feu de vingt-quatre heures ne laissera pas un seul de ces brigands en France ! Nous connaissons notre force ! »

Porté par cette indignation de l'armée d'Italie qu'il a suscitée, Bonaparte écrit aux Directeurs :

« Il est imminent que vous preniez un parti ! Je vois que le club de Clichy veut marcher sur mon cadavre pour arriver à la destruction de la République. On dit "nous ne craignons pas ce Bonaparte, nous avons Pichegru". N'est-il plus en France de républicains ? Il faut demander qu'on arrête ces émigrés, qu'on détruise l'influence des étrangers. Il faut exiger qu'on brise les presses des journaux vendus à l'Angleterre, plus sanguinaires que ne le fut jamais Marat. »

Et il est vrai que depuis la Suisse où depuis plusieurs années il a pris ses quartiers, l'agent anglais Wickham augmente les subsides qu'il verse aux royalistes, aux députés du Ventre. Il propose une somme de un million deux cent mille francs, immédiatement, à laquelle s'ajouteront deux cent cinquante mille francs attribués chaque mois. Mais Pichegru, approché, refuse, n'acceptant que quatre rouleaux de cinquante louis d'or.

Il estime que rien ne presse, qu'on peut attendre les prochaines élections qui balaieront naturellement les républicains.

Pichegru et les clichyens ne mesurent pas la détermination de Barras et de Bonaparte.

Les ministres clichyens ont été chassés du gouvernement, remplacés par des ministres républicains, issus du Cercle constitutionnel.

Talleyrand, qui le fréquente, devient ministre des Affaires étrangères, malgré les réserves de Barras qui s'inquiète déjà de voir « Talleyrand mettre au Luxembourg son pied boiteux ».

Il sait que l'ancien évêque qui avait célébré sur le Champ-de-Mars la messe lors de la fête de la Fédération, le 14 juillet 1790, « a tous les vices de l'ancien et du nouveau régime », comme le dit Madame de Staël.

Mais l'homme corrompu est habile, mêlant la prudence à l'audace, fourmillant d'idées comme celles qu'il soumet le 3 juillet (15 messidor) à l'Institut de France, proposant qu'on prépare la conquête de l'Égypte pour remplacer Saint-Domingue qui est en pleine insurrection.

Et Talleyrand, fervent partisan de Bonaparte, insiste auprès de Barras pour que l'on fasse appel à lui, puisque Hoche a dû quitter son poste et Paris.

Mais Bonaparte ne veut pas que son nom soit souillé par cette « guerre de pots de chambre » qui se déroule à Paris.

Les affrontements dans les salons entre clichyens et constitutionnels ne sont pas dignes de lui. De même les rixes qui, chaque jour, opposent au Champ-de-Mars les militaires aux jeunes gens qui portent un collet noir ne peuvent que ternir sa légende.

Le vainqueur de Lodi, d'Arcole, de Rivoli, le général victorieux, faiseur de paix, peut-il être mêlé à la « querelle des collets noirs » ?

« J'ai vu les rois à mes pieds, dit-il, j'aurais pu avoir cinquante millions dans mes coffres... »

Devant Berthier, son chef d'état-major et son confident, Bonaparte ajoute :

« Un parti lève la tête en faveur des Bourbons. Je ne veux pas contribuer à son triomphe. Les Français, il est vrai, n'entendent rien à la liberté. Il leur faut de la gloire, des satisfactions de vanité. Je veux bien un jour affaiblir le parti républicain mais je ne veux pas que ce soit au profit de l'ancienne dynastie, définitivement, je ne veux pas du rôle de Monk qui rétablit la monarchie en Angleterre après Cromwell, je ne veux pas le jouer et je ne veux pas que d'autres le jouent »

Bonaparte ne joue qu'à son profit.

C'est le général Augereau qui va gagner Paris, à la tête de cinq mille hommes et dans ses bagages un coffre contenant trois millions pour Barras.

Le Directoire va nommer ce fils de maçon qui a servi dans les armées russe et prussienne avant de déserter pour s'enrôler dans la garde nationale, commandant de la 17e division militaire dont dépend Paris.

Il arrive dans la capitale le 7 août 1797 (20 thermidor an V). Et il écrit aussitôt à Bonaparte :

« Je promets de sauver la République des agents du Trône et de l'Autel. »

Le courrier qui porte ce message à Bonaparte est chargé d'une missive de La Valette.

L'aide de camp conseille à Bonaparte de ne pas se compromettre dans les répressions qui se préparent à Paris.

« Les papiers d'Antraigues, écrit La Valette, seront le prétexte à la répression et le coup de grâce. Les victimes sont déjà désignées. On imprime déjà secrètement la confession de D'Antraigues prouvant la trahison de Pichegru. Des affiches seront posées sur les murs dénonçant le complot de l'étranger. »

Et selon La Valette, Augereau fait tinter ses éperons sur les marches du palais du Luxembourg, déclarant, le poing serré sur le pommeau de son sabre :

« Je suis arrivé pour tuer les royalistes... La pureté et le courage de mes soldats sauveront la République du précipice affreux où l'ont plongée les agents du Trône et de l'Autel. »

Dans le château de Passariano, proche de Campoformio, Napoléon Bonaparte, loin du théâtre où va se jouer la pièce qu'il a mise en scène, attend.

30.

En cette fin du mois d'août et en ces premiers jours du mois de septembre 1797 (fructidor an V), Paris est calme.

Personne ne semble se soucier de la présence de près de trente mille soldats qui se trouvent à quelques kilomètres de la capitale, à la limite de ce périmètre constitutionnel qu'ils ne doivent pas franchir.

Mais qui pourrait leur résister ?

La garde du Directoire, rassemblée aux Tuileries et que commande le général Ramel, un officier qui a dénoncé la conspiration royaliste mais qu'on soupçonne cependant de sympathie pour les clichyens, et pour le général Pichegru, ne compte que huit cents grenadiers !

Et ce ne sont pas les députés des Conseils ou le peuple qui défendront le Directoire !

Alors, dans les cafés, les salons, entre les rumeurs qui annoncent un coup de force du général Augereau, on s'abandonne aux futilités, à la débauche.

« Le plaisir est à l'ordre du jour », répètent les journaux.

On s'y livre avec une sorte de frénésie, mais l'on murmure : « C'est le calme trompeur qui précède l'orage. »

On lit à la première page des gazettes :

« Un événement : le changement de coiffure des dames Tallien et Bonaparte. Elles s'étaient longuement distinguées par leur superbe chevelure noire mais enfin il a fallu céder à la manie des perruques blondes. »

Et quelques jours plus tard, on annonce que « les cheveux à la grecque à double et triple rang sont en faveur ».

On hausse les épaules quand quelqu'un rapporte que, au sein du Directoire, Carnot est chaque jour menacé, insulté par Barras et Reubell, et accusé de complicité avec les royalistes.

Barras le lui reproche d'autant plus qu'au temps de Robespierre Carnot n'a, selon lui, rien fait pour s'opposer aux terroristes, au contraire il dressait des listes de traîtres à envoyer au Tribunal révolutionnaire.

Barras et Carnot en seraient même venus aux mains, Barras criant :

« Pas un pou de ton corps qui ne soit en droit de te cracher au visage. »

Il avait fallu les séparer.

Et puis on recommençait à papoter.

« Ce qui occupe, c'est la grande dispute du chapeau spencer et du chapeau turban. »

On se demande si la mode du soulier de maroquin vert va se répandre. On dit que les élégantes le portent, le soir, quand elles se rendent au bal ou au théâtre. On danse dans trois cents lieux, on se presse dans l'une des trente salles de théâtre.

On y voit la Beauharnais, et Madame Tallien qui divorce et règne aux côtés de Barras.

Jamais les mœurs n'ont été aussi libres. « C'est Sodome et Gomorrhe », dit Mallet du Pan.

Et les rapports de police affirment qu'il est « impossible de se faire une idée de la dépravation publique ».

L'un des commissaires ajoute :

« Les catholiques s'apitoient sur le sort de la religion qui, étant persécutée, ne peut plus mettre un frein salutaire à tous ces déportements. Mais les royalistes sourient de cette dépravation. Ils sentent combien cet esprit de dissolution qui s'introduit dans toutes les classes de la société fait rétrograder l'esprit républicain. »

Il faudrait des lois « fortes », dit-on.

Et le commissaire ajoute que partout l'on réclame des « institutions sages et républicaines ».

Mais qui veut prendre des risques pour les rétablir ?

On attend.

Les « honnêtes gens » – les bourgeois de Paris – refusent de s'enrôler dans la garde nationale. Ils voudraient empêcher le retour des « horreurs d'une nouvelle révolution », mais ils craignent la restauration.

Or, la rumeur se répand que les députés royalistes veulent « déposséder les acquéreurs de biens nationaux ». Ne viennent-ils pas, le 7 fructidor (24 août), de révoquer les lois contre les prêtres réfractaires ?

On assure que les royalistes préparent une « Saint-Barthélemy des républicains ». On réviserait le procès de Louis XVI, et on enverrait aux galères tous ceux qui, d'une manière ou d'une autre, avaient été complices de la Révolution.

Et on assure que les « droits féodaux », les aides et les gabelles vont être rétablis.

La police qui recueille ces rumeurs s'emploie aussi à les diffuser !

Et l'on prétend dans ces premiers jours de fructidor qu'un coup de force royaliste se prépare.

Le 15 fructidor, affirme-t-on, un colonel est venu proposer aux députés royalistes de faire enlever Barras et Reubell et de les supprimer.

Dans la matinée du 17 fructidor, un mouchard – le prince de Carency – vient avertir Barras que les royalistes s'apprêtent à mettre les triumvirs – Reubell, La Révellière-Lépeaux, et Barras – en accusation.

Vrai ? Faux ?

Barras ne peut que réagir car cette rumeur le sert. À huit heures du soir, le 17 fructidor an V (3 septembre 1797), les triumvirs se réunissent chez Reubell avec les ministres et le général Augereau.

Ils vont siéger en séance permanente.

Barras dicte une *Adresse* à la nation :

« Sur les avis parvenus des dangers que courait la République et de l'attaque que les conspirateurs royaux se proposaient de hasarder pour égorger le Directoire et pour renverser la Constitution, le Directoire exécutif, présents les citoyens Reubell, Révellière et Barras, s'est constitué en séance permanente. »

Les premiers ordres d'exécution sont transmis en grand secret. Les troupes de Hoche doivent se tenir prêtes à avancer. Cinq mille hommes de l'armée d'Italie et deux mille hommes de l'armée de Rhin-et-Moselle sont dirigés d'urgence vers Marseille, Lyon et Dijon.

Le service des postes et messageries est suspendu.

On imprime des proclamations, et on commence à afficher ces placards énormes qui reproduisent les pièces saisies par Bonaparte dans le portefeuille rouge de D'Antraigues. Elles prouvent la trahison de Pichegru. Sont menacés de mort tous ceux qui soutiendraient le général félon.

Ce 18 fructidor an V (4 septembre 1797) vers trois heures du matin, commence le coup d'État.

Un coup de canon tiré du Pont-Neuf, mais si faible que les Parisiens ne l'ont guère entendu, donne le signal de l'action.

Les troupes envahissent les Tuileries, les quais, les ponts de la Seine.

Le général Ramel veut faire face aux douze mille hommes d'Augereau, mais ses huit cents grenadiers refusent de s'opposer aux troupes « républicaines ».

« Nous ne sommes pas des Suisses, disent-ils. Nous ne voulons pas nous battre pour Louis XVIII. »

Ramel est arrêté.

Les députés présents qui refusent de quitter les lieux sont « arrêtés tumultueusement ».

« Te voilà, Pichegru, chef des collets noirs, chef des brigands », lance un soldat en saisissant le général par l'épaule.

« Chef des brigands ? Oui, puisque je t'ai commandé », rétorque Pichegru.

Carnot averti a réussi à s'enfuir par le jardin du Luxembourg et la rue Notre-Dame-des-Champs.

Reubell et Barras s'emportent.

« Si Carnot avait été tué, dit Barras, il l'aurait été très légitimement, parce qu'il vaut mieux tuer le diable que de se laisser tuer par lui… »

Barthélemy, le dernier des Directeurs, est arrêté dans son lit :

« Vous êtes un traître et mon prisonnier », dit l'officier qui l'entraîne.

Barthélemy refuse de démissionner. On le conduit à la prison du Temple et de là vers le bagne de Guyane.

Les royalistes qui avaient espéré réunir au moins quinze cents hommes pour résister ne se retrouvent qu'à treize…

Dès lors, les violences sont limitées à quelques bousculades, à quelques soufflets.

Augereau a arraché les épaulettes du général Ramel, lui a serré la gorge puis l'a giflé.

Pichegru qui s'est débattu a été emmené, roué de coups.

Les députés qui protestaient ont été arrêtés.

Un officier leur a lancé :

« La loi, c'est le sabre. »

Et ils sont conduits à la prison du Temple.

Le Directoire va réunir les députés fidèles, dans la salle de l'Odéon, pour les Cinq-Cents, et dans l'École de médecine pour les Anciens.

Et ce sont les grenadiers du Directoire qui, félicités, vont assurer le service d'ordre.

Vers cinq heures du soir, une petite bande de trois cents hommes « armés de piques, les bras retroussés, brandissant des sabres, blasphémant le Ciel et Pichegru, traînant trois pièces, deux de canon et une d'eau-de-vie et hurlant d'une manière effrayante la chanson dénommée *La Marseillaise* », venant des faubourgs, traverse le Pont-Neuf et arrive au palais du Luxembourg.

Le Directoire leur fait jeter une cinquantaine de louis. Et ils regagnent les faubourgs, accompagnés par la police qui a sans doute suscité la manifestation.

Le coup d'État du 18 fructidor an V (4 septembre 1797) n'a pas eu besoin du peuple pour réussir.

Dès le 5 au soir, les barrières de Paris sont rouvertes. Les Postes et Messageries reprennent leur service interrompu. Les Conseils votent d'urgence deux lois. La première proclame que le général Augereau et les braves défenseurs de la liberté ont bien mérité de la patrie. La seconde que les troupes peuvent franchir le périmètre constitutionnel et entrer dans Paris.

Où le calme règne.

Les vainqueurs, Barras, Reubell, La Révellière-Lépeaux, et les députés hostiles aux royalistes et aux clichyens, ont les mains libres.

« La loi, c'est le sabre », avait dit un officier.

C'est cette règle qui est appliquée au nom de la « conservation de la Constitution ».

Point besoin de s'embarrasser de procédures judiciaires.

« L'esprit public est trop mauvais, dit Boulay de la Meurthe, membre du Conseil des Cinq-Cents qui fut l'ami de Camille Desmoulins. La force est pour nous en ce moment. Profitons-en. »

Et à la tribune, il martèle sa conviction :

« Vous devez sentir que les formes lentes, purement judiciaires, ne peuvent avoir lieu en ce moment. Vous, les vainqueurs aujourd'hui, si vous n'usez pas de la victoire, demain le combat recommencera mais il sera sanglant et terrible. »

Ainsi, les anciens Jacobins retrouvent le ton de l'an II.

Au Conseil des Anciens, le général Marbot déclare :

« Nous n'avons pas besoin de preuves contre les conspirateurs royalistes. »

Les soldats, présents dans les tribunes, acclament ses propos, crient : « Allons le pas de charge. »

Et Barras, au nom des Directeurs, envoie un message aux députés :

« On vous parlera de principes, on cherchera des formes, on voudra des délais. Quel sentiment funeste ! »

Il s'agit de voter des lois de proscription, d'annuler les élections dans quarante-neuf départements, donc de démettre cent quarante députés (quarante-cinq des Anciens, quatre-vingt-quinze des Cinq-Cents).

Et de condamner à la déportation et à la confiscation de leurs biens onze membres des Cinq-Cents et quarante-deux des Anciens.

Les lois contre les émigrés et les prêtres réfractaires sont remises en vigueur : et un arrêté individuel du Directoire suffit pour condamner à la déportation.

On exige des électeurs, des citoyens – et des prêtres –, qu'ils prêtent un « serment de haine à la royauté et à l'anarchie, d'attachement et fidélité à la République et à la Constitution de l'an III ».

La presse est placée sous surveillance. On supprime quarante-deux journaux dont six en province.

Et le Directoire se donne le pouvoir d'en déporter « les propriétaires, entrepreneurs, directeurs, auteurs et rédacteurs… » !

Ainsi, la presse « contre-révolutionnaire » disparaît.

La Constitution de l'an III n'est plus que le paravent de la dictature des Directeurs.

Barras est réellement le « roi de la République ».

Et la « guillotine sèche » – le bagne de la Guyane – fait silencieusement son office.

Des commissions militaires condamnent à la déportation trois cent vingt-neuf « coupables de trahison », dont cent soixante-sept périront. Mais La Révellière-Lépeaux peut écrire que la « glorieuse journée du 18 fructidor s'était passée sans qu'une goutte de sang ne fût répandue ».

Le Directoire continue, en l'an VI, et en l'an VII, à condamner à la déportation.

Il s'agit d'écraser la tête du « serpent royaliste ». Et le Directoire paraît si fort que Londres rappelle son agent à Genève, le grand dispensateur de fonds aux « manufactures » royalistes : Wickham.

Le roi de Prusse fait pression sur le duc de Brunswick, afin que celui-ci « conseille » à Louis XVIII de quitter le duché, de demander refuge en Courlande, à Mitau, sous la protection du tsar, loin, loin, de la France.

Tout est bien.

Il n'existe plus aucun journal pour écrire que le peuple méprise les députés, aussi bien pour avoir accepté le coup d'État, que pour l'avoir perpétré !

Mais qu'importe l'avis du peuple.

Les trois cents salles de bal ne désemplissent pas. Les trente théâtres affichent complet.

On s'interroge gravement : l'« éventail queue-de-serin à paillette » va-t-il être adopté par les élégantes ?

Elles ont bien du souci pour laisser apparaître leur soulier en maroquin vert.

« Il faut que le tiers du bras droit passe sous les plis de la robe pour la tenir retroussée à la hauteur du mollet. »

Et la foule autour du palais du Luxembourg s'écarte pour laisser passer le carrosse rouge de Thérésa, ci-devant épouse Tallien, et désormais favorite de Barras.

Elle règne, souvent accompagnée de la générale Bonaparte.

Le mari de Joséphine, Napoléon Bonaparte, glorieux, est devenu, en même temps que général en chef de l'armée d'Italie, chef de l'armée des Alpes après que Kellermann a été privé de son commandement.

Hoche est mort de tuberculose et le général Augereau commande toutes les armées situées à l'est et regroupées sous le nom d'armée d'Allemagne.

Augereau, l'homme « prêté » par Bonaparte au Directoire.

Donc, le général en chef de l'armée d'Italie contrôle en fait toutes les armées de la République.

NEUVIÈME PARTIE

Fructidor an V - Floréal an VI
Septembre 1797 - Mai 1798
« Voilà donc une paix à la Bonaparte »

« Voilà donc une paix à la Bonaparte.
Le Directoire est content, le public enchanté.
Tout est au mieux. On aura peut-être quelques criailleries d'Italiens ; mais c'est égal. Adieu, général pacificateur ! Adieu, amitié, admiration, respect, reconnaissance :
on ne sait où s'arrêter dans l'énumération. »

Lettre de TALLEYRAND à Bonaparte
brumaire an VI (novembre 1797)

« Je ne sais plus obéir.
Ces avocats de Paris qu'on a mis au Directoire n'entendent rien au gouvernement, ce sont de petits esprits...
Je doute fort que nous puissions nous entendre et rester longtemps d'accord... Mon parti est pris, si je ne puis être le maître, je quitterai la France, je ne veux pas avoir fait tant de choses pour la donner à des avocats. »

BONAPARTE à Miot de Mélito, ambassadeur de France à Turin
27 brumaire an VI (17 novembre 1797)

31.

C'est l'automne de l'an VI.

Le vent et la pluie, et même de brusques et violentes bourrasques, balaient toute la France. Et durant ces mois de fructidor, de vendémiaire, de brumaire – septembre, octobre, novembre 1797 –, une terreur masquée s'étend sur le pays.

Les vainqueurs du coup d'État du 18 fructidor traquent les suspects de royalisme, les émigrés, les prêtres réfractaires que des lois avaient absous, et que de nouvelles dispositions permettent d'arrêter, de fusiller, de proscrire sans jugement.

« Les patriotes n'avaient marché jusqu'alors que sur des ronces », écrit Joseph Fouché.

L'ancien terroriste de l'an II hante maintenant les couloirs du Directoire. On se croise lors des réceptions que donne Barras au palais du Luxembourg.

Fouché avait fait tirer à la mitraille sur les royalistes lyonnais en 1793.

Il poursuit :

« Il était temps que l'ombre de la liberté portât des fruits plus doux pour qui devait les cueillir et les savourer. »

On a nommé, pour remplacer Carnot et Barthélemy dans leurs fonctions de Directeurs, Merlin de Douai et François de Neufchâteau, l'un chargé de la Justice et l'autre de l'Intérieur Ce sont des républicains déterminés.

Avec eux, et avec tous ceux qui sont promus, nommés dans les départements, il n'y a aucun risque de voir se réaliser la restauration monarchique qu'on avait crue possible.

Et Louis XVIII s'aigrit, grossit, souffre de la goutte en Courlande.

Mais le Directoire reste vigilant.

Quand, dans un département, des citoyens protestent contre la déchéance, puis la proscription de leurs élus, des troupes convergent, et comme l'écrit le général Bernadotte à Bonaparte :

« Le département sera cinglé, huit mille hommes arrivent. »

On fusille dans la plaine de Grenelle.

« La nature gémit mais la loi parle », dit-on.

C'est la justice impitoyable des vainqueurs.

Le porte-parole du Directoire affirme d'une voix forte qui n'admet pas de réplique : « Bannissons ces absurdes théories de prétendus principes, ces invocations stupides à la Constitution. »

On enferme les députés proscrits dans des cages de fer, afin de les conduire de Paris à Rochefort.

Là, des navires les attendent pour les transporter – si l'on brise le blocus de la flotte anglaise – en Guyane. Et tout au long de la route, les « autorités » ont invité les citoyens à venir regarder passer ces royalistes.

Point de cris de mort lancés de la foule. Elle est silencieuse et méprisante, comme si le dégoût qu'elle éprouve pour ces « ventres dorés », ces « ventres pourris », était plus fort que le ressentiment, et s'étendait aussi bien aux vaincus qu'aux vainqueurs, même si on dit parfois, d'une voix sourde, en désignant les hommes encagés : « Voilà ceux qui voulaient rétablir les aides et les gabelles. »

Et personne ne désire le retour à l'avant-1789, avec ses droits féodaux dont on s'est débarrassé en des années de souffrance, et maintenant on aspire à la paix.

Or, précisément, il y a ce général Napoléon Bonaparte qui, vainqueur, négocie avec les Autrichiens et vient de signer, le

17 octobre 1797 (26 vendémiaire an VI), la paix de Campo-formio. Le Directoire l'a nommé général en chef de l'armée d'Angleterre, puisque Londres est l'ennemi irréductible.

Et le Directoire l'a en outre désigné pour représenter la France au congrès de Rastadt, où sera réglé le sort de la rive gauche du Rhin.

Bonaparte est populaire. On lit le récit de ses exploits dans les journaux qu'il fait imprimer à l'armée d'Italie, et expédier à Paris.

Qui pourrait le contrôler, lui donner des ordres ?

Voilà des mois – note le ministre de la Guerre – que « toutes relations ont cessé entre cette armée et moi, malgré les lettres pressantes que j'ai écrites. Comme cette armée s'est trouvée de bonne heure en état de se suffire à elle-même, je n'ai pu obtenir du général en chef ni du chef d'état-major, ni du commissaire ordonnateur aucun renseignement sur l'état du service ! »

C'est l'armée de Bonaparte bien plus que celle du Directoire.

« Ils se sont dépêchés de me nommer général de l'armée d'Angleterre pour me retirer de l'Italie, où je suis plus souverain que général », dit Bonaparte.

Et dans les harangues qu'il adresse à ses soldats, le général en chef déclare :

« Je suis consolé par l'espoir de me revoir bientôt avec vous, luttant contre de nouveaux dangers… »

Et il confie à l'ambassadeur de France Miot de Mélito :

« Je ne sais plus obéir. Ces avocats de Paris qu'on a mis au Directoire n'entendent rien au gouvernement, ce sont de petits esprits. Je vais voir ce qu'ils veulent faire à Rastadt. Je doute fort que nous puissions nous entendre et rester longtemps d'accord. Je vous le répète, je ne puis plus obéir ; j'ai goûté du commandement et je ne saurais y renoncer. Mon parti est pris, si je ne puis être le maître, je quitterai la France. Je ne veux pas avoir fait tant de choses pour la donner à des avocats… »

Il n'est pas dupe des louanges qu'on lui adresse.

« Voilà donc une paix à la Bonaparte, lui écrit Talleyrand, ministre des Relations extérieures. Le Directoire est content.

Le public enchanté. Tout est au mieux. On aura peut-être quelques criailleries d'Italiens ; mais c'est égal. Adieu, général pacificateur ! Adieu, amitié, admiration, respect, reconnaissance : on ne sait où s'arrêter dans l'énumération... »

« Ils m'envient, je le sais, bien qu'ils m'encensent », murmure Napoléon Bonaparte.

Et quand son aide de camp, La Valette, lui dit : « À Paris, ce sera pour vous un triomphe. On se pressera dans les rues que vous emprunterez »,

Bonaparte hausse les épaules : « Bah, le peuple se porterait avec autant d'empressement sur mon passage, si j'allais à l'échafaud. »

Ce réalisme, ce cynisme, sont partagés par une grande partie des Français.

Trop d'événements depuis près d'une décennie ! Trop d'illusions qui se sont dissipées comme des mirages.

Et cela touche toutes les catégories de la population, et chacune d'elles réagit à sa manière, en fonction de ses conditions de vie.

Les citoyens des faubourgs sont affamés, misérables. Ils entrent dans l'hiver sans bois de chauffage, sans vêtements chauds. Amers, désespérés, ils crachent quand passent les voitures des « ventres dorés », des « ventres pourris », des « nouveaux riches », des « fripons », ces députés, ces Directeurs, ces financiers, tous charognards qui se nourrissent de la guerre.

Et les rentiers eux-mêmes sont ruinés – ou dépossédés – par la décision du Directoire de liquider les « deux tiers de la dette publique ». Le « tiers » est consolidé, mais les deux tiers sont en fait perdus, parce que remboursés en monnaie sans valeur. C'est une banqueroute des deux tiers, « même si elle assainit les finances ».

Et naturellement elle n'affecte pas les « enrichis », les « corrompus », ceux qui se vautrent dans le luxe et la débauche.

Ceux-là dansent à Bagatelle, à l'Élysée-Bourbon, à Tivoli. Puis ils soupent dans les restaurants du Palais-Royal.

« Le cœur des Parisiens opulents s'est métamorphosé en gésier. On fréquente les théâtres. Tout y respire l'aisance et la gaieté, le plaisir et la joie. »

« On admire les femmes “sans chemises”, les bras et la gorge nus avec jupe de gaze sur un pantalon de couleur chair, les jambes et les cuisses enlacées par des cercles endiamantés. »

On va de l'un à l'autre, Thérésa ci-devant Tallien impose toujours sa « dictature de la beauté ».

On divorce. Le nombre des « enfants trouvés » s'élève à près de cinquante mille en France dont quatre mille à Paris... Un citoyen réclame le droit d'épouser la mère de ses deux femmes successives...

Ce spectacle que les élites donnent au peuple désespère les citoyens. Toutes les initiatives du pouvoir sont accueillies avec scepticisme.

Ainsi, comment pourrait-on croire en cette religion d'État que le Directeur La Révellière-Lépeaux s'emploie à mettre en scène, organisant le 1er vendémiaire an VI (22 septembre 1797), au Champ-de-Mars, « une prière à l'auteur de la nature » ?

Et les citoyens se souviennent de la fête de l'Être suprême, triomphe de Robespierre quelques mois avant sa chute !

On ne croit donc plus aux religions nouvelles.

On se tourne vers la religion catholique, et les proscriptions qui frappent les prêtres – près de mille cinq cents en une seule année – achèvent de la réhabiliter.

On cache les prêtres poursuivis. On se détourne de l'Église constitutionnelle, d'ailleurs combattue par les Directeurs et les anciens Jacobins avec autant de force que l'est l'Église réfractaire.

En fait, tout ce qui vient du pouvoir est suspect.

La seule figure qui suscite l'enthousiasme est celle de ce général Bonaparte.

Les rapports de police indiquent tous qu'« on exalte de tous côtés ses louanges ».

On aime ce « général pacificateur » qui dit :

« C'est un grand malheur pour une nation de trente millions d'habitants et au XVIIIe siècle d'avoir recours aux baïonnettes pour sauver la patrie. »

On lit qu'il a promis aux citoyens de deux Républiques sœurs qu'il a créées en Italie – la ligurienne et la cisalpine – l'ordre et la liberté, la paix aux consciences, le droit pour chacun de pratiquer sa religion et de jouir de ses biens.

Il est un homme nouveau, qui n'a jamais tenu, lors des journées révolutionnaires et pendant la Terreur, un rôle de premier plan.

Il a été sur le théâtre intérieur, et dans ces années cruciales de 1789 à 1794, plus témoin qu'acteur.

On l'attend.

Le 3 décembre 1797, il quitte Rastadt pour Paris.

Il fait une halte à Nancy, où les francs-maçons de la Loge Saint-Jean de Jérusalem l'accueillent.

Il ne porte plus l'uniforme. Il voyage en voiture de poste comme un bourgeois.

Il arrive à Paris le 5 décembre 1797 (15 frimaire an VI).

Il rentre chez lui, rue Chantereine. Joséphine n'a pas encore regagné Paris.

La rue a changé de nom. Elle s'appelle désormais « rue de la Victoire ».

32

Il est là « chez sa femme ».

La foule se presse rue de la Victoire pour l'apercevoir, « pâle sous les longs cheveux noirs », le visage osseux, le menton affirmé, l'expression volontaire, maigre, serré dans une redingote noire, marchant d'un pas saccadé, ne paraissant pas voir ces citoyens qui l'acclament :

« Vive Bonaparte ! Vive le général en chef de l'armée d'Italie ! »

Que pense-t-il ?

Les Directeurs, les ministres, les députés s'interrogent

A-t-il vraiment dit . « Si je ne puis être le maître je quitterai la France » ?

Tous veulent le rencontrer, le sonder.

On murmure déjà – et certains journaux le répètent en ces jours de frimaire an VI (décembre 1797) qui suivent son arrivée à Paris – qu'il aspire à la dictature.

Le Directeur Reubell, soupçonneux, le reçoit à dîner, dès le 8 décembre. Bonaparte reste le plus souvent silencieux, laissant Reubell évoquer avec le patriote suisse Pierre Ochs assis à sa gauche le soutien que la République française doit apporter aux patriotes suisses qui veulent transformer leur pays en une République sœur, « une et indivisible »

Mais il faut pour cela, en s'appuyant sur le canton de Vaud, chasser les Bernois, les vaincre. Et il faut charger le général Brune, ancien membre du club des Cordeliers, un ami de Marat, un républicain résolu, de cette mission.

Bonaparte approuve d'un simple mouvement de tête. Il ne veut pas se découvrir. Il doit paraître modeste, respectueux du Directoire.

Deux jours plus tard, c'est le ministre des Relations extérieures, Talleyrand, qui l'invite en son hôtel de Galliffet, rue du Bac.

De l'ancien évêque d'Autun, qui a prudemment vécu hors de France durant la Terreur, on murmure le pire ; qu'il loue ses services à l'Autriche, à la Prusse ou à l'Angleterre, fort cher, favorisant l'une ou l'autre puissance en fonction des sommes qu'on lui offre.

« Tout s'achète ici, a dit le représentant de la Prusse à Paris. Le ministre des Relations extérieures aime l'argent et dit hautement que sorti de sa place il ne veut pas demander l'aumône à la République. »

Talleyrand accueille Bonaparte dans les salons de l'hôtel de Galliffet avec une prévenance un peu ironique et distante, en grand seigneur, le cou enveloppé dans une cravate très haute, la poitrine serrée dans une redingote large.

Talleyrand parle d'une voix grave. Il domine Bonaparte de la tête et des épaules. Il a convié en son hôtel une foule de personnalités désireuses de voir ce général victorieux.

On entoure Bonaparte, on le félicite.

« Citoyens, dit Bonaparte, je suis sensible à l'empressement que vous me montrez. J'ai fait de mon mieux la guerre et de mon mieux la paix. C'est au Directoire à savoir en profiter, pour le bonheur et la prospérité de la République. »

Cette prudence et cette mesure inquiètent plus qu'elles ne rassurent. Bonaparte a la modestie éclatante ! Et les Directeurs s'en méfient.

Mais il faut l'engluer dans les honneurs, et le Directoire organise au palais du Luxembourg une réception à la gloire du « général pacificateur »

En arrivant au palais ce 10 décembre 1797 (20 frimaire an VI) Bonaparte paraît ne pas entendre la foule enthousiaste qui s'est rassemblée dans les rues qui conduisent au palais.

On crie : « Vive Bonaparte ! Vive le général de la grande armée ! »

Les cinq Directeurs qui l'accueillent dans leur costume d'apparat brodé d'or, leurs dentelles, leurs grands manteaux, leur chapeau noir retroussé d'un côté et orné d'un panache tricolore, ressemblent à des mannequins raides.

Barras est le plus majestueux.

Bras croisés, il toise Bonaparte comme s'il voulait lui rappeler que c'est lui qui est à l'origine de cette gloire, de cette fortune et même de ce mariage avec Joséphine, et qu'il n'oublie pas le désarroi, la pauvreté, de ce *Buonaparte* qui traînait son sabre et son ambition.

Et maintenant, voici Napoléon Bonaparte accueilli par Talleyrand qui au nom du Directoire tresse des lauriers au général victorieux.

« Personne n'ignore, dit Talleyrand, son mépris profond pour l'éclat, pour le luxe, pour le faste, ces méprisables ambitions des âmes communes. Ah, loin de redouter son ambition, je sens qu'il nous faudra peut-être le solliciter un jour pour l'arracher aux douceurs de sa studieuse retraite. »

La cérémonie, note un témoin, est d'un « froid glacial ».

« Tout le monde avait l'air de s'observer et j'ai distingué sur toutes les figures plus de curiosité que de joie, ou de témoignage de vraie reconnaissance. »

Bonaparte a répondu à Talleyrand que « le peuple français pour être libre avait les rois à combattre. Pour obtenir une Constitution fondée sur la raison, il y avait dix-huit siècles de préjugés à vaincre… Lorsque le bonheur du peuple français sera assis sur les meilleures lois organiques, l'Europe entière deviendra libre. »

Ces mots font trembler.

On sait que Bonaparte, en Italie, a lui-même rédigé les Constitutions des Républiques ligurienne et cisalpine. Voudrait-il faire de même avec la Constitution française ?

Lorsqu'il rencontre Barras, quelques jours plus tard, il dit que « le régime directorial ne peut durer. Il est blessé à mort depuis le coup d'État du 18 fructidor. La majorité de la nation, Jacobins et royalistes, le rejette. »

Il faudrait, a-t-il osé dire à Barras, que le Directoire l'accueille parmi ses Directeurs, lui, Bonaparte, général pacificateur, que la foule acclame. Lui seul pourrait redonner confiance en un régime décrié.

Barras s'est cabré, a tonné :

« Tu veux renverser la Constitution, Bonaparte ? Tu n'y réussiras pas et ne détruiras que toi-même. »

Porte fermée devant Bonaparte. La « poire n'est pas mûre », le pouvoir ne cédera pas, n'offrira pas un siège à Bonaparte.

On cherchera donc à l'éliminer. Peut-être en l'empoisonnant. Des lettres anonymes l'avertissent. On veut le tuer.

Au banquet de huit cents couverts organisé par les deux Conseils – quatre services, huit cents laquais, trente-deux maîtres d'hôtel, et du vin du Cap, du tokay, des carpes du Rhin et toutes sortes de primeurs –, Bonaparte a son propre serviteur, qui change ses couverts et lui présente des œufs à la coque.

Bonaparte ne se laissera pas empoisonner, ni séduire.

Il est de nouveau invité par Talleyrand qui donne en son honneur, le 3 janvier 1798, une fête fastueuse à l'hôtel de Galliffet, et on y joue une contredanse appelée *La Bonaparte.*

On y chante un refrain qui célèbre Joséphine, celle qui doit, au nom de la France, « prendre soin du bonheur du guerrier, du héros vainqueur ». Et Bonaparte est élu, à la place de Carnot, membre de l'Institut, dans la « classe de sciences physiques et mathématiques, section des Arts mécaniques ».

Et c'est seulement au titre de membre de l'Institut qu'il assiste, parmi ses collègues savants, à la cérémonie qui, le 21 janvier 1798 place Saint-Sulpice, commémore la mort de Louis XVI. Barras, au nom de tous les participants, prête le serment de « haine à la royauté et à l'anarchie ».

Les chœurs chantent le *Serment républicain*, musique de Gossec, paroles de Chénier :

> *Si quelque usurpateur veut asservir la France*
> *Qu'il éprouve aussitôt la publique vengeance*
> *Qu'il tombe sous le fer, que ses membres sanglants*
> *Soient livrés dans la plaine aux vautours dévorants.*

Bonaparte, habile, a été présent à ce qu'il appelle une « cérémonie anthropophage » sans y jouer aucun rôle. Car il ne veut apparaître ni partisan des « régicides », se coupant ainsi des royalistes, ni favorable à une restauration, devenant dès lors l'ennemi des républicains.

Il veut être au-dessus des factions. Mais l'inaction lui pèse.

« Il semblait que la terre lui brûlait les pieds », note La Révellière-Lépeaux.

Et son impatience est d'autant plus grande que le peuple continue de l'acclamer.

S'il se rend au Théâtre des Arts, les spectateurs se lèvent dès qu'ils l'aperçoivent dans une loge. Mais le risque existe aussi qu'après quelques mois passés à Paris, l'attention ne se détourne de lui. Car les armées du Directoire continuent d'agir sans lui.

Le général Joubert a *fructidorisé* la Hollande, en imposant un régime républicain centralisé, en créant une République sœur, batave, une et indivisible.

Les troupes françaises sont entrées à Rome, et Berthier en a chassé le pape Pie VI.

Le général Brune a occupé Berne et Fribourg. La République suisse est née.

Le Directeur Reubell, né à Colmar, n'a eu de cesse que de réussir à annexer Mulhouse.

Et chaque fois qu'est créée une République sœur, le Directoire puise dans ses caisses pour alimenter le Trésor national.

Comment dans ces conditions rester l'*Unique*, illuminé par la gloire, et apparaître comme celui qui peut arracher le pouvoir des mains de ces Directeurs corrompus ?

Bonaparte s'interroge.

Il a parcouru les côtes de la Manche, découvert que l'armée d'Angleterre, qu'il commande, ne pourra jamais briser le blocus de la flotte anglaise. Tenter de le faire « est un coup de dés trop chanceux, dit Bonaparte. Je ne veux pas jouer ainsi le sort de cette belle France. »

Et le sien.

Il rentre à Paris, étudie ce rapport que Talleyrand a soumis au Directoire.

Le ministre préconise la conquête de l'Égypte, moyen de tourner l'Angleterre « sous les rapports du commerce soit de l'Inde, soit d'ailleurs ».

Et Talleyrand suggère que cette entreprise soit confiée au général Bonaparte.

Moyen commode de l'éloigner, de l'enliser dans les sables de l'Orient, en paraissant lui offrir une nouvelle gloire alors que chacun pense qu'il s'agit là d'une victoire impossible, à supposer même que l'on réussisse à traverser la Méditerranée, en échappant à la flotte anglaise.

Bonaparte n'ignore rien des intentions du Directoire.

Mais, dit-il :

« Je ne veux pas rester ici. Il n'y a rien à faire. Les Directeurs ne veulent entendre à rien. Je vois que si je reste je suis coulé dans peu. Tout s'use ici. Je n'ai déjà plus de gloire, cette petite Europe n'en fournit pas assez. Il faut aller en Orient, toutes les grandes gloires viennent de là. »

Il dicte ses conditions aux Directeurs : autorité illimitée, faculté de nommer à tous les emplois, droit d'opérer son retour en France quand il le voudra...

Le 15 ventôse (5 mars 1798) le Directoire décide une expédition en Égypte, en donne le commandement à Napoléon Bonaparte, aux conditions qu'il a fixées.

Bonaparte va quitter Paris, la France. On cessera d'entendre son sabre traîner sur le sol.

Et qui peut croire qu'il échappera au piège que viennent de lui tendre les Directeurs et son imagination ?

33.

Bonaparte sait que les Directeurs souhaitent que l'Égypte soit son tombeau.

Ils veulent conserver à tout prix le pouvoir face à une opinion qui les rejette et qu'ils craignent d'autant plus que le 9 avril 1798 (20 germinal an VI) les assemblées électorales vont se réunir pour renouveler plus de la moitié du Corps législatif, quatre cent trente-sept députés sur sept cent cinquante.

Barras, habile politique au flair aiguisé, sent bien la force du mouvement de rejet qui monte du pays.

On veut « crever les ventres pourris ».

On crie « Sus à la corruption ».

On crache avec fureur quand on entend prononcer le nom de Barras, de Merlin de Douai.

On dit que ce dernier entretient un harem de demoiselles.

Que Reubell, entouré de fripons, se gave.

Que La Révellière-Lépeaux n'est qu'un tartuffe avec sa religion théophilanthropique, dont il est le bigot.

Et le nouveau Directeur – il remplace François de Neufchâteau – Treilhard, un conventionnel régicide, est une brute enrichie.

Les ministres sont aussi corrompus que les Directeurs.

Ramel n'est au ministère des Finances que le serviteur des nouveaux riches, l'homme dont la banqueroute des deux tiers a ruiné les rentiers.

Talleyrand est une « pourriture », ses salons des « latrines publiques ».

Il a été dénoncé devant le Congrès des États-Unis par le président John Adams pour avoir essayé d'extorquer à des envoyés des États-Unis, arrivés à Paris pour négocier, d'énormes pots-de-vin. Les Américains ont refusé, regagné les États-Unis et averti le président Adams.

Mais Talleyrand continue de se pavaner dans son hôtel de Galliffet.

Barras s'inquiète.

Les électeurs peuvent, en dépit de leurs différences, se coaliser, élire des « anarchistes » ou des royalistes. Et s'ils obtiennent la majorité aux Conseils des Cinq-Cents et des Anciens – Barras le craint –, ils renouvelleront les Directeurs.

Adieu le pouvoir ! Adieu le luxe et les femmes, l'argent et la soie ! Adieu, les agapes chez les restaurateurs du Palais-Royal !

Et c'est pour empêcher que cette « coalition » anarchiste et royaliste ne se donne pour chef Bonaparte, le général capable de séduire et d'entraîner le peuple, qu'on souhaite le voir s'éloigner au plus tôt, en espérant qu'il sera enseveli dans l'une de ces pyramides qui sont, dit-on, les tombeaux des pharaons.

Bonaparte n'est pas dupe. Ce départ l'arrange.

Il ne veut pas être mêlé à un nouveau coup d'État, auquel, il le devine, songent les Directeurs.

Le 1er germinal an VI (21 mars 1798), ils ont célébré avec faste la « fête de la Souveraineté du peuple », eux qui ont réalisé le coup d'État du 18 Fructidor, mis en place cette terreur masquée qui, petitement mais méticuleusement, écrase la nation, proscrit en Guyane, le pays de la « guillotine sèche ».

Et, à peine la fête de la Souveraineté du peuple est-elle achevée, qu'ils décrètent que les pouvoirs des nouveaux élus seront vérifiés… par les députés sortants !

Ainsi, les Directeurs et les députés qui les soutiennent choisiront parmi les députés élus ceux qui leur conviennent et déclareront inéligibles tous les autres.

Leur journal, *Le Publiciste*, annonce à la veille des élections que « si des terroristes étaient élus, ils ne seraient pas reçus et les départements qui les auraient choisis resteraient sans députés ».

Quand deux journaux – décrétés aussitôt « anarchistes » –, *Les Hommes libres* et *L'Ami des lois*, protestent contre cette intention « liberticide », ils sont supprimés.

Bonaparte sait que, s'il veut conserver sa popularité, il ne doit pas s'enfoncer dans les marécages de cette politique nauséabonde, que les citoyens méprisent.

Il ne doit pas être confondu avec les « ventres dorés et pourris ».

« Il n'y a rien à faire avec ces gens-là, dit-il. Les Directeurs ne comprennent rien de ce qui est grand. »

Il utilise leur désir de le voir s'éloigner pour leur arracher le droit de choisir les généraux qu'il veut emmener avec lui, les savants, les artistes qui l'accompagneront.

Et obtenir le rassemblement d'une armada à Toulon, pour transporter trente mille fantassins, trois mille cavaliers – sans chevaux, on trouvera les montures sur place –, cent pièces d'artillerie, cent cartouches par homme, et neuf millions pour les dépenses.

Il veut carte blanche.

Et les Directeurs lui concèdent tout. Ils pensent à la dalle funéraire et au sable qui recouvrira ce général ambitieux, populaire, dangereux pour eux.

Et Bonaparte laisse le rêve l'emporter.

« Je coloniserai l'Égypte, dit-il. Je ferai venir des artistes, des ouvriers de tous genres, des femmes, des acteurs. Six ans me suffisent, si tout me réussit, pour aller dans l'Inde… Je veux parcourir l'Asie Mineure en libérateur, arriver triomphant dans la capitale de l'ancien continent, chasser de Constantinople les descendants de Mahomet et m'asseoir sur son trône… »

Ses proches sont fascinés et accablés. Six années loin de Paris ? Que sera devenue la France ?

L'écrivain Arnault, qui a écrit de nombreux articles panégyriques dans les journaux de l'armée d'Italie, s'emporte.

« Le Directoire veut vous éloigner. La France veut vous garder, lance-t-il à Bonaparte. Les Parisiens vous reprochent votre modération. Ils crient plus fort que jamais contre le gouvernement et les Directeurs. Ne craignez-vous pas qu'ils finissent par crier contre vous ? »

« Si je montais à cheval, personne ne me suivrait », dit-il.

Il faut donc partir pour ne pas être compromis.

Il quitte Paris le 6 mai 1798 (17 floréal an VI).

Personne ne pourra l'accuser d'être complice des Directeurs et des députés.

Le 22 floréal, les Cinq-Cents puis les Anciens décident de valider les élections qui viennent de se tenir, dans quarante-huit départements sur quatre-vingt-seize.

Dans les autres, on annule en tout ou partie les scrutins.

C'est une « épuration ».

Et sous couvert de légalité, on espère que ce coup d'État du 22 floréal an VI (11 mai 1798) aura écarté ceux que les Directeurs et leurs suppôts appellent des « anarchistes », des « royalistes déguisés ».

Cent quatre députés ont été exclus des Conseils et cinquante-trois ne sont pas remplacés.

Le dégoût submerge le pays.

Barras peut se réjouir du succès de sa manœuvre.

Il a réussi ce qu'il appelle la « bascule ».

Avec le coup d'État du 18 Fructidor, il avait écarté les partisans « d'un fantôme de roi ».

Avec le coup d'État du 22 Floréal, il croit avoir mis son pouvoir à l'abri des adeptes de Robespierre et de Babeuf.

Ainsi, affirme Barras, grâce à cette « bascule » le Directoire peut être « républicain », et « conservateur » des principes de la Révolution.

Bonaparte apprend ces décisions du Directoire alors qu'il se trouve à Toulon, face à cette flotte de cent quatre-vingts navires, ancrés dans la rade.

Qu'aurait-il gagné, à traîner dans les couloirs du palais du Luxembourg ?

Complice de Barras ou opposant, il n'aurait pas été le maître. Ici, il peut s'adresser à des milliers d'hommes en armes prêts à lui obéir et dont il sent l'enthousiasme.

« Officiers et soldats, dit-il, je vais vous mener dans un pays où par vos exploits futurs vous surpasserez ceux qui étonnent aujourd'hui vos admirateurs, et rendrez à la patrie des services qu'elle a droit d'attendre d'une armée invincible. »

Il s'interrompt puis, plus fort encore, il lance :

« Je promets à chaque soldat qu'au retour de cette expédition, il aura à sa disposition de quoi acheter six arpents de terre. Vive la République immortelle ! »

Le 19 mai 1798 (30 floréal an VI), Napoléon Bonaparte embarque sur le navire amiral *L'Orient*.

Il se tient sur la passerelle.

Il dit aux officiers de son état-major qui se pressent autour de lui :

« Je mesure mes rêveries au compas de mon raisonnement. »

DIXIÈME PARTIE

19 mai 1798 - 9 novembre 1799
30 floréal an VI - 18 brumaire an VIII
« La Révolution est finie ! »

« Rien dans l'histoire ne ressemble à la fin du XVIIIe siècle.
Rien dans la fin du XVIIIe siècle ne ressemble
au moment actuel. »

BONAPARTE
le 18 brumaire an VIII
(9 novembre 1799)

« Citoyens, la Révolution est fixée aux principes
qui l'ont commencée : elle est finie ! »

Déclaration des trois nouveaux Consuls,
BONAPARTE, CAMBACÉRÈS, LEBRUN
le 24 frimaire an VIII
(15 décembre 1799)

34.

Napoléon ne quittera que rarement la passerelle de *L'Orient.*

Il voit défiler les côtes de Corse. Au-delà du cap de Bonifacio se profilent sur l'horizon les cimes de la Sardaigne. Après l'on voguera vers la Sicile, puis Malte, la Crète, Alexandrie enfin.

Il rêve. Et *Le Chant du départ* accompagne ses songes.

Le refrain de ce chant révolutionnaire que toutes les armées de la République entonnent depuis 1794 est repris en chœur par les soldats massés sur le pont de chacun des navires.

La République nous appelle
Sachons vaincre ou sachons périr
Un Français doit vivre pour elle
Pour elle un Français doit mourir.

Un convoi parti de Civitavecchia rejoint la flotte. Et ce sont trois cents navires qui se présentent devant Malte.

Bombardement. Débarquement. Il suffit de quelques heures pour que le grand maître de l'Ordre de Malte ordonne à ses chevaliers de cesser le combat.

Bonaparte peut arpenter les rues pavées de La Valette, inviter les chevaliers qui sont français et ont moins de trente ans à prendre leur part de gloire en rejoignant l'expédition. Quant aux autres, ils ont trois jours pour quitter l'île, dont tous les habitants deviennent citoyens français et font partie de la République. L'homme ne doit rien au hasard de la naissance, seuls son mérite et ses talents le distinguent.

Et après ce discours « révolutionnaire », Bonaparte fait libérer les deux mille esclaves musulmans du bagne de Malte.

Mais il ordonne que tous les objets religieux, les innombrables reliques en métaux précieux soient enlevés des églises, fondus, transformés en lingots d'or et d'argent.

Il est un conquérant.

Et il va le dire à ses soldats, lorsque, après avoir quitté Malte, la flotte, secouée, malmenée par le gros temps, se trouve au large d'Alexandrie, et que malgré le vent déchaîné on s'apprête à débarquer, afin de marcher au plus vite en direction du Caire.

« Soldats, déclare Bonaparte, vous allez entreprendre une conquête dont les effets sur la civilisation et le commerce du monde sont incalculables. Les peuples avec lesquels nous allons vivre sont mahométans. Leur premier article de foi est celui-ci : "Il n'y a pas d'autre dieu que Dieu et Mahomet est son prophète." Ne les contredisez pas ! Agissez avec eux comme nous avons agi avec les Juifs, avec les Italiens, ayez des égards pour leurs muftis et leurs imams comme vous en avez eu pour les rabbins et les évêques...

« La première ville que nous rencontrerons a été bâtie par Alexandre. Nous trouverons à chaque pas des souvenirs dignes d'exciter l'émulation des Français. »

Les soldats, malgré la chaleur et la soif qui fait enfler leurs lèvres et leurs langues, l'acclament, entonnent *La Marseillaise* et, au pied des pyramides, écraseront la cavalerie des Mamelouks.

L'Égypte est donc conquise.

« Soldats, du haut de ces pyramides quarante siècles vous contemplent. »

Mais ces victoires qui se succèdent au long des mois – Gaza, Jaffa, Saint-Jean-d'Acre, Nazareth, le Mont-Thabor – sont aussi un piège.

La flotte de Nelson a détruit la flotte française à Aboukir dès le 14 thermidor (1er août 1798).

À quoi sert dès lors de s'enfoncer en Palestine, d'écraser les Turcs, si l'on est enfermé dans les territoires que l'on conquiert ?

Pourquoi massacrer les prisonniers, voir mourir les meilleurs des soldats, ceux qui avaient vaincu à Lodi, à Arcole, à Rivoli, et que la peste empoisonne à Jaffa, si le blocus anglais étrangle les Français ?

Qu'apprendra-t-on à Paris de ces cruautés, de ces souffrances, de ces victoires, de ces actes d'héroïsme ?

Saura-t-on que Bonaparte n'a pas hésité à toucher, à embrasser à Jaffa les soldats pestiférés ?

Bonaparte voudrait qu'à Paris on célèbre son courage et sa gloire. N'a-t-il pas mis ses pas dans ceux de César et de Pompée, d'Alexandre et même du Christ ?

Il doit, s'il veut s'approcher encore plus près du pouvoir, conforter et enrichir sa légende.

Mais il faut que pour cela le récit de ses exploits parvienne aux journaux parisiens. Et dès lors des navires – et il en reste peu – doivent quitter la côte égyptienne, forcer le blocus. Mais comment savoir s'ils ont atteint la France ?

Et aucun navire n'arrive des ports français, comme si on avait oublié que le plus glorieux des généraux français est en Égypte, à la tête de trente mille hommes.

Bonaparte écrit à son frère Lucien, qui a été élu au Conseil des Cinq-Cents.

Il l'interroge. Quelle est la situation du Directoire ? Est-ce le moment de rentrer en France ? S'exclame-t-on « Ah ! si Bonaparte était là ! » ? Et que devient Joséphine, femme séductrice, volage, corps offert, femme de plaisir ?

Bonaparte est amer.

Il écrit :

« Je suis ennuyé de la nature humaine. Les grandeurs m'ennuient. Le sentiment est desséché. La gloire est fade. À vingt-neuf ans j'ai tout épuisé. Il ne me reste plus qu'à devenir franchement égoïste. »

Mais qui se soucie à Paris des états d'âme du général Bonaparte ? La lutte politique fait rage entre les Jacobins rescapés du coup d'État du 22 floréal, et les Directeurs, et dans cette partie, Bonaparte n'est qu'un absent. Il ne pèsera que s'il rentre dans le jeu en regagnant la France. Et comment le pourrait-il ?

Un Bonaparte inquiète Barras et Reubell, mais il se prénomme Lucien ! Et il ne sera vraiment dangereux que si son frère lui apporte l'inestimable appui de sa gloire.

Et on ne revient pas d'Orient aussi aisément que d'Italie !

Alors on oublie Napoléon Bonaparte, même si l'on s'irrite de la campagne que mène en sa faveur Lucien, qui ne cesse de répéter, chaque fois qu'il prend la parole : « Ah ! si le général pacificateur était là ! Il crèverait ces “ventres dorés et pourris”. »

Car c'est toujours la corruption et l'enrichissement des Directeurs, et de tous ceux qui détiennent une parcelle de pouvoir, qui révoltent les citoyens.

Une commission chargée d'enquêter sur la « démoralisation du peuple » dresse un constat effrayant :

« Il n'existe aucune partie de l'administration où l'immoralité et la corruption n'aient pénétré, peut-on lire dans le rapport qu'elle soumet aux Conseils. Une plus longue indulgence nous rendrait complices de ces hommes que la voix publique accuse. Ils seront frappés du haut de leurs chars somptueux et précipités dans le néant du mépris public, ces hommes dont la fortune colossale atteste les moyens infâmes qu'ils ont employés à l'acquérir. »

On vise Barras et Reubell.

Et la colère est d'autant plus forte que la misère serre encore un peu plus la gorge des pauvres.

Dans les faubourgs on est affamé. Et on sait que les directeurs banquettent ! Qu'ils ont chaud dans les restaurants du

Palais-Royal ou dans les hôtels particuliers où ils se retrouvent alors qu'on gèle dans les taudis.

« Le froid est si rigoureux que les aigles des Alpes paraissent avoir trouvé à Paris la même température que dans les hautes montagnes. On en a tué un près de Chaillot. »

Barras est inquiet.

La police rapporte que le chômage s'étend parce que les bateaux ne peuvent plus naviguer sur la Seine prise par les glaces. Les matériaux manquent. Les artisans ferment leurs ateliers. Et les ouvriers tiennent des « propos atroces » sur le gouvernement.

Et ces souffrances, cette misère, ne sont pas compensées par les victoires des armées de la République.

Bonaparte avait imposé la paix aux rois et fait surgir des Républiques sœurs.

Toute cette construction s'écroule.

Les paysans belges, italiens se révoltent contre les Français. L'Autriche, l'Angleterre, la Russie, le royaume de Naples, la Turquie, forment une coalition dont les troupes chassent les Français de Naples et de Rome. Et les Russes de Souvorov entrent à Milan.

Comment les patriotes pourraient-ils accepter ces revers ? La perte d'influence et de prestige de la Grande Nation, l'assassinat des plénipotentiaires français qui négociaient avec les Autrichiens à Rastadt ?

On accuse le Directoire et, aux élections du 18 avril 1799 (29 germinal an VII) pour le renouvellement du tiers des députés du corps législatif, on élit une majorité de Jacobins et d'opposants aux Directeurs.

Le Conseil des Cinq-Cents demande aussitôt au Directoire des explications sur les désastres subis par les troupes françaises.

Et le Directoire ne répond pas.

Le Conseil décide alors de siéger en permanence, d'imposer la démission de Merlin de Douai, de François de Neufchâteau.

Quant à Reubell, il a déjà été éliminé du Directoire par tirage au sort.

Sieyès a été élu. Barras, qui s'est rallié à la position des Cinq-Cents, conserve son fauteuil.

La légalité a été respectée, mais derrière les apparences c'est un nouveau coup d'État qui s'est produit ce 30 prairial an VII (18 juin 1799).

Le régime est toujours aux abois.

Barras, le plus corrompu des Directeurs, a conservé sa place. La misère n'a pas reculé.

Les troupes de la coalition sont prêtes à envahir la nation.

Dans l'Ouest, les chouans reprennent les armes, s'emparent de petites villes.

La peur d'une débâcle est si grande que les Directeurs se sont résignés à donner l'ordre à Bonaparte de rentrer en France.

Mais le message des Directeurs ne parviendra jamais en Égypte.

35.

Bonaparte en ce mois de juillet 1799 (thermidor et messidor an VII) ignore tout des intentions du Directoire.

Il se sent aveugle et sourd. Depuis près de six mois, il ne reçoit plus aucune nouvelle de France, et l'impatience le gagne. Il sent qu'il doit quitter l'Égypte au plus vite, sinon il s'y enlisera.

Mais il faudrait abandonner ce pays, cette chaleur accablante, sur un coup d'éclat, une victoire qui effacerait la longue retraite de la Palestine à l'Égypte, puis l'impuissance face aux troupes du sultan Mourad Bey qui se dérobe, qu'on pourchasse en vain.

Et les soldats, même les plus aguerris, ceux de l'armée d'Italie, sont gagnés par le doute. On les assassine dans cette ville du Caire que l'on ne pourra jamais contrôler.

Et Bonaparte lui-même s'y sent prisonnier.

Le 15 juillet 1799, il reçoit un groupe de cavaliers qui, le visage brûlé par le sable, lui apportent la nouvelle qu'il attend : une flotte anglo-turque a débarqué des troupes, plusieurs milliers d'hommes, à Aboukir.

Voilà le signe. Voilà l'instant.

Il faut rejeter ces Turcs à la mer, et le nom d'Aboukir, qui rappelle la destruction de la flotte française par les navires de Nelson, le 1er août 1798, n'évoquera plus qu'une victoire.

Elle couronnera la campagne d'Égypte. Et, auréolé par elle, Bonaparte pourra regagner la France.

« Cette bataille va décider du sort du monde », dit-il.

Il perçoit l'étonnement des officiers qui l'entourent. Murat murmure :

« Au moins du sort de l'armée. »

« Du sort du monde », répète Napoléon Bonaparte.

Il ne peut encore leur dire qu'il a besoin de gagner cette bataille pour rentrer en France en général victorieux.

Et comment alors les Directeurs pourraient-ils lui résister ?

Au soir du 25 juillet 1799 (7 thermidor an VII) la mer, dans la rade d'Aboukir, est encore rouge du sang des soldats turcs, chargés, repoussés, menacés par les cavaliers de Murat.

« C'est une des plus belles batailles que j'aie vues, dit Bonaparte, et l'un des spectacles les plus horribles. »

C'est bien la victoire qu'il espérait, celle qui va être le tremplin de son action future : quitter l'Égypte, s'imposer à Paris.

Le 2 août, il engage des pourparlers avec le commodore Sydney Smith qui commande l'escadre anglaise, afin de procéder à un échange de prisonniers.

Et le soir, le secrétaire du commodore se présente à Bonaparte, les bras chargés de journaux, français, anglais, allemands, parus les derniers mois.

Sir Sydney Smith tient à ce que le général Bonaparte connaisse la situation en France et en Europe.

Il suffit à Bonaparte de feuilleter quelques-uns de ces journaux pour constater que les Républiques sœurs se sont effondrées, que les troupes de la coalition s'apprêtent à franchir les frontières de la nation.

Voilà les conséquences de la politique de Barras, de Reubell, de François de Neufchâteau.

« Les misérables ! s'écrie Bonaparte. Est-il possible ! Pauvre France ! Qu'ont-ils fait ? s'exclame-t-il. Ah les jean-foutre ! »

Il lit les articles avec avidité, découvrant en une seule nuit les événements qui se sont produits les mois précédents.

Les Directeurs ont été changés, Reubell, « un lourdaud bien épais, bien crasseux, ruminant six mois la même idée, changeant de vin à chaque service, menant le Directoire comme un cocher de fiacre mène ses chevaux », n'est plus Directeur et une commission va enquêter sur ses malversations.

Quant à Barras il est toujours en place, mais méprisé.

Plus que Néron mon vicomte est despote
Se pavanant dans sa rouge capote
Ce roi bourreau pérore sur un ton
Dont rit tout bas le badaud dans sa crasse
C'est Arlequin, pantalon en paillasse
Contrefaisant les airs d'Agamemnon.

Les journaux n'épargnent aucun des nouveaux Directeurs, ni Sieyès, ni Ducos, ni Gohier, ni ce général Moulin qui n'a combattu que contre les Vendéens.

Bonaparte relève que le régicide Fouché est ministre de la Police, que le général Bernadotte, qui a épousé Désirée Clary, est ministre de la Guerre, et Cambacérès ministre de la Justice.

La nuit s'écoule et Bonaparte découvre l'état de la France.

Les chouans ont pris Le Mans.

Les royalistes assiègent Toulouse.

Les campagnes sont parcourues par des bandes de jeunes gens, déserteurs refusant de se plier à la loi créant le service militaire obligatoire, et devenant pillards, détrousseurs, brigands.

Le pays vomit ce Directoire qui vient de créer de nouvelles taxes, car le Trésor public a besoin de cent millions.

Les ateliers ferment pour éviter d'être taxés. Les riches s'en vont. Le chômage s'étend.

Le Directoire craint la révolte, un coup de force monarchiste soutenu par les anarchistes.

Pour s'en protéger les Conseils votent la loi des otages, qui fait craindre un retour de la loi des suspects, de la Terreur.

Nobles, parents d'émigrés, ascendants de suspects, seront arrêtés comme *otages*, dans l'attente de l'arrestation des auteurs d'attentats, de rébellions, d'assassinats politiques.

Bonaparte lit dans le *Courrier de Londres* :

« Les malheureuses suites des deux lois sur les taxes et les otages sont incalculables. La première anéantit toute espèce d'affaires. La seconde menace la société entière d'une dissolution prochaine. »

Sur quatre-vingt-six départements français, quatorze sont en révolte et quarante-six connaissent une situation tendue, et le brigandage s'y confond avec la rébellion politique.

Il faut regagner au plus tôt le pays irrité et déçu.

Et son impatience est d'autant plus vive que Bonaparte a l'impression, en lisant les articles consacrés aux courtisanes, aux maîtresses de Barras, aux élégantes, qu'on lui parle de Joséphine de Beauharnais, coquette et volage.

Il l'imagine en costume grec, qui peu à peu s'est réduit à une simple chemise, avec quelques voiles qui flottent autour.

Grâce à la mode
On n'a plus de corset
Ah, que c'est commode
...
Grâce à la mode
Une chemise suffit
C'est tout profit
...
Grâce à la mode
On n'a rien de caché
Ah, que c'est commode...

Et pendant qu'on se pavane, que les Directeurs remplissent leur ventre pourri, les Jacobins rouvrent un club à Paris, d'abord salle du Manège, puis rue du Bac.

Et l'on se plaint des brigands, du prix du pain, de la friponnerie des Directeurs, de Barras, « talon rouge et bonnet rouge », vicomte et terroriste, roi de la République.

L'on enrage de voir les armées de la nation reculer devant les Russes, les Anglais, les Autrichiens.

Les persécutions s'abattent, dans les régions reconquises, sur ceux qu'on accuse d'être des Jacobins.

Les paysans s'en mêlent. Ces « Viva Maria » se sont emparés de Sienne, ont massacré les Jacobins, et brûlé vifs sur la grande place treize Juifs dont des femmes et des enfants !

On pend, à Naples, les « patriotes ».

Et l'on craint que si la nation est envahie, si les chouans l'emportent, cette Terreur blanche ne s'étende à la France.

« Ah, il nous faudrait un Bonaparte ! »

Le moment est venu de rentrer en France.

Bonaparte embarque clandestinement sur la frégate *Muiron*, laissant l'armée d'Égypte à Kléber.

La traversée est périlleuse.

La flotte de Nelson rôde.

La *Muiron* suivie d'une autre frégate n'est escortée que par trois avisos.

Berthier, Lannes, Murat, et les savants Monge et Berthollet, ainsi que trois cents hommes d'élite, « une chose immense », dit Bonaparte, fidèles, résolus, l'accompagnent.

Ce retour est un pari sur la fortune.

« Qui a peur pour sa vie est sûr de la perdre, dit Bonaparte. Il faut savoir à la fois oser et calculer et s'en remettre à la fortune. »

Le 9 octobre 1799 au matin (17 vendémiaire an VIII) après une escale à Ajaccio, la frégate *Muiron* entre dans la rade de Saint-Raphaël.

La citadelle de Fréjus ouvre le feu devant cette division navale inconnue.

Mais la foule, sur les quais, crie déjà :

« Bonaparte ! Bonaparte ! »

« Il est là, il est là ! »

36

De village en village, de Fréjus à Aix, d'Avignon à Lyon, du palais du Luxembourg aux cafés du Palais-Royal, des cabarets des faubourgs Saint-Antoine et Saint-Marcel aux scènes des théâtres, la rumeur se répand, les mots crépitent : « Vive Bonaparte ! Vive la République ! »

On entoure, on écoute le cavalier qui vient d'arriver, le paysan essoufflé par sa course, qui disent qu'ils l'ont vu, qu'il a débarqué à Fréjus.

Un témoin, qui reste sur son quant-à-soi, qui regarde la foule s'enflammer, les musiques militaires commencer à jouer des marches triomphales, les places se parer de tricolore, les façades des maisons de Lyon s'illuminer, se souvient de la griserie qui avait saisi le pays en 1789, de ces mouvements qui soulevaient le peuple. Et il constate, en ce mois d'octobre 1799, les mêmes « émotions » populaires.

« La nouvelle a tellement électrisé les républicains, écrit-il, que plusieurs d'entre eux en ont été incommodés, que d'autres en ont versé des larmes et que tous ne savaient si c'était un rêve. »

Il ajoute : « Ce général victorieux peut faire aimer la République à tous les partis. »

On est si fasciné par cet homme, ce « sauveur », qui vient d'au-delà de la mer, ce « miraculé » qui a échappé aux navires anglais, qu'on en oublie les victoires que viennent de remporter coup sur coup les généraux Brune et Masséna.

Aux Pays-Bas, les soldats de Brune ont repoussé les Anglo-Russes. La République batave est de nouveau debout.

En Suisse, les divisions du général Masséna ont défait, à Zurich, les troupes de Souvorov, qui se replient en désordre, évacuent la Suisse, bientôt l'Italie du Nord, où va renaître la République sœur, *Cisalpine*.

La mâchoire qui s'apprêtait à écraser la nation est brisée. Et, dans l'Ouest, les chouans sont battus, chassés du Mans, repoussés à Nantes, vaincus à Vannes, à Saint-Brieuc, à Cholet.

Et Toulouse a résisté aux royalistes.

Mais c'est Napoléon Bonaparte qu'on acclame, dont on attend la victoire alors qu'elle vient d'avoir lieu, sans lui ! Personne ne scande les noms de Brune, de Masséna, de Moreau, et tout le monde clame le nom de Bonaparte.

« C'est depuis qu'il était en Égypte que nous avions subi nos désastres, écrit un témoin. Il semblait que chaque bataille perdue eût pu être gagnée par lui et que tout territoire évacué eût pu être conservé grâce à lui, tant la France avait foi, non seulement au génie, mais à l'influence magique du nom de cet homme. Il était l'objet de regrets et de vœux qu'aucun des autres généraux n'avait pu effacer ni diminuer et si, grâce à Masséna, la victoire semblait prête à rentrer dans nos rangs, c'est en Bonaparte seul qu'on voyait alors le sûr (garant) de notre victoire. »

C'est le 19 vendémiaire an VIII (11 octobre 1799) qu'un messager apporte au Palais-Bourbon, où sont réunis les députés des Conseils, la nouvelle qui vient d'être reçue au palais du Luxembourg où siège le Directoire.

« Le Directoire, citoyens, vous annonce avec plaisir qu'il a reçu des nouvelles d'Égypte. Le général Berthier, débarqué le 17 de ce mois à Fréjus, avec le général Bonaparte… »

On ne veut pas en entendre davantage, on crie : « Vive la République ! Vive Bonaparte ! »

On se répand dans les rues, on gesticule. On répète : « Le général Bonaparte a débarqué à Fréjus. »

On s'embrasse. Paris s'enflamme. Les fanfares militaires commencent à jouer. Dans les théâtres un acteur s'avance sur le devant de la scène, annonce la nouvelle, et la foule debout exulte. Partout l'on trinque à Bonaparte.

Il n'est pas encore arrivé à Paris.

Près d'Aix-en-Provence, des brigands ont pillé les voitures remplies de ses bagages.

La foule qui l'entoure hurle sa colère, crie son dégoût, son désir d'ordre.

« Le Directoire nous dévalise aussi ! Tous des brigands ! », lance-t-elle.

Bonaparte promet qu'il fondera un « gouvernement national », qu'il va chasser « les fripons, les corrompus, les avocats » !

« Je ne suis d'aucune coterie, dit-il encore. Je suis la grande coterie du peuple français. »

À Avignon, à Lyon – où il rencontre ses deux frères, Joseph et Louis, qui lui annoncent que leur frère Lucien a des chances d'être élu président du Conseil des Cinq-Cents –, il répète :

« Je suis national. Il ne faut plus de factions. Je n'en souffrirai aucune. Vive la nation ! »

Les maisons sont pavoisées de tricolore, illuminées.

« Vive Bonaparte qui vient sauver la patrie ! » martèle la foule.

Bonaparte dans la voiture qui suit la route du Bourbonnais, plus étroite et moins sûre que celle qui longe la Saône et le Rhône, mais qui permet d'atteindre Paris plus rapidement, Bonaparte interroge Joseph resté seul avec lui.

Joseph veut parler de Joséphine, de la nécessité d'un divorce, car elle l'a trompé et offensé ainsi le nom des Bonaparte.

Napoléon en semble d'accord, mais ce qui lui importe c'est d'abord de connaître la situation à Paris.

L'homme fort est Sieyès, l'ancien prêtre, le constituant, l'auteur de ce libelle qui avait enfiévré l'opinion en 1789 : *Qu'est-ce que le tiers état* ?

Sous la Terreur, Sieyès s'est tu. « Il a vécu. »

Il pense que son heure approche. Il veut imposer un renforcement du pouvoir exécutif, au détriment des deux Conseils.

Il lui faut une « main » armée pour mettre en œuvre ce que sa « tête » a conçu : un coup d'État, sans effusion de sang, mais qui fera plier les députés.

Il a d'abord pensé pour tenir le glaive au général Joubert. Mais Joubert a été tué à la bataille de Novi.

Moreau s'est dérobé, a même conseillé Bonaparte : « Voilà votre homme il fera votre coup d'État mieux que moi. »

Les autres généraux se tiennent sur la réserve. Certains sont proches des Jacobins, d'autres prudents, ainsi Bernadotte.

Bonaparte peut compter seulement sur leur neutralité. Il ne pourra s'appuyer que sur Lannes, Berthier, Murat, et les jeunes officiers revenus avec lui d'Égypte.

Et puis il y a Fouché, ministre de la Police, qui joue sur toutes les cases, mais qui soutiendra le coup d'État sans s'y compromettre, prêt à se dégager si l'affaire rencontre des résistances majeures.

Trois des cinq Directeurs – Gohier, Moulin, Barras – sont hostiles, ceux-là il faut les empêcher d'agir, les circonvenir pour obtenir leur démission.

Quant à Sieyès et Ducos, les deux derniers Directeurs, ils sont acquis à l'idée du coup d'État.

Et il y a Talleyrand, qui met son habileté, son entregent, son intelligence, son cynisme au service de Bonaparte.

En somme, conclut Bonaparte, il ne peut compter que sur un « brelan de prêtres : Sieyès, Fouché, Talleyrand ».

Et il a davantage confiance en ces trois défroqués, qu'en ces Jacobins qui ont la nostalgie de la Terreur, de Robespierre et de la Convention.

Quant au peuple il a faim. Il méprise le Directoire. Il veut en finir avec les « ventres dorés et pourris », mais il a trop été déçu pour ne pas avoir le dégoût des « journées révolutionnaires », même s'il veut croire en Bonaparte, puisque ce général victorieux, est aussi un « pacificateur ».

Mais les ouvriers du « faubourg de gloire », ceux de juillet 89 et d'août 92, de l'an II, qui ont brandi leurs piques de sans-culottes, leur bonnet phrygien enfoncé jusqu'aux sourcils, qui ont marché derrière Desmoulins, Danton, Santerre, Hanriot, qui ont acclamé Robespierre, Marat, Hébert, applaudi à la mort de Louis Capet, sont devenus des spectateurs.

On dit dans les cabarets, dans les échoppes et les ateliers :

« Que l'on fasse ce que l'on voudra, les faubourgs ne s'en mêleront plus. »

Ce n'est plus avec le peuple et ce n'est pas dans la rue que se décidera l'avenir de la nation.

Bonaparte s'en convainc en écoutant Joseph dérouler l'écheveau d'intrigues dans lesquelles sont impliqués quelques dizaines d'hommes.

C'est entre eux que la partie se joue.

C'est dans les salons, les états-majors, les Conseils législatifs, que se règle désormais la question du pouvoir.

C'est eux qu'il faut convaincre, entraîner, dominer, ou écarter, et s'il le faut écraser.

Bonaparte arrive à Paris, rue de la Victoire, le 16 octobre 1799, 24 vendémiaire an VIII.

Joséphine est absente, partie à sa rencontre, mais elle n'a pas imaginé qu'il emprunterait la route du Bourbonnais.

La mère, les sœurs, les frères, harcèlent Bonaparte.

« Elle » l'a trompé ! « Elle » s'est affichée avec celui-ci et celui-là. « Elle » est l'intime du président du Directoire, Gohier.

Il doit divorcer, répètent la mère, les frères, les sœurs.

Mais Bonaparte entend aussi la voix de Collot, un fournisseur aux armées, l'un de ces munitionnaires, de ces banquiers, tel Ouvrard « roi de la Bourse », qui ont choisi de soutenir Bonaparte, qui jugent qu'un coup d'État est nécessaire contre les anarchistes toujours prêts à redresser leur tête jacobine, et les royalistes. Eux sont républicains « conservateurs » :

« Vous n'êtes plus aux yeux de la France un mari de Molière, dit Collot à Bonaparte. Il vous importe de ne pas débuter par un ridicule. Votre grandeur disparaîtrait. »

Bonaparte ne divorcera pas.

Collot offre cinq cent mille francs pour la préparation du coup d'État. Et Réal – l'adjoint de Fouché – annonce que le ministre de la Police générale est prêt à une aide financière substantielle, destinée à soutenir un projet qui sauverait la République du double péril, jacobin et royaliste.

Et Bonaparte de répondre :

« Ni bonnet rouge, ni talon rouge, je suis national. »

La foule agglutinée rue de la Victoire, puis, dès le lendemain 17 octobre 1799 (25 vendémiaire an VIII), devant le palais du Luxembourg où il se rend pour rencontrer le Directoire en séance publique, l'acclame, mêlant toujours les cris de « Vive Bonaparte ! » à ceux de « Vive la République ! ».

Bonaparte a choisi d'être en civil, le corps serré dans une redingote verdâtre, un chapeau haut de forme couronnant cette tenue étrange. Il porte, attaché par des cordons de soie, un cimeterre turc.

On l'acclame alors qu'il baisse la tête, modeste au regard flamboyant.

Il montre son arme :

« Citoyens Directeurs, dit-il, je jure qu'elle ne sera jamais tirée que pour la défense de la République et celle de son gouvernement. »

Il rentre rue de la Victoire.

On vient à lui.

Les membres de l'Institut dont il est membre – archéologues, mathématiciens, astronomes, chimistes, et naturellement Monge et Berthollet qui sont rentrés avec lui d'Égypte – lui rendent visite.

On loue son esprit éclairé. Il est allé saluer la vieille Madame d'Helvétius. Il flatte Sieyès, son « confrère » de l'Institut.

« Nous n'avons pas de gouvernement, parce que nous n'avons pas de Constitution, du moins celle qu'il nous faut, lui dit-il. C'est à votre génie qu'il appartient de nous en donner une. »

Peu à peu la trame de la « conspiration » se resserre.

La majorité du Conseil des Anciens est acquise. Lucien Bonaparte vient d'être élu président du Conseil des Cinq-Cents. Fouché contrôle la police, répond au Directeur Gohier qui s'inquiète :

« S'il y avait conspiration, on en aurait la preuve place de la Révolution où l'on serait fusillé. »

Il y a pourtant quelques résistances qui s'ébauchent. Les généraux jacobins – Jourdan – s'inquiètent de ces préparatifs. Ils ne participeront pas au coup d'État.

Il faudra contraindre Barras à démissionner, et c'est sans doute lui qui répand des rumeurs, sur la fortune accumulée par Bonaparte en Italie, ou sur le fait – comme on le lit dans le journal *Le Messager* – que « Bonaparte n'est parti si précipitamment d'Égypte que pour échapper à une sédition générale de son armée ».

Il faut agir vite, prendre le pouvoir. Bonaparte sait que s'il échoue, et même si seulement il tarde, « on » le brisera.

Il rencontre Sieyès chez Lucien. Le plan est arrêté.

Les Anciens feront état d'une conspiration jacobine contre la République. Ils feront voter la « translation » au château de Saint-Cloud des Assemblées. Ils nommeront Bonaparte au commandement de la force armée. Sieyès et Ducos démissionneront, les autres y seront contraints. On constituera un gouvernement provisoire. Bonaparte en sera membre. Celui-ci donnera à la France la Constitution que la situation exige. Bonaparte écrasera les « conspirateurs », les « vautours », les « hommes féroces » qui menacent la République.

Les Cinq-Cents, présidés par Lucien, accepteront le fait accompli. Et l'on aura rassemblé à Saint-Cloud des régiments fidèles que Murat commandera.

Le moment d'agir est venu, dit Bonaparte à Sieyès, ce 15 brumaire an VIII (6 novembre 1799).

Il charge Sieyès de s'occuper de la « translation » des Conseils à Saint-Cloud et de l'établissement d'un gouvernement provisoire.

« J'approuve que ce gouvernement provisoire soit réduit à trois personnes, continue Bonaparte. Je consens à être l'un des trois consuls provisoires avec vous et votre collègue Roger Ducos. Sans cela ne comptez pas sur moi. Il ne manque pas de généraux pour faire exécuter le décret des Anciens. »

Mais quel général oserait marcher contre Bonaparte, le plus populaire des citoyens français ?

Ce même jour, 15 brumaire, Bonaparte se rend au banquet offert par les deux Conseils en l'honneur des généraux Bonaparte et Moreau.

Il se déroule au temple de la Victoire – l'église Saint-Sulpice – décoré de bannières et orné d'une inscription : « Soyez unis, vous serez vainqueurs. »

À tour de rôle les personnalités lèvent leurs verres pour célébrer, avec Lucien Bonaparte, « les armées de terre et de mer de la République », ou la paix avec Gohier, et « tous les fidèles alliés de la République » avec le général Moreau.

Bonaparte qui s'est contenté de manger trois œufs et une poire – la prudence l'exige – se lève à son tour et dit d'une voix forte :

« À l'union de tous les Français ! »

Puis il quitte le banquet.

Le 17 brumaire an VIII au soir, il convoque pour le lendemain, 18 brumaire (9 novembre 1799) à six heures du matin chez lui, rue de la Victoire, les généraux et les officiers.

Les généraux Sebastiani et Murat savent qu'ils doivent, à l'aube du 18 brumaire, amener place de la Concorde, puisque le Conseil des Cinq-Cents siège au Palais-Bourbon et le Conseil des Anciens aux Tuileries, l'un ses dragons, l'autre ses chasseurs.

Bonaparte lit les affiches, les proclamations, les libelles qui annonceront à la population le changement de gouvernement.

Demain, 18 brumaire an VIII, il joue sa vie.

Et le destin de la nation.

37.

Ce jour, 18 brumaire an VIII (9 novembre 1799), est celui du premier acte.

Place de la Concorde, face au Palais-Bourbon et aux Tuileries, les dragons du général Sebastiani et les chasseurs du général Murat ont pris position dans l'aube glacée.

Des pièces d'artillerie sont en batterie. Les servants battent la semelle, tentent de se réchauffer.

Les fenêtres des Tuileries sont éclairées depuis quelques heures déjà. Les députés des Anciens ont été convoqués au milieu de la nuit.

Ils ont vu les troupes, cette masse noire enveloppée par l'haleine des chevaux, et fendue, par moments, ici et là, par l'éclat des baïonnettes. Un des inspecteurs du Directoire leur a lu un rapport effrayant : on menace la République. Une journée sanglante se prépare. Les observateurs de police signalent des conciliabules, des rassemblements.

« L'embrasement va devenir général. La République aura existé et son squelette sera dans la main des vautours. »

Tout est imprécis. Mais les Anciens se souviennent des journées révolutionnaires, des têtes brandies au bout des piques.

Il faut sauver le pays des vautours et protéger leur vie.

On vote par acclamation un décret en cinq parties. Le Corps législatif sera transféré à Saint-Cloud. Bonaparte est nommé commandant de la 17e division.

« Il prendra toutes les mesures nécessaires pour la sûreté de la représentation nationale. Il devra se présenter devant le Conseil des Anciens pour prêter serment. »

Bonaparte attend ce décret, rue de la Victoire, chez lui, pâle, vêtu d'un uniforme sans parement.

Les officiers, les généraux qu'il a convoqués se pressent dans les jardins et les salons, bottés, en culotte blanche, avec leur bicorne à plumet tricolore.

Bonaparte convainc les hésitants, ainsi le général Lefebvre qui commande les troupes de la région de Paris et la garde nationale du Directoire, et qu'il doit remplacer.

Aux uns et aux autres, il dénonce ces « gens qui avocassent du matin au soir », qui ont conduit la nation au bord du gouffre. Vers huit heures, deux inspecteurs questeurs du Conseil des Anciens, accompagnés d'un « messager d'État » en tenue d'apparat, fendent la foule des officiers, viennent présenter le texte du décret voté par les Anciens.

Bonaparte le signe, le brandit, en donne lecture aux généraux et officiers : il est légalement le chef de toutes les troupes.

Les militaires tirent leurs épées, et l'acclament.

À cheval !

Plus de soixante généraux, suivis de leurs officiers, chevauchent vers les Tuileries. Les dragons de Murat les entourent.

On les acclame depuis les fenêtres. On court derrière eux jusqu'à la place de la Concorde, où une foule déjà s'est rassemblée.

On crie : « Vive le Libérateur ! », quand on voit Bonaparte entrer dans les Tuileries suivi de quelques généraux.

Dans la salle où s'est réuni le Conseil des Anciens, on le sent à la tribune, face à ces députés aux tenues brodées, les hauts cols galonnés encadrant leur visage, hésitant et emprunté.

Il n'aime pas, il l'a dit, les « assemblées d'avocats ».

Mais il doit parler.

« Citoyens représentants, la République périssait, commence-t-il. Vous l'avez su et votre décret vient la sauver. Malheur à ceux qui voudraient le trouble et le désordre ! Je les arrêterai, aidé du général Lefebvre, du général Berthier et de tous mes compagnons d'armes. »

« Nous le jurons », répètent les généraux.

On l'applaudit. Un député se dresse, tente de dire que les députés du Conseil des Anciens que l'on savait hostiles n'ont pas été convoqués, qu'il faut respecter la Constitution. Mais le président lève la séance. On se réunira demain à Saint-Cloud.

Le Conseil des Cinq-Cents, au Palais-Bourbon, est du fait de la Constitution contraint d'interrompre ses débats, de respecter le décret voté par les Anciens.

Il est onze heures.

Bonaparte caracole devant les troupes, dans le jardin des Tuileries, on l'acclame. Il aperçoit François Marie Bottot, qu'on appelle l'« agent intime de Barras », son espion, son secrétaire.

Bonaparte pousse son cheval contre Bottot, s'adresse à lui, comme s'il parlait à tout le Directoire, « L'armée s'est réunie à moi et je me suis réuni au corps législatif », dit-il.

On l'applaudit.

« Qu'avez-vous fait de cette France que je vous avais laissée si brillante ? poursuit-il. Je vous ai laissé la paix ! J'ai retrouvé la guerre. Je vous ai laissé des victoires ! J'ai retrouvé des revers ! Je vous ai laissé les millions d'Italie ! J'ai retrouvé partout des lois spoliatrices et de la misère ! »

Les applaudissements redoublent.

« Qu'avez-vous fait des cent mille Français que je connaissais, mes compagnons de gloire ? Ils sont morts ! Cet état de chose ne peut durer : avant trois ans il nous mènerait au despotisme. Mais nous voulons la République assise sur les bases de l'égalité, de la morale, de la liberté civile et de la tolérance politique. Avec une bonne administration tous les individus oublieront les factions dont on les fit membres et il leur sera permis d'être français... »

Cependant que déferlent les acclamations, Bonaparte se penche, lance à Bottot :

« Dites à Barras que je ne veux plus le voir ; dites-lui que je saurai faire respecter l'autorité qui m'est confiée. »

Au vrai, le Directoire n'est plus.

Sieyès et Ducos ont démissionné.

Gohier et le général Moulin qui s'y refusent sont retenus au palais du Luxembourg sous la garde du général Moreau.

Barras, qui a hésité, reçoit Talleyrand qui lui présente une lettre de démission.

« La gloire qui accompagne le retour du guerrier illustre à qui j'ai eu le bonheur d'ouvrir le chemin de la gloire… les marques de confiance que lui donne le corps législatif, m'ont convaincu… Je rentre avec joie dans les rangs du simple citoyen… »

Il sait ce que Bonaparte a dit à Bottot. Il signe.

Le pouvoir est passé des Directeurs à Bonaparte commandant de la force armée.

Le sang n'a pas coulé. La légalité a été – en apparence – respectée.

C'est Sieyès qui veut qu'on arrête une quarantaine de députés, Jacobins têtus, qui peuvent rechercher l'appui du général Bernadotte qui a refusé le matin de se joindre aux autres généraux. Il y a aussi Jourdan, le général jacobin. Et même Augereau.

Bonaparte rejette la proposition de Sieyès.

Il ne veut pas d'un coup d'État militaire avec ses canonnades, ses feux de salve, ses arrestations. Il veut être selon les termes des affiches qu'on colle autour des Tuileries, et des brochures qu'on vend à tous les coins de rue, ou qu'on distribue : « Un homme de sens, un homme de bien, le sauveur. »

Il charge Saliceti d'aller rassurer les Jacobins, et de leur promettre au nom de Bonaparte une « explication franche et détaillée », en leur précisant que Sieyès voulait les arrêter… et que Bonaparte s'y est opposé.

Pour les mêmes raisons, Bonaparte est réticent quand Fouché lui rapporte qu'il a fait baisser les barrières de Paris.

« Eh mon Dieu, pourquoi toutes ces précautions ? Nous marchons avec la nation tout entière et par sa seule force, s'exclame Bonaparte. Qu'aucun citoyen ne soit inquiété et que le triomphe de l'opinion n'ait rien de commun avec ces journées faites par une minorité factieuse ! »

Tout est calme, mais le rideau n'est pas encore tombé.

Demain, 19 brumaire an VIII (10 novembre 1799), c'est le deuxième et dernier acte.

Tout sera gagné ou perdu.

Et dans les premières heures de la matinée du 19 brumaire, c'est tout à coup l'inquiétude qui s'installe rue de la Victoire :

« On n'est fixé sur rien, dit à Bonaparte le ministre de la Justice Cambacérès. Je ne sais pas comment cela finira. »

On rapporte que les députés qui gagnent le château de Saint-Cloud avec leurs familles se sont concertés toute la nuit.

Ils ont noté que les menaces sur la République qui ont été invoquées pour susciter le vote du conseil des Anciens ne sont pas confirmées.

Paris est paisible, aucun rassemblement sinon ces groupes de soldats disposés tout au long des Champs-Élysées jusqu'à Saint-Cloud.

Et là, dans le parc du château, des compagnies bivouaquent, placées sous les ordres du général Sérurier, un ancien de l'armée d'Italie.

Rien n'est prêt pour accueillir les députés. Ils s'affairent encore dans l'Orangerie où siégeront les Cinq-Cents, et dans la galerie d'Apollon qui servira de salle de délibérations aux Anciens.

Les députés, dans leur manteau blanc serré d'une ceinture bleue et coiffés de leur toque rouge, commencent à protester.

On entend, venant de la salle de l'Orangerie à laquelle on accède par un escalier étroit et dont les fenêtres ouvrent à moins d'un mètre du sol, des voix qui clament : « À bas les dictateurs ! » en dépit de Lucien Bonaparte qui assure la présidence du Conseil des Cinq-Cents.

Bonaparte vient d'arriver.

Il ne veut pas prêter attention à ces députés qui lancent quand il traverse l'esplanade : « Ah, le scélérat ! Ah, le gredin ! » auxquels répondent les « Vive Bonaparte ! » des soldats.

On remarque la pâleur de Bonaparte, les boutons qui maculent ses joues, qu'il commence à gratter nerveusement.

Il vient d'apprendre que Sieyès a donné ordre à son cocher de cacher sa voiture dans la forêt, afin, dans le cas où l'affaire se terminerait mal, de pouvoir fuir.

Talleyrand et le banquier Collot se sont installés dans une maison proche du château. Eux aussi veulent pouvoir quitter la scène si la pièce est conspuée.

Elle l'est au Conseil des Cinq-Cents.

Les députés ont crié : « Point de dictature ! À bas les dictateurs ! »

Lucien Bonaparte a dû accepter que les députés prêtent serment de fidélité à la Constitution de l'an III.

Les généraux Jourdan et Augereau se présentent à Bonaparte, proposent un compromis, une action de concert avec eux. Ils assurent que le général Bernadotte dispose d'hommes dans les faubourgs, qu'il peut déclencher un mouvement sansculotte.

Bonaparte les écarte. Il doit s'élancer, comme il l'a fait au pont de Lodi, au pont d'Arcole.

Il ne doit pas se laisser enliser.

Il entre dans la galerie d'Apollon, se trouve face à la masse des députés du Conseil des Anciens. Il ne peut accéder à l'estrade.

« Représentants du peuple, commence-t-il, vous n'êtes point dans des circonstances ordinaires, vous êtes sur un volcan. »

On murmure, on le questionne avec hargne.

Qu'en est-il de la Constitution ? Des menaces qui pèsent sur la République ? Des royalistes qui dans l'Ouest attaquent à nouveau ?

« Je ne suis d'aucune coterie parce que je ne suis que du grand parti du peuple français », répond seulement Bonaparte.

La rumeur s'amplifie. Il ne convainc pas.

Il se tourne vers l'entrée de la salle.

« Vous, grenadiers, dont j'aperçois les bonnets, vous, braves soldats dont j'aperçois les baïonnettes… »

Les députés grondent, protestent.

Bonaparte se raidit.

« Si quelque orateur payé par l'étranger parlait de me mettre hors la loi, lance-t-il, que la foudre de la guerre le frappe à l'instant, j'en appellerai à vous braves soldats, mes braves compagnons d'armes. »

Les députés hurlent.

« Souvenez-vous que je marche accompagné du dieu de la victoire et du dieu de la fortune. »

On l'entraîne. Son aide de camp, Bourrienne, murmure :

« Sortez général, vous ne savez plus ce que vous dites. »

Bonaparte marche d'un pas saccadé en grattant ses joues nerveusement. Il veut affronter les Cinq-Cents. Il se dirige vers l'Orangerie. L'écrivain Arnault s'approche :

« Fouché vous répond de Paris, général, dit-il, mais c'est à vous de répondre de Saint-Cloud. Fouché est d'avis qu'il faut brusquer les choses si l'on veut vous enlacer dans des délais. Le citoyen Talleyrand pense aussi qu'il n'y a pas de temps à perdre. »

Bonaparte repousse Arnault. Il entre dans la salle de l'Orangerie. Il est accueilli par des cris :

« À bas le dictateur ! À bas le tyran, hors la loi ! »

On le bouscule, on le frappe. Un immense député montagnard, Destrem, lui donne un coup de poing.

« Hors la loi ».

Ce qui signifie la mort sans jugement.

On tire Bonaparte hors de la salle, plus qu'il ne sort. Il a le visage ensanglanté tant il s'est écorché avec ses ongles.

On le croit blessé, mis hors la loi, on s'indigne.

Il sort sur l'esplanade. Les soldats l'acclament cependant qu'on entend les cris des députés qui hurlent :

« Hors la loi le dictateur ! »

Il monte à cheval, tire son épée, crie :

« Soldats, puis-je compter sur vous ? »

Les grenadiers du corps législatif semblent hésiter à joindre leurs voix à celles des dragons et des chasseurs qui acclament Bonaparte.

Et tout à coup voici Lucien, le président du Conseil des Cinq-Cents.

Lucien Bonaparte se dresse sur ses étriers. Il incarne la légitimité du Conseil des Cinq-Cents. Il donne une apparence de légalité au coup d'État.

Les grenadiers du corps législatif se joignent aux soldats, entraînés par l'éloquence de Lucien Bonaparte qui assure que « la majorité du Conseil est pour le moment sous la terreur de quelques représentants à stylets qui assiègent la tribune… Ces audacieux brigands sans doute soldés par l'Angleterre se sont mis en rébellion contre le Conseil des Anciens et ont osé parler de mettre hors la loi le général chargé de l'exécution de son décret… Je confie aux guerriers le soin de délivrer la majorité de leurs représentants. Que la force les expulse. Ces brigands ne sont plus les représentants du peuple mais les représentants du poignard. »

On crie : « Vive Bonaparte ! »

Les tambours roulent. Bonaparte lance :

« Suivez-moi, je suis le dieu du jour », et Lucien lui crie :

« Mais taisez-vous donc, vous croyez parler à des mamelouks ? »

Maintenant, les tambours battent la charge. Il fait nuit. Il est dix-huit heures. Les grenadiers s'ébranlent, se dirigent vers l'Orangerie. Les députés enjambent les fenêtres, s'enfuient dans le parc, et l'on entend Murat crier : « Foutez-moi donc ce monde-là dehors ! »

Vers minuit, on s'en va rechercher dans les environs du château des députés afin qu'ils puissent voter le décret qui met fin au Directoire.

« Le corps législatif crée une commission consulaire exécutive composée des citoyens Sieyès, Roger Ducos, ex-Directeur, et de Bonaparte, général, qui porteront le nom de Consuls de la République. »

Plus tard, les trois Consuls prêteront serment de fidélité « à la souveraineté du peuple, à la République française une et indivisible, à l'Égalité, à la Liberté, et au système représentatif ».

Les troupes quittent Saint-Cloud peu après.

On les entend chanter :

Ah ça ira, ça ira
Les aristocrates à la lanterne

Un mois plus tard, le 24 frimaire an VIII (15 décembre 1799), la nouvelle Constitution est présentée aux Français afin qu'ils l'approuvent par un plébiscite.

Les trois nouveaux Consuls proclament dans leur *Adresse au peuple* :

« Citoyens, la Révolution est fixée aux principes qui l'ont commencée : elle est finie. »

ÉPILOGUE

« J’avais vingt ans en 1789 »

J'avais vingt ans en 1789. le Roi avait donné la parole à son peuple. J'étais du tiers état.

Je me souviens de ma joie, les premiers mois de cette année-là. J'écoutais les orateurs qui, accrochés aux grilles du Palais-Royal, nous promettaient la Liberté, l'Égalité, la Fraternité.

Ce fut le plus bel été de ma vie.

Le paysan avait comme le seigneur le droit de chasser. J'étais l'égal des plus grands. Le roi était devenu celui des Français. Et le 14 juillet 1790, le jour de la fête de la Fédération, j'ai prié lors de la messe célébrée au Champ-de-Mars par Talleyrand, et j'ai crié : « Vive le Roi ! » « Vive la Constitution ! »

J'ai dansé sur l'emplacement de la Bastille, démantelée pierre après pierre.

J'avais détourné les yeux pour ne pas voir les têtes brandies au bout des piques.

J'ai cru que j'allais pouvoir exercer le métier d'imprimeur dans le plus grand, le plus juste des royaumes, dont le peuple, ses représentants et le roi avaient proclamé l'abolition des privilèges et proclamé les droits de l'homme.

J'étais un citoyen.

Puis, comme un fleuve en crue qui est sorti de son lit et qui dévaste les champs qu'il avait d'abord irrigués, la Révolution a recouvert de sang ce qu'elle avait créé.

À quoi servirait de raconter ces journées qui sont connues de tous ?

Je dis ce que j'ai éprouvé : la colère, la peur, l'effroi, le dégoût, la faim, le désespoir, et quelquefois, quand j'étais sous les armes, face aux troupes de l'étranger, l'enthousiasme.

J'ai frissonné en criant « Vive la nation ! », en chantant *La Marseillaise*, et j'ai même souhaité « Mourir pour la patrie ». Comme dit la chanson : « C'est le sort le plus beau, le plus digne d'envie. »

Mais je n'ai pu détourner les yeux.

J'ai vu les corps éventrés en septembre 1792.

J'ai vu passer les charrettes des condamnés.

J'ai vu les têtes tranchées tenues à bout de bras par le bourreau.

J'ai été suspect.

J'ai craint d'être poussé sous le « rasoir national ». Le roi l'avait été.

J'ai vu les églises saccagées, les prêtres prendre femme. Et celles-ci se dénuder.

Les ci-devant aristocrates, marier leurs descendants aux « Jacobins nantis » aux « ventres dorés ».

Je n'ai plus su si le monde avait vraiment changé.

J'avais trente ans en 1799, le même âge que Bonaparte, devenu bien vite Empereur, et j'ai vu une nouvelle noblesse se pavaner aux Tuileries.

J'avais quarante-cinq ans en 1814, quand les fleurs de lys ont remplacé le drapeau tricolore, et que le frère de Louis XVI est devenu Louis XVIII, roi de France.

J'avais soixante et un an en 1830.

J'étais chenu.

J'ai vu de ma fenêtre des jeunes gens comme je l'avais été, courir, crier « Vive la République ! » et brandir ce drapeau bleu blanc rouge.

Je suis sorti de chez moi, mais je n'ai pas couru. Je l'avais fait en d'autres temps, et même sous la mitraille.

Mais les noms qu'on célébrait m'étaient familiers.

La Fayette, plus chenu que moi, faiseur de roi, sacrait Louis-Philippe d'Orléans, dont le père, le conventionnel Philippe Égalité, avait voté la mort de Louis XVI, et avait eu à son tour la tête tranchée en 1793.

Son fils régnait, sous les plis du drapeau tricolore.

J'ai eu, en janvier 1848, soixante-dix-neuf ans.

Je marche à petits pas, mais l'on me dit – mon fils et ma bru – que je reste droit et que j'ai l'œil vif.

Mais je n'ai pas suivi les cortèges, en février et en juin de cette année 1848. Journées d'émeutes et de proclamation de la République, la deuxième du nom. Et c'est elle qui massacrait les insurgés de juin.

Je me suis contenté durant ces mois d'écouter les fusillades, de lire les affiches qu'on nous donnait à imprimer. Le suffrage universel était établi.

Et le président de la République élu, en décembre, était Louis Napoléon Bonaparte, le neveu de l'Autre, Napoléon le Premier, celui de mes trente ans qui avait proclamé que la Révolution était finie !

Comme est brève la vie !
Comme est lent le changement du monde !

Juin 2008

TABLE

• *Première partie : 21 janvier 1793 - 2 avril 1793*
« La fièvre révolutionnaire est une terrible maladie » 7
Chapitres 1 à 3 .... 9 à 34

• *Deuxième partie : juin 1793 - novembre 1793*
« Un peuple immense, sans pain, sans vêtements » 51
Chapitres 4 à 8 .... 53 à 97

• *Troisième partie : 1er décembre 1793 - 30 mars 1794*
« Dirige-t-on une tempête ? » 107
Chapitres 9 à 11 .... 109 à 131

• *Quatrième partie : 1er avril 1794 - 27 juillet 1794*
« L'échafaud te réclame » 141
Chapitres 12 à 15 .... 143 à 175

• *Cinquième partie : 28 juillet 1794 - 23 mai 1795*
« La Révolution est faite » 191
Chapitres 16 à 19 .... 193 à 225

• *Sixième partie : 23 mai 1795 - 5 octobre 1795*
« Cette Vendée s'étend partout… » 235
Chapitres 20 à 22 .... 237 à 254

• *Septième partie : octobre 1795 - février 1797*
« L'audace est le plus beau calcul du génie » 265
Chapitres 23 à 26 .... 267 à 288

• *Huitième partie : février 1797 - septembre 1797*
« Signez la paix… » 295
Chapitres 27 à 30 .... 297 à 316

• *Neuvième partie : septembre 1797 - mai 1798*
« Voilà donc une paix à la Bonaparte » 325
Chapitres 31 à 33 .... 327 à 339

• *Dixième partie : 19 mai 1798 - 9 novembre 1799*
« La Révolution est finie ! » 345
Chapitres 34 à 37 .... 347 à 366

Épilogue
« J'avais vingt ans en 1789… » 375

Les extraits des lettres de Nicolas Ruault sont issus
de l'ouvrage *Gazettes d'un Parisien sous la Révolution,*
lettres à son frère, 1783-1796,
Perrin, 1976.

DU MÊME AUTEUR

Ouvrages relatifs à la Révolution française

La Route Napoléon, roman, Robert Laffont, 1987 (et le Livre de Poche).
Bleu Blanc Rouge, t. 1, *Mariella*, roman, XO, 2000 (et Pocket).
« Moi, j'écris pour agir », Vie de Voltaire, biographie, Fayard, 2008.
Maximilien Robespierre, histoire d'une solitude, biographie, Perrin, 1968 (Pocket et Tempus, 2008).
Napoléon, t. 1, *Le Chant du départ*, biographie, Laffont, 1997 (et Pocket).

Liste complète des œuvres

Romans

Le Cortège des vainqueurs, Robert Laffont, 1972.
Un pas vers la mer, Robert Laffont, 1973.
L'Oiseau des origines, Robert Laffont, 1974.
Que sont les siècles pour la mer, Robert Laffont, 1977.
Une affaire intime, Robert Laffont, 1979.
France, Grasset, 1980 (et Le Livre de Poche).
Un crime très ordinaire, Grasset, 1982 (et Le Livre de Poche).
La Demeure des puissants, Grasset, 1983 (et Le Livre de Poche).
Le Beau Rivage, Grasset, 1985 (et Le Livre de Poche).
Belle Époque, Grasset, 1986 (et Le Livre de Poche).
La Route Napoléon, Robert Laffont, 1987 (et Le Livre de Poche).
Une affaire publique, Robert Laffont, 1989 (et Le Livre de Poche).
Le Regard des femmes, Robert Laffont, 1991 (et Le Livre de Poche).
Un homme de pouvoir, Fayard, 2002 (et Le Livre de Poche).
Les Fanatiques, Fayard, 2006.
Le Pacte des Assassins, Fayard, 2007.
La Chambre ardente, Fayard, 2008.

Suites romanesques

LA BAIE DES ANGES :
I. *La Baie des Anges*, Robert Laffont, 1975 (et Pocket).
II. *Le Palais des Fêtes*, Robert Laffont, 1976 (et Pocket).
III. *La Promenade des Anglais*, Robert Laffont, 1976 (et Pocket).
(Parue en un volume dans la coll. « Bouquins », Robert Laffont, 1998.)

LES HOMMES NAISSENT TOUS LE MÊME JOUR :
I. *Aurore*, Robert Laffont, 1978.
II. *Crépuscule*, Robert Laffont, 1979.

LA MACHINERIE HUMAINE :
• *La Fontaine des Innocents*, Fayard, 1992 (et Le Livre de Poche).

• *L'Amour au temps des solitudes*, Fayard, 1992 (et Le Livre de Poche).
• *Les Rois sans visage*, Fayard, 1994 (et Le Livre de Poche).
• *Le Condottiere*, Fayard, 1994 (et Le Livre de Poche).
• *Le Fils de Klara H.*, Fayard, 1995 (et Le Livre de Poche).
• *L'Ambitieuse*, Fayard, 1995 (et Le Livre de Poche).
• *La Part de Dieu*, Fayard, 1996 (et Le Livre de Poche).
• *Le Faiseur d'or*, Fayard, 1996 (et Le Livre de Poche).
• *La Femme derrière le miroir*, Fayard, 1997 (et Le Livre de Poche)
• *Le Jardin des Oliviers*, Fayard, 1999 (et Le Livre de Poche).

BLEU BLANC ROUGE :
I. *Mariella*, XO, 2000 (et Pocket).
II. *Mathilde*, XO, 2000 (et Pocket).
III. *Sarah*, XO, 2000 (et Pocket).

LES PATRIOTES :
I. *L'Ombre et la Nuit*, Fayard, 2000 (et Le Livre de Poche).
II. *La flamme ne s'éteindra pas*, Fayard, 2001 (et Le Livre de Poche).
III. *Le Prix du sang*, Fayard, 2001 (et Le Livre de Poche).
IV. *Dans l'honneur et par la victoire*, Fayard, 2001 (et Le Livre de Poche).

MORTS POUR LA FRANCE :
I. *Le Chaudron des sorcières*, Fayard, 2003 (et J'ai Lu).
II. *Le Feu de l'enfer*, Fayard, 2003 (et J'ai Lu).
III. *La Marche noire*, Fayard, 2003 (et J'ai Lu).
(parus en un volume, Fayard, 2008.)

L'EMPIRE :
I. *L'Envoûtement*, Fayard, 2004 (et J'ai Lu).
II. *La Possession*, Fayard, 2004 (et J'ai Lu).
III. *Le Désamour*, Fayard, 2004 (et J'ai Lu).

LA CROIX DE l'Occident :
I. *Par ce signe tu vaincras*, Fayard, 2005 (et J'ai Lu).
II. *Paris vaut bien une messe*, Fayard, 2005 (et J'ai Lu).

Politique-fiction

La Grande Peur de 1989, Robert Laffont, 1966.
Guerre des gangs à Golf-City, Robert Laffont, 1991.

Histoire, essais

L'Italie de Mussolini, Librairie Académique Perrin, 1964, 1982 (et Marabout).
L'Affaire d'Éthiopie, Le Centurion, 1967.
Gauchisme, Réformisme et Révolution, Robert Laffont, 1968.
Histoire de l'Espagne franquiste, Robert Laffont, 1969.
Cinquième colonne, 1939-1940, Éditions Plon, 1970, 1980,
Éditions Complexe, 1984.

Tombeau pour la Commune, Robert Laffont, 1971.
La Nuit des Longs Couteaux, Robert Laffont, 1971, 2001.
La Mafia, mythe et réalités, Seghers, 1972.
L'Affiche, miroir de l'Histoire, Robert Laffont, 1973, 1989.
Le Pouvoir à vif, Robert Laffont, 1978.
Le XXe Siècle, Librairie Académique Perrin, 1979.
La Troisième Alliance, Fayard, 1984.
Les Idées décident de tout, Galilée, 1984.
Lettre ouverte à Robespierre sur les nouveaux Muscadins, Albin Michel, 1986.
Que passe la Justice du Roi, Robert Laffont, 1987.
Les Clés de l'histoire contemporaine, Robert Laffont, 1989, Fayard, 2001 (et Le Livre de Poche éd. mise à jour, 2005).
Manifeste pour une fin de siècle obscure, Odile Jacob, 1989.
La gauche est morte, vive la gauche, Odile Jacob, 1990.
L'Europe contre l'Europe, Éditions du Rocher, 1992.
Jè. Histoire modeste et héroïque d'un homme qui croyait aux lendemains qui chantent, Stock, 1994 (et Mille et Une Nuits).
L'Amour de la France expliqué à mon fils, Le Seuil, 1999.
Fier d'être français, Fayard, 2006 (et Le Livre de Poche).
L'Âme de la France : une histoire de la nation des origines à nos jours, Fayard, 2007.
La Grande Guerre, (préface à ...), XO Éditions, 2008.

Biographies

Maximilien Robespierre, histoire d'une solitude, Librairie Académique Perrin, 1968 (et Pocket, et Tempus, 2008).
Garibaldi, la force d'un destin, Fayard, 1982.
Le Grand Jaurès, Robert Laffont, 1984, 1994 (et Pocket).
Jules Vallès, Robert Laffont, 1988.
« Moi, j'écris pour agir », Vie de Voltaire, biographie, Fayard, 2008.

NAPOLÉON :
I. *Le Chant du départ*, Robert Laffont, 1997 (et Pocket).
II. *Le Soleil d'Austerlitz*, Robert Laffont, 1997 (et Pocket).
III. *L'Empereur des Rois*, Robert Laffont, 1997 (et Pocket).
IV. *L'Immortel de Sainte-Hélène*, Robert Laffont, 1997 (et Pocket).

DE GAULLE :
I. *L'Appel du destin*, Robert Laffont, 1998 (et Pocket).
II. *La Solitude du combattant*, Robert Laffont, 1998 (et Pocket).
III. *Le Premier des Français*, Robert Laffont, 1998 (et Pocket).
IV. *La Statue du Commandeur*, Robert Laffont, 1998 (et Pocket).

Une femme rebelle. Vie et mort de Rosa Luxemburg, Fayard, 2000.

VICTOR HUGO :
I. *Je suis une force qui va !*, XO Éditions, 2001 (et Pocket).
II. *Je serai celui-là !*, XO Éditions, 2001 (et Pocket).

LES CHRÉTIENS :
I. *Le Manteau du Soldat*, Fayard, 2002 (et Le Livre de Poche).
II. *Le Baptême du Roi*, Fayard, 2002 (et Le Livre de Poche).
III. *La Croisade du Moine*, Fayard, 2002 (et Le Livre de Poche).

César imperator, XO Éditions, 2003 (et Pocket).

LES ROMAINS :
I. *Spartacus, la révolte des esclaves*, Fayard, 2006.
II. *Néron, le règne de l'Antéchrist*, Fayard, 2006.
III. *Titus, le martyre des Juifs*, Fayard, 2006.
IV. *Marc Aurèle, le martyre des chrétiens*, Fayard, 2006.
V. *Constantin le Grand : l'empire du Christ*, Fayard, 2006.

LOUIS XIV :
I. *Le Roi-Soleil*, XO Éditions, 2007.
II. *L'Hiver du grand roi*, XO Éditions, 2007.

Conte

La Bague magique, Casterman, 1981.

En collaboration

Au nom de tous les miens de Martin Gray, Robert Laffont, 1971 (et Pocket).

CPI Bussière

Cet ouvrage a été imprimé en France par
CPI Bussière
à Saint-Amand-Montrond (Cher)
N° d'édition : 1541/04. - N° d'impression : 091151/4.
Dépôt légal : février 2009.